EDUCAÇÃO DE ADULTOS
E
INTERVENÇÃO COMUNITÁRIA

EDUCAÇÃO DE ADULTOS E INTERVENÇÃO COMUNITÁRIA

Coordenação

MARIA CONCEIÇÃO ANTUNES

EDUCAÇÃO DE ADULTOS
E INTERVENÇÃO COMUNITÁRIA

COORDENADORA
MARIA CONCEIÇÃO ANTUNES

EDITOR
EDIÇÕES ALMEDINA, SA
Avenida Fernão de Magalhães, n.º 584, 5.º Andar
3000-174 Coimbra
Tel.: 239 851 904
Fax: 239 851 901
www.almedina.net
editora@almedina.net

PRÉ-IMPRESSÃO • IMPRESSÃO • ACABAMENTO
G.C. – GRÁFICA DE COIMBRA, LDA.
Palheira – Assafarge
3001-453 Coimbra
producao@graficadecoimbra.pt

Outubro 2007

DEPÓSITO LEGAL
266123/07

Os dados e as opiniões inseridos na presente publicação
são da exclusiva responsabilidade do(s) seu(s) autor(es).

Toda a reprodução desta obra, por fotocópia ou outro qualquer processo,
sem prévia autorização escrita do Editor,
é ilícita e passível de procedimento judicial contra o infractor.

ÍNDICE

PREFÁCIO 7

APRESENTAÇÃO 11

I – EDUCAÇÃO DE ADULTOS E INTERVENÇÃO COMUNITÁRIA: PERSPECTIVAS E PROBLEMAS

A LICENCIATURA EM EDUCAÇÃO
– O PERCURSO DE UMA DÉCADA
Maria da Conceição Pinto Antunes 19

DA IMPORTÂNCIA DO SILÊNCIO – UMA PRÁTICA DE EDUCAÇÃO
DE ADULTOS E INTERVENÇÃO COMUNITÁRIA
Amália Saraiva 31

O LICENCIADO EM EDUCAÇÃO:
PROJECTO DE RESPONSABILIDADE SOCIAL
Isabel Gonçalves 37

CENTRO COMUNITÁRIO DA "CASA DA INFÂNCIA"
A EDUCAÇÃO NÃO-FORMAL NO DESENVOLVIMENTO
PESSOAL, SOCIAL E COMUNITÁRIO
Hellen Antunes 47

DA FORMAÇÃO PARA A *INTEGRAÇÃO*
João Filipe Lopes Veloso 59

CRVCC – UM CENTRO DE NOVAS OPORTUNIDADES
Susana Isabel Janeiro Ambrósio 69

PRÁTICAS DE EDUCAÇÃO DE ADULTOS
NUMA ORGANIZAÇÃO LOCAL: DA TRADIÇÃO
PELA FORMAÇÃO STANDARD A UM MODELO
DE ABERTURA À EDUCAÇÃO POPULAR
Fátima Marques e Manuela Cunha 85

CURSOS DE EDUCAÇÃO E FORMAÇÃO DE ADULTOS
NA ASSOCIAÇÃO SOL DO AVE – O PAPEL DO MEDIADOR
NOS CURSOS EFA
Sílvia Manuela Novais Castro 99

PERFIL E COMPETÊNCIAS PROFISSIONAIS DO LICENCIADO
EM EDUCAÇÃO NUMA DIRECÇÃO REGIONAL DE EDUCAÇÃO
Anabela Nunes de Nóbrega Chá-Chá 119

II – EDUCAÇÃO DE ADULTOS E INTERVENÇÃO COMUNITÁRIA: PROJECTOS E PRÁTICAS

ASSOCIAÇÃO HUMANITÁRIA HABITAT
E O PROJECTO "BAIRRO HABITAT;
Maria Lisete Remoaldo 129

DE MÃOS DADAS – UM DESAFIO À COOPERAÇÃO
Ana Isabel Carvalho 153

EDUCAR NA PREVENÇÃO
Maria Manuela Correia Fernandes 173

DROGA: FALEMOS DELA ANTES QUE ELA LHE FALE
Patrícia Alexandra Soares da Silva 195

PROJECTO "HUMANIZAR"
Marta Judite Lopes 215

EU COM OS OUTROS: RELACIONAMENTO E DINÂMICAS
INTERPESSOAIS ENTRE GRUPOS E GERAÇÕES
Maria de Lurdes Fernandes 229

(RE)AGIR À DIFERENÇA
Olívia Mendes 245

PREFÁCIO

A Educação de Adultos: Alguns Pontos Incontestáveis

É para mim uma honra escrever algumas páginas de apresentação – melhor dizendo de reflexões introdutórias – a um trabalho que se insere no âmbito da educação dos adultos, devido a duas razões de fundo.

Em primeiro lugar, significa, de certa maneira, testemunhar a vitalidade, não apenas operativa mas, também, (sobretudo) teórica de um sector que, na minha opinião, deve ser considerado preferencialmente como uma vertente da investigação das *Ciências da Educação*. Pelo menos significa reiterar a necessidade de uma atitude semelhante: sem um guia científico e sem a garantia lógica proveniente de tal guia, a educação dos adultos acaba por se ver empobrecida na sua substância e, inevitavelmente, acaba por se apresentar como uma mera etiqueta – perigosamente atraente – para a qual convergem actividades e percursos que seguem as modas do momento, ou que respondem a exigências político-económicas contingentes, cuja lógica, em ambos os casos, é muitas vezes privada das características de *universalidade*, de *totalidade* e mesmo de *gratuitidade*, que uma perspectiva científica atribui à educação.

Uma educação – vale a pena repeti-lo – classifica-se como objecto de ciência na medida em que é a mesma *para todos* e *para sempre*, na medida em que os seus objectivos não mudam com a mudança dos sujeitos, dos contextos ou dos problemas históricos com que contacta. Quando pensamos na educação como incremento contínuo das estratégias conceptuais do indivíduo – operacionalizada através dos superiores instrumentos da *alfabetização* e da *instrução* nos seus mais variados e crescentes níveis de complexidade e nos seus mais variados âmbitos de aplicação – para que o indivíduo se torne capaz de conhecer, de interpretar e de melhorar, transformando o mundo de que faz parte, pensamos, (dizíamos atrás) necessariamente num processo que se vai articular ao longo de toda uma vida e que vai abranger todos os aspectos da sua existência.

Trata-se, assim, de um processo que não conhece paragens, nem conclusões, nem limites, de um processo que pode valorizar as diversidades individuais e, sobretudo, pode criar outras novas, uma vez que considera a diversidade como origem de um motor propulsivo, uma vez que é o mesmo para todos. De facto, o que muda não é o objectivo da educação mas, por exemplo, os instrumentos, os recursos, os tempos e a organização que a alicerçam: tudo isto, como aspectos ligados às características específicas de cada sujeito, dos contextos, dos problemas das mais variadas naturezas que acentuam a realidade, melhor dizendo, as realidades. O modelo ideal de referência, numa perspectiva científica, tem que ser forçosamente o mesmo do da educação das crianças, dos adolescentes, dos adultos, dos idosos... assim como do de qualquer outra "categoria" que utilizarmos para procurar dar uma ordem – mesmo só provisoriamente – a tudo aquilo que nos rodeia.

Em segundo lugar, esta ocasião oferece-me a possibilidade de me deter, de reflectir e de chamar a atenção para alguns aspectos que considero fundamentais na medida em que assinalam conquistas culturais e científicas decisivas que não devem ser menosprezadas sob pena de *voltarmos para trás*. É o regresso, por outras palavras, àquela concepção segundo a qual o adulto que se educa, que precisa de se educar, é de facto, o adulto "desgraçado", que tem que recuperar – por uma ou outra razão – qualquer coisa que perdeu, que esqueceu, que desaprendeu, ou então, que tem de agarrar rapidamente algo que nunca teve e que lhe é pedido com premente urgência pelo estilo de vida contemporâneo.

O que se conquistou – verdadeiros pontos incontestáveis que, como tais, não podem ser postos em causa – conduzem e advêm, ao mesmo tempo, da identidade científica de uma disciplina *única* e *unitária* que já não se chama Pedagogia (e à qual não vale a pena chamar "Andragogia" ou "Geriagogia") uma vez que tem na designação *Ciências da Educação* a sua melhor opção linguística, conceptual e epistemológica. A educação dos adultos, a par de outros sectores adjectivados de diferentes maneiras como "educação infantil", "educação popular", "educação feminina"... entre outras designações, foi um entre os mais evidentes testemunhos de acções sectoriais e redutoras muito incorrectas, do ponto de vista científico, mas funcionais sob o ponto de vista político e económico.

Hoje, mais do que nunca, uma visão autónoma e laica da educação e da ciência que legitimiza os seus fundamentos teóricos, requer que o problema educativo seja abordado na sua integralidade e que seja inscrito num quadro teórico de referência ligado à *permanência* da própria educação. E esta é, como se pode depreender facilmente, um verdadeiro *desafio* à actual horda de forças que pressionam fortemente para um utilitarismo e para um consumo imediato de um conhecimento-produto, em detrimento dos aspectos *meta-cognitivos* do saber e dos seus processos de construção. Portanto, desafiar a questão da educação dos adultos numa perspectiva realmente científica, quer dizer limpar o campo de atávicas confusões e ambiguidades, de perniciosos estereótipos e preconceitos, de lugares--comuns bem consolidados e, por último mas não de somenos importância, das instâncias prevaricadoras de natureza político-económica referentes a este sector. Mas também quer dizer, assegurar às *Ciências da Educação* o papel de primeiro plano nos circuitos de divulgação científica, um lugar de destaque nas assembleias destinadas aos projectos, legislativos, concretos e técnicos inerentes às actividades educativas e, sobretudo, conferir-lhe uma função autónoma no que diz respeito ao relacionamento necessário com a política, para que esta a não tiranize mas, pelo contrário, cumpra a sua tarefa ao dar-lhe garantias e ao defendê-la nas suas funções, proporcionando-lhe todas as condições de que necessita.

Daqui à percepção do facto que, quando se costuma denominar *educação* dos adultos, o que se quer dizer é *formação, actualização* e *requalificação profissional, animação* ou *socialização,* o passo é curto. Obviamente, entre estas actividades e o sector educativo propriamente dito, existem relações significativas e altos graus de intersecção, mas, não se pode absolutamente dizer que coincidam ou que possam alguma vez coincidir totalmente. Apesar disto, o hábito estabelecido e inveterado de usar de modo sinonímico estes termos, a adopção de um registo mais propenso à sugestão que não ao rigor, a tendência para considerar sabidos e ressabidos os significados das palavras que povoam o universo educativo, tudo isto representa algumas das mais sérias e ameaçadoras dificuldades. De facto, à confusão, à incerteza e à indeterminação linguística corresponde uma desordem conceptual que não se pode negligenciar: encontramo-nos num círculo vicioso difícil de quebrar, uma vez que a linguagem determina não só a possibilidade de comunicar correcta e eficazmente um saber mas, sobretudo, condiciona e qualifica as suas dimensões *heurística* e *hermenêutica*. Assim, torna-a inapropriada, intrinsecamente fraca e vulnerável ao exterior.

Recapitulando o que foi dito, e caminhando rapidamente para a conclusão destas notas de apresentação do livro, creio que o *fundamento base* da educação dos adultos se encontra necessariamente no eixo estrutural das *Ciências da Educação*, para que as suas linhas interpretativas, projectuais e operativas – em grande fermento no início do terceiro milénio, na chamada *sociedade do conhecimento* – não sejam deixadas à mercê, quer das contingências, quer dos interesses particulares e sectoriais mas, pelo contrário, sejam garantidas, fundamentadas e implementadas segundo uma *imposição lógica* e, como tal, *intersubjectiva*, em vez de puramente ideológica.

O auspício que desejo formular, não pode senão estar virado para um reforço – intelectual e igualmente financeiro – da pesquisa no sector das *Ciências da Educação*, a única designação de direito capaz de dizer *o* que é a educação e quais os seus *fins*.

A ser verdade, como se afirmava há uma década, por ocasião da declaração final da V Conferência Internacional da UNESCO, ocorrida em Hamburgo em 1997, que a educação dos adultos é a chave do acesso ao séc. XXI, será igualmente verdade que sem o suporte de uma *Ciência da Educação* digna desse nome, essa educação não poderá senão degenerar e, ainda pior, esvaziar-se da carga emancipadora e utópica que só uma perspectiva científica pode cultivar.

Elena Marescotti
Docente da Universidade de Ferrara (Itália)
(Tradução de Alda Amado)

APRESENTAÇÃO

A escolha do título da presente obra justifica-se pela pretensão de ela constituir uma oportunidade de alargar o horizonte de visibilidade das perspectivas e das práticas concernentes à educação de adultos e intervenção comunitária apresentadas na edição de *Educação de Adultos & Intervenção Comunitária*, surgida em 1999.

Tal como a organização dessa primeira edição, também esta aparece, marcadamente, ligada à iniciativa de professores, estudantes e ex-alunos que, por razões diversas, se encontram contextualizados no âmbito do segundo ramo de pré-especialização da Licenciatura em Educação da Universidade do Minho denominado "Educação de Adultos e Intervenção Comunitária".

A ideia de uma nova edição surge alicerçada no testemunho dos leitores que pontuam significativamente o valor e importância que este projecto tem desempenhado na vertente formativa, quer dos estudantes que enveredam e/ou se interessam por esta área de especialização, quer dos públicos-alvo de acções de intervenção educativa ao nível da educação de adultos e desenvolvimento comunitário.

Não obstante o facto de ser corrente a expressão de que a educação de adultos mais do que um direito constituir a chave de entrada para o séc. XXI, (cf. Delors, 1996: 17), efectivamente, em Portugal, este é um sector em que temos vindo a assistir a um desinvestimento e um descrédito crescentes. Em boa verdade, quase poderemos reduzir a educação de adultos formal/institucionalizada às práticas excessivamente escolarizadas do Ensino Recorrente. A educação de adultos tem-se desenvolvido, fundamentalmente, através de processos isolados, ocasionais e insuficientes concebidos e concretizados por pequenos grupos/comunidades (autárquicas, associativas, de solidariedade social, etc.), revestindo a designação de processos de desenvolvimento local e/ou comunitário, animação sócio-educativa, intervenção comunitária, etc. Em última análise, a educação de adultos tem encontrado nas estratégias de animação comunitária e nos projectos de desenvolvimento local um espaço fundamental de concretização.

Partindo de uma concepção de educação de adultos entendida como processo de enriquecimento integral de todas as dimensões do ser humano, a intervenção comunitária define-se, também ela, no essencial, pela sua aposta no desenvolvimento de pessoas e comunidades, constituindo-se de projectos, cuja finalidade é a transformação progressiva de formas de vida mais deficitárias.

Assim, se a exclusão de pessoas e grupos com poucos recursos económicos, sociais e culturais constitui uma sua grande prioridade, pela gravidade dos problemas que encerra como desemprego, violência doméstica, crianças em risco, precariedade de condições de vida dos idosos, alcoolismo e drogas, entre outros, a intervenção comunitária, outrossim, não pode manter-se alheada de problemas tão cruciais como a democratização da educação, a dinamização cultural, a formação profissional e promoção das qualificações e a educação para a cidadania.

Neste sentido, o funcionamento deste ramo de pré-especialização tem-se revelado um campo de trabalho, de investigação e de experiência de educação/formação diversificado, heterogéneo e multifacetado. Se, é um facto, que a relativa indefinição científica e pedagógica que pairava sobre esta área de pré-especialidade era resultante da multiplicidade de contextos e problemáticas educativas que lhe é peculiar, também é verdade, que é esta mesma variedade de contextos e públicos que o tem vindo, cada vez mais, a fundamentar, justificar e consolidar à luz de uma concepção de educação ao longo da vida. O trabalho realizado em contexto de estágio, ao longo destes dez anos, tem-se revelado uma significativa prova de justificação da necessidade de formar educadores preparados para trabalhar no âmbito da educação de adultos e intervenção comunitária.

A relevância dos projectos de estágio concebidos, implementados e avaliados e o impacto social que muitos deles causaram, constituíram, também, um importante factor de motivação, no sentido de conciliar esforços e tornar possível a divulgação, a um público mais alargado, de práticas de investigação e acção educativa decorrentes dos referidos estágios. Uma vez impossível dar a conhecer todas as experiências de estágio, ocorridas ao longo destes anos, optamos por seleccionar experiências que consideramos relevantes em campos de intervenção diversificados procurando, assim, abranger alguns dos contextos de intervenção que se têm mostrado mais significativos. Solicitamos, para este fim, a colaboração dos alunos cujas experiências de estágio seleccionamos, a de docentes que têm trabalhado nestas áreas de investigação e acção, e a de ex-alunos que ocupam cargos de coordenação e direcção em diversificadas instituições de índole educativa e formativa.

O resultado de tal colaboração concretiza-se nesta obra, cuja riqueza se expressa na diversidade das políticas, das teorias, das metodologias e das práticas educativas características do paradigma da educação ao longo da vida. Dito de outro modo, do campo de acção da educação de adultos e intervenção comunitária, onde as práticas educativas são indissociáveis das necessidades e capacidades de acção, reflexão e significação de educadores e educandos. Assim, cada um dos textos deste livro constitui um testemunho de práticas educativas que procuram concretizar a finalidade da educação de adultos desvendando, simultaneamente, os processos através dos quais se vai construindo e concretizando a educação de adultos e intervenção comunitária enquanto um modo de (trans)formação e (re)criação de pessoas e comunidades.

Passando, agora, às questões relacionadas com a organização do livro, uma vez mantido o título quisemos manter, também, a estrutura e as denominações que compõem o primeiro volume, consequentemente, o livro estrutura-se em duas partes:

A primeira parte – Educação de Adultos e Intervenção Comunitária: Perspectivas e Problemas contém um conjunto de nove textos, cujos autores (com uma excepção), são ex-alunos da Licenciatura em Educação do ramo de pré-especialização de Educação de Adultos e Intervenção Comunitária, agora, a desempenhar funções educativas/formativas em instituições diversas. Este conjunto de textos que, a partir de enquadramentos diferentes, abordam temáticas pertinentes, do ponto de vista da educação de adultos e/ou intervenção comunitária, revelam, simultaneamente, algumas das funções e das instituições em que os licenciados em Educação podem desempenhar funções profissionais.

O primeiro capítulo "A Licenciatura em Educação – o percurso de uma década" descreve, sucintamente, o percurso e aponta algumas idiossincrasias da Licenciatura em Educação. Com base na avaliação dos dados que os doze anos de existência da Licenciatura em Educação permitiram apurar, a autora procura, neste pequeno texto, evidenciar a importância e a necessidade da denominada educação não-formal para o desenvolvimento sustentável das pessoas e das comunidades.

No texto "da Importância do Silêncio – uma prática de educação de adultos e intervenção comunitária" a autora, a partir da sua experiência de intervenção num contexto africano, leva-nos a reflectir acerca da importância do papel do educador e das idiossincrasias da educação e intervenção comunitária.

A autora do texto "O Licenciado em Educação: projecto de responsabilidade social" dá a conhecer a importância do papel e a intervenção exercida, por um licenciado em Educação, ao nível do poder autárquico na área social e cultural, nomeadamente, em áreas como o desenvolvimento local, fundos estruturais comunitários, turismo e intervenção em meio rural, etc.

Os dois capítulos que se seguem "Centro Comunitário da 'Casa da Infância' – a educação não-formal no desenvolvimento pessoal, social e comunitário" e "Da Formação para a Integração" evidenciam as potencialidades de intervenção da Licenciatura em Educação ao nível das Associações de Desenvolvimento Local. Os autores dos referidos textos dão-nos a conhecer as valências, as problemáticas e os projectos de intervenção em que se encontram envolvidos enquanto Coordenadores destas Associações.

"CRVCC – Um Centro de Novas Oportunidades" é um texto que chama a atenção para a importância do papel dos Centros de Reconhecimento Validação e Certificação de Competências na promoção de uma educação ao longo da vida, fundamentalmente, tomando em consideração a sociedade portuguesa, onde a grande maioria dos adultos possui baixos níveis de escolaridade e de qualificação.

Os dois capítulos que se seguem, partindo da análise de contextos diferentes, centram-se numa abordagem esclarecedora e crítica dos Cursos de Educação e Formação de Adultos (Cursos EFA). O primeiro "Práticas de Educação de Adultos numa Organização Local: da tradição pela formação standard a um modelo de abertura à educação popular", apela aos princípios orientadores da educação de adultos procurando articulá-los com as práticas educativas no espaço onde as autoras actuam. O segundo "Cursos de Educação e Formação de Adultos na Associação Sol do Ave – O papel do mediador nos Cursos EFA" evidencia a preocupação constante da autora em ajustar os princípios, as metodologias e os objectivos que, teórica ou conceptualmente, devem nortear os projectos de educação de adultos, com as práticas educativas que tem vindo a coordenar.

Em "Perfil e Competências Profissionais do Licenciado em Educação numa Direcção Regional de Educação", partindo da sua experiência profissional, a autora atesta a educação/formação científica, metodológica e pedagógica da Licenciatura em Educação como um processo de educação/formação que fornece aos licenciados as competências chave para a compreensão e intervenção sólida e rigorosa no complexo universo educativo.

A segunda parte – Educação de Adultos e Intervenção Comunitária: Projectos e Práticas inclui um conjunto de sete textos que comungam do facto de todos eles serem resultado do trabalho realizado, pelos alunos, em contexto de estágio.

O primeiro – "A Associação Humanitária Habitat e o Projecto "Bairro Habitat" – sugere algumas das competências dos licenciados em Educação na educação de adultos e intervenção comunitária. A autora relata a experiência de intervenção educativa numa comunidade pobre e com baixos níveis de escolarização, a habitar casas recém construídas ao abrigo da "Associação Humanitária Habitat". Numa perspectiva de educação comunitária na área da exclusão social, a autora promoveu um conjunto de actividades sócio-pedagógicas destinadas a melhorar as condições de vida da população-alvo, apostando em duas estratégias: um programa de ocupação de tempos livres para as crianças/jovens do bairro e a implementação de acções de sensibilização/formação para os adultos acerca de temas por eles propostos.

Os três textos que se seguem fazem prova da mais-valia das parcerias na implementação de acções de intervenção educativa e de algumas propostas institucionais e profissionais dos licenciados em educação nas escolas dos 1.º, 2.º e 3.º ciclos do ensino básico. O primeiro e o segundo decorrem da parceria estabelecida entre municípios e agrupamentos de escolas do ensino básico, o terceiro da parceria entre uma associação e um conjunto de escolas do 1.º ciclo. "De Mãos Dadas – um desafio à cooperação", o primeiro dos textos referidos, relata a experiência de um projecto que procurou, preferencialmente, promover a interacção entre a escola e a família. Neste sentido, foi concebido um conjunto de actividades que directa e/ou indirectamente implicavam os pais com o objectivo de estreitar a relação entre a comunidade escolar e o ambiente familiar. "Educar na Prevenção" e "Droga: falemos dela antes que ela lhe fale" são dois projectos que se inserem no âmbito da educação/promoção da saúde, procurando capacitar os jovens no sentido da escolha voluntária de estilos de vida saudável, no caso vertente, chamando a atenção para a questão das dependências lícitas e ilícitas.

Na esteira das competências profissionais dos licenciados em Educação na intervenção educativa no âmbito da educação/promoção da saúde mas, agora, ao nível de uma instituição hospital encontra-se o "Projecto Humanizar" onde a autora, através de um atelier de artes e de um conjunto de acções de sensibilização/formação acerca de temas concernentes à educação/promoção da saúde, procurou melhorar as condições de internamento e capacitar os doentes a controlar e melhorar a sua saúde e bem-estar.

Na intersecção dos caminhos entre a escola e outras instituições educativas, uma vez que desenvolvem projectos e práticas onde a educação//formação se evidenciam relevantes, encontramos o projecto "Eu com os Outros: Relacionamento e Dinâmicas Interpessoais entre Grupos e Gerações", aqui a autora, através do projecto que concebe e implementa, e da avaliação obtida, leva-nos a reflectir acerca da importância dos projectos de cariz intergeracionl na dinâmica de valorização e promoção das relações interpessoais.

O último texto "(Re)Agir à Diferença" refere uma experiência de estágio ao nível de uma instituição autárquica, experiência esta centrada em desenvolver um trabalho de investigação e intervenção no domínio da implementação do Programa da Rede Social. Este texto revela como a autora conseguiu que o Programa da Rede Social servisse como catalizador a um trabalho pedagógico de intervenção com e para pessoas com deficiência.

Enquanto organizadores, antes de concluir esta apresentação, gostaríamos, ainda, de fazer um agradecimento público a todos aqueles que, de uma forma ou outra, contribuíram para a edição desta obra. O trabalho e o apoio de cada um, adquire, no resultado do contributo de todos – esta obra – uma maior dimensão cuja importância e avaliação será realizada, obviamente, pelos leitores. Estamos, no entanto, convictos de que ela contribuirá, certamente, para dar a conhecer e explicitar algumas questões concernentes à educação de adultos e intervenção comunitária, assim como suscitará novas problematizações e reflexões. Assim o esperamos...

Braga, Março de 2007
A organizadora
MARIA DA CONCEIÇÃO PINTO ANTUNES

I

EDUCAÇÃO DE ADULTOS E INTERVENÇÃO COMUNITÁRIA
PERSPECTIVAS E PROBLEMAS

A LICENCIATURA EM EDUCAÇÃO
– O PERCURSO DE UMA DÉCADA

MARIA DA CONCEIÇÃO PINTO ANTUNES
Professora Auxiliar do Instituto de Educação e Psicologia –
Universidade do Minho; Coordenadora do Mestrado em Educação na Área de Especialização em Educação de Adultos
e Intervenção Comunitária

Nos nossos dias, a educação ao longo da vida, entendida como processo de educação permanente dos indivíduos e processo global de desenvolvimento das comunidades, englobando "a educação formal e a educação permanente, a educação não-formal e toda a gama de possibilidades de aprendizagem informal e ocasional existente numa sociedade" (UNESCO, 1997: 9), tem vindo a ser aceite como a fórmula integradora dos processos de autoconstrução participada e enriquecimento integral dos seres humanos e das comunidades. Entender a educação como um processo a decorrer ao longo da vida é entender um processo educativo que transcende largamente os limites da educação escolar e os contornos da educação institucionalizada.

Com base na avaliação dos dados que os doze anos de existência da Licenciatura em Educação da Universidade do Minho nos permitiram apurar, pretendemos com este pequeno ensaio evidenciar a importância e a necessidade da denominada educação não-formal para o desenvolvimento sustentável das pessoas e comunidades, enquanto potenciadora da democratização da educação, da dinamização cultural e da transformação social.

A Licenciatura em Educação da Universidade do Minho

Se é um facto que as Universidades são instituições académicas dinamizadoras da investigação, potenciadoras e produtoras de inovações e, por esta razão, vivendo um pouco à margem do imediato do dia-a-dia quotidiano, também é verdade que constituem uma fase importante da autoformação participada dos indivíduos e, isto implica criar condições de desenvolvimento integral, promovendo a sua integração na comunidade em todas as dimensões da vida, nomeadamente, a nível profissional. Sendo assim, nos dias que correm, a articulação entre o saber teórico e o saber prático, a investigação e a acção constitui um desafio incontornável que se coloca às instituições académicas. Consequentemente, o factor empregabilidade constitui um dos critérios mais pontuados no momento de avaliar, reestruturar, autolegitimar e/ou criar novos cursos.

A proposta de criação da Licenciatura em Educação não tinha como pressuposto circunscrever o curso a uma preparação profissional com boas perspectivas de inserção no mercado de trabalho, contudo, na sua idealização e concepção preocupou-se em levar a cabo um profundo trabalho de análise de diagnóstico para auscultar as necessidades educativas mais prementes da população portuguesa. Tendo em conta os indicadores revelados nesta análise de necessidades, que davam conta de uma realidade educativa e cultural maioritariamente caracterizada por baixos níveis de escolaridade, de informação e formação, nomea-damente, da população adulta, tornava-se evidente que este curso deveria contemplar, prioritariamente, as necessidades educativas a que o sistema educativo, melhor dizendo, escolar não tinha conseguido dar resposta.

Consequentemente, a Licenciatura em Educação surge, no ano lectivo de 1993-94, como um curso que procura dar resposta às necessidades do amplo universo de acções e modalidades de educação/formação entendidas à luz do paradigma de educação ao longo da vida abrangendo, assim, as instituições educativas formais e não formais e todas as actividades de índole social e cultural onde as dimensões de educação/formação se revelem pertinentes. Tendo como pressuposto básico, uma concepção de desenvolvimento integral, este curso enquadra uma grande diversidade de áreas de intervenção, entre outras, podemos destacar, os apoios sócio-educativos, os tempos livres e a animação, a educação de adultos e da terceira idade, o desenvolvimento comunitário, a formação profissional e a gestão da formação.[1]

Como nos diz o documento de *Proposta de Criação do Curso*, esta licenciatura tem como finalidade "formar, não profissionais do ensino para as necessidades dos diferentes níveis do sub-sistema escolar, mas profissionais da educação para as tarefas actuais e emergentes dos vários sectores do sistema educativo".[2] Neste sentido, o curso habilita para um conjunto diversificado de competências na área da educação/formação, nomeadamente, ao nível da "definição de projectos e programas de intervenção socioeducativa, na sua implementação e avaliação, sendo ainda (o licenciado em educação) preparado para desempenhar um papel na análise fundamental e crítica do sistema e das instituições educacionais".[3]

Do exposto, constatamos facilmente estarmos em presença, do que hoje denominamos, 'um curso de banda larga' que prepara para a intervenção em variadas instâncias da educação e da formação, dentro e fora do sistema educativo, nomeando-se, entre outras, empresas, instituições de saúde, instituições de solidariedade social, autarquias, associações culturais e de desenvolvimento local, organizações não-governamentais, serviços educativos e de animação das bibliotecas, museus e fundações, centros cívicos e comunitários, centros culturais e sociais, universidades populares e de terceira idade e outras instituições onde a dimensão da educação e da formação ao longo da vida se mostre relevante.

Dada a complexidade do fenómeno educativo que exige uma visão multidimensional e a diversidade e especificidade de cada um dos muitos campos de intervenção que contempla, entendeu-se ser indispensável assegurar uma formação comum de três anos, com uma intervenção forte de ciências básicas de educação e, consequentemente, a pluralidade e diversidade de saberes que estas congregam. Após estes três anos de formação inicial de banda larga estabeleceu-se um quarto ano com três ramos de pré-especialização conducentes à formação de perfis de intervenção: Ramo I – Recursos Humanos e Gestão da Formação; Ramo II – Educação

---

[1] Instituto de Educação e Psicologia (1990). *Proposta de Criação do Curso de Licenciatura em Educação*. Braga: Instituto de Educação/Unidade de Educação de Adultos.
[2] Idem: 1.
[3] Idem: 7.

de Adultos e Intervenção Comunitária; Ramo III – Animação Educativa e Desenvolvimento Pessoal e Social. O quinto ano corresponde a um estágio curricular, no âmbito do ramo de pré-especialização frequentado no ano anterior. O estágio é realizado numa instituição em que o aluno concebe, implementa e avalia um pequeno projecto de intervenção educativa.

O Momento de uma Primeira Avaliação

Decorridos doze anos, após o início deste curso e tendo em conta a experiência científica e pedagógica acumulada, os dados obtidos pelo Observatório de Emprego do Curso, os Relatórios de Auto-avaliação, de Avaliação Externa e o Relatório-Síntese Global de Avaliação Externa dos Cursos de Licenciatura em Educação/Ciências da Educação existentes no país, poderemos fazer uma avaliação que vai muito além das já consideradas, na altura, "arrojadas" expectativas.

A Comissão de Avaliação Externa considera que "a Licenciatura em Educação obteve um impacto notável na sociedade envolvente mercê de uma recepção positiva e entusiástica das suas propostas laborais" (CAE, 2005: 24) e evidencia o "alto grau de empregabilidade" (ibidem) alcançado. Effectivamente os dados do Observatório de Emprego relativos a 2000-01 registam uma taxa de empregabilidade que poderemos considerar muito elevada (85%), evidenciando mesmo uma melhoria relativamente à média do triénio (1997-2000) que se situava em 82%).[4] A mesma Comissão chama especial atenção para o modelo pedagógico adoptado que privilegia uma construção participada de conhecimento do qual resulta certamente, entre outros aspectos positivos mencionados pelos alunos, o sucesso escolar e o nível de empenho, motivação e dedicação de professores e estudantes.

> O trabalho pedagógico é de molde a exigir do aluno uma postura activa de procura e de investigação, mediante a realização de trabalhos de campo que substituem a memorização de um corpo de saberes predefinido [...] é realizado de uma forma muito estimulante para os alunos dando lugar

---

[4] Silva, Bento Duarte (coord), (2001). *Relatório do Observatório de Emprego*. Conselho de Cursos de Educação e Psicologia. Instituto de Educação e Psicologia – Universidade do Minho.

a modalidades de apoio prodigalizado pelos professores para além das horas oficialmente estabelecidas para o cumprimento desse tipo de tarefas. Tais formas de trabalho, ligadas a modalidades de avaliação que lhe são inerentes, criam um clima de aproximação entre professores e alunos, o qual contribui para os altos níveis de sucesso ostentados pela Licenciatura em Educação (CAE; 2005: 23).

Atendendo a todos os dados recolhidos, e que foram objecto de análise e avaliação, de entre os quais poderemos destacar, a qualidade do plano curricular do curso, o sucesso escolar dos alunos, o elevado nível de motivação e entusiasmo por parte de educadores e educandos, a elevada atracção de alunos, o modelo de pedagogia activa adoptado e o alto nível de empregabilidade alcançado, a Comissão de Avaliação Externa "coloca no topo a Licenciatura em Educação do Instituto de Educação e Psicologia da Universidade do Minho entre as suas congéneres" (CAE, 2005: 24).

Para aqueles que acompanharam a concepção deste projecto, se envolveram e deram corpo ao seu arranque e consolidação dentro e fora do campus universitário, é claro que a qualidade deste projecto, não obstante todos os factores mencionados, decorre, em grande parte, de dois factores fundamentais:

– a preocupação existente, desde o momento da sua idealização, da procura constante de articulação entre o mundo académico e o mundo laboral; os perfis de formação e as necessidades educativas existentes; os conhecimentos teóricos e as praxeologias instituídas;
– a construção do perfil profissional do educador (comunitário), tendo como princípio orientador o paradigma de uma concepção de educação ao longo da vida.

A procura de interacção entre o contexto académico e o laboral; a articulação entre o saber teórico e a sua aplicabilidade em contexto real de trabalho; a procura de informação actualizada do universo educativo formal e não formal é uma finalidade para a qual se vai trabalhando desde o primeiro ano do curso, atingindo a sua expressão mais relevante e efectiva no quinto ano, ou seja, no estágio curricular.

Assim, ao longo de todos os anos lectivos, os alunos (com o objectivo de recolher dados para a realização de trabalhos académicos) participam em momentos de educação/formação em contexto real de trabalho o que lhes proporciona um conhecimento amplo e multifacetado do fenómeno educativo, através da possibilidade de observação de contextos socioeducativos diversificados e da análise crítica das instituições educativas e dos sistemas de educação/formação e intervenção educativa. São também desenvolvidos esforços no sentido de proporcionar momentos de partilha de saberes e experiências entre a comunidade académica (alunos e professores) e instituições e/ou agentes educativos, quer em registos mais singulares e, mais ou menos individualizados, em contextos de sala de aula, quer em acontecimentos mais colectivos e institucionalizados como Jornadas, Colóquios, Seminários, etc. organizados dentro e fora do campus universitário. Estes encontros constituem momentos privilegiados de aprendizagem e formação proporcionados pela partilha de saberes e experiências que conduzem a debates enriquecedores de intercâmbio entre as necessidades educativas reais e a construção de perfis profissionais adequados às necessidades existentes.

A articulação entre o mundo académico e o mundo laboral atinge a sua expressão máxima no quinto ano (estágio curricular) quando, como mencionámos já anteriormente, num contexto educativo concreto o aluno, sob orientação de um docente, concebe, implementa e avalia um projecto educativo.

A construção do perfil profissional dos futuros licenciados constitui outro factor de investimento e aposta forte da Licenciatura em Educação. Tendo em conta que, como realçou um dos mais notáveis psicopedagogos portugueses, "educar é essencialmente comunicar. Comunicar é relacionar pessoas e grupos; relacionar pessoas e coisas" (Santos, João dos, 1991b: 141-144) a preocupação fundamental é promover um processo de formação alicerçado no que Jacques Delors denominou os quatro pilares da educação:

> aprender a conhecer, isto é a adquirir os instrumentos da compreensão; aprender a fazer, para poder agir sobre o ambiente; aprender a viver com os outros, a fim de participar e cooperar com eles e aprender a ser (Delors, 1996: 91-92).

Tendo em consideração que a tarefa educativa se faz *com* e não *para* as pessoas, uma das grandes apostas na formação dos licenciados em Educação é promover a aquisição de conhecimentos e competências ao nível do trabalho em equipa, das relações interpessoais, da mediação, da comunicação não só digital mas também analógica, da empatia, inter-ajuda, compreensão, etc.

A educação enquanto processo de auto e heteroformação supõe que a população alvo de um projecto educativo constitui o principal agente de (trans)formação e mudança individual e comunitária. Isto supõe a construção de uma comunidade de aprendizagem e de crescimento colectivo baseada numa co-implicação de educadores e educandos. Trata-se, antes de mais, de estabelecer e estreitar vínculos entre investigadores e população local, educadores e educandos, na tarefa comum de desocultar e compreender a realidade social com o objectivo de a transformar. Cabe, por isso, ao educador comunitário compreender as crenças, valores e significações mítico-simbólicas em que se encontram envoltas as histórias de vida daqueles com quem pretende trabalhar, para posteriormente saber como sensibilizar e motivar para a adesão, implicação e participação no projecto. Do mesmo modo, compete ao educador comunitário incentivar a participação e implicação de todos os actores envolvidos, a negociação de pontos de vista distintos, a ponderação entre o vocabulário mítico-simbólico e o vocabulário científico, a mediação e a gestão de possíveis conflitos.

Consideramos importante "insistir na obrigação de munir (os alunos) de competências indispensáveis para levar a bom termo a análise de necessidades" (De Ketele, 1988:25), pois só com um bom diagnóstico de necessidades poderemos conceber um projecto que vá de encontro às necessidades e interesses da população; só assim podendo contar com a sua participação.

> O que primeiro move a vontade e energia das pessoas e mobiliza a população é a satisfação das suas necessidades primárias, dos seus problemas e tudo aquilo que faça a sua realização pessoal, familiar, grupal e comunitária" (Ander-Egg, 1990: 5).

Volvidos doze anos, após o arranque deste projecto de formação de formadores/educadores, o balanço é extremamente positivo, a recepção por parte das entidades empregadoras, o alto grau de empregabilidade conseguido, o impacto e transformações pessoais, comunitárias e institucionais conseguidas pelos licenciados em educação são razões de motivação e força para continuar e melhorar este projecto que pretende promover e dinamizar uma concepção de educação ao longo da vida, contribuindo, assim, de uma forma muito concreta e imediata para o desenvolvimento sustentável de pessoas e comunidades.

No momento presente, o Processo de Bolonha instiga-nos a uma nova etapa... a um novo desafio... enfim a um novo projecto...

Educação ao Longo da Vida: Um Caminho para o Desenvolvimento

Como procuramos evidenciar, no ponto anterior, uma das grandes apostas da formação dos nossos alunos passa, de uma forma muito particular, não só pela sua inserção no terreno e nos contextos educativos concretos, mas também a de todos aqueles que contribuem para a sua formação. O acompanhamento próximo e participado dos estágios, as visitas às instituições, as acções de formação realizadas, as palestras proferidas, a partilha de experiências possibilitada pelos colóquios, seminários e fóruns, permitem-nos fazer algum balanço relativamente à realidade da educação comunitária no nosso país.

O processo de educação/formação é um processo resultante do conjunto de informações/experiências interiorizadas e vivenciadas um pouco por toda a parte e ao longo da vida. O indivíduo constrói-se e/ou forma-se em função de novos contactos com pessoas/livros/experiências/comunidades, etc, apropriando-se ou seleccionando as informações que lhe interesse reter, ou seja, retrabalhando esses dados de forma idiossincrática. O processo de educação/ formação é, pois

> fruto de encontros e/ou confrontos com acontecimentos, com relações fortuitas ou organizadas em que o sujeito em formação se apropria, filtra e/ou gere, selectivamente aquilo com que contacta. Neste processo o formando faz o que lhe é possível fazer, podendo até usá-lo não só obrigatoriamente em processos de manutenção e reprodução socioculturais, mas também em situações emancipatórias pessoais e grupais (Cortesão (coord), 2000: 5).

Com efeito, este processo resulta de um conjunto de experiências de vida ocasionais ou institucionalmente organizadas e, embora todas as experiências factuais e culturais vividas contribuam para a educação/ /formação dos indivíduos, há no entanto momentos considerados especificamente formadores. Estes são momentos de ruptura, de descontinuidade, de transição resultantes de novos acontecimentos, relações e/ou perda delas que levam o indivíduo a reflectir, a ponderar e a construir uma nova direcção no percurso da sua história de vida. A título de exemplo, podemos salientar entre outros: a entrada no mundo do trabalho, a mudança ou perda de emprego, o casamento, o nascimento dos filhos, a perda de um ente querido, o divórcio, etc. Não obstante tudo isto, fases propriamente consideradas de formação são, contudo, aquelas em que

Centros de Decisão organizam intencionalmente uma sequência de actividades, visando um crescimento profissional de acordo com as normas que considera adequadas, e/ou a aquisição de um estatuto profissional mais ou menos definitivo. Elas podem surgir em vários momentos da vida, podem surgir propostas por diferentes instituições...(Cortesão (coord), 2000: 6).

Considerando a natureza das instituições onde temos vindo a participar e/ou intervir em projectos de intervenção socioeducativa, desenvolvidos em meio rural ou urbano, somos levados a dizer que a educação comunitária se desenvolve, maioritariamente, no nosso país, ao nível da educação não formal, através de experiências esporádicas e ocasionais organizadas e promovidas por grupos e equipas que trabalham num registo, ainda, muito individualizado.

[...] o sector público da Educação de Adultos, em Portugal, tem-se tornado irreconhecível. Assiste-se a um grande descrédito e desconfiança em relação a este subsistema da educação permanente [...] chegando mesmo a opinião pública e os "media" a reduzi-la às práticas de Ensino Recorrente. (Sá, in (Oliveira, C. (et al). 1999: 75).

Deste estado de coisas resulta o facto de a quase totalidade dos projectos de intervenção socioeducativa se realizarem em contextos de educação não-formal, ao nível de pequenos grupos como associações e IPSS, ou seja, organizações que conhecem e procuram resolver os problemas das populações locais.

Pode verificar-se que se trata de organizações muito relacionadas com situações e com problemas locais: as associações sendo organizadas pelos actores sociais que vivem esses problemas; as IPSS surgindo também como tentativas de resposta a problemas locais que são enfrentados, não por quem os vivência, mas mais por activistas, e/ou agentes sociais intervenientes (Cortesão (coord), 2000: 106).

A experiência de trabalho na Licenciatura em Educação leva-nos à constatação de que, em Portugal, as actividades e acções de educação formação ao longo da vida, se foram institucionalizando ao longo da década de 90, ou seja, gradualmente passaram a ser desenvolvidas de forma sistematizada e programada no seio de diversas instituições de administração regional e local, IPSS's e associações, nomeadamente, as associações denominadas de desenvolvimento local.

Pensamos poder dizer que são muitas, gratificantes e determinantes para a formação e desenvolvimento de pessoas e comunidades, as experiências de educação comunitária que se vão promovendo, no nosso país, quer em contexto rural, quer em contexto urbano, no entanto muito pouco deste trabalho é devidamente valorizado, sistematizado e divulgado. Em certa medida, isto deve-se ao facto de que para estes agentes educativos

> não há tempo para parar, reflectir sobre a prática, teorizar, de forma a desenvolver uma acção centrada numa práxis adequada a cada contexto de intervenção. Este reconhecimento – de ausência de pressupostos teóricos – é agravado pela ausência de sistematizações claras e decisivas sobre o trabalho de educação comunitária... pouco se escreve sobre esta actividade profissional, pouco se sistematiza das experiências volumosas e criativas que têm vindo a ser desenvolvidas, sobretudo desde o início dos anos 90 (Raimundo, H., 2003: 64).

Tendo em conta os contextos socioeducativos onde têm vindo a decorrer os estágios curriculares e algumas das saídas profissionais que se têm revelado mais significativas para os licenciados em Educação, pensamos poder dizer que os projectos de intervenção comunitária, neste momento, no nosso país são, maioritariamente, levados a cabo por organismos de poder local como associações e IPSS's.

Consideramos relevante salientar que estes projectos constituem, fundamentalmente, para as pessoas e comunidades mais desfavorecidas (rurais, excluídas, minoritárias) e periféricas aos centros de informação e decisão, um importante, senão o único, meio de promoção de um processo de educação/formação ao longo da vida. Neste sentido, a Licenciatura em Educação e de um modo particular, a área de Educação de Adultos e Intervenção Comunitária trabalha no sentido de o promover, dinamizar, e melhorar...

Bibliografia

ANDER-EGG, E. (1990). *Repensando la Investigación-Acción Participativa*: México: Editorial El Ateneo.

Comissão de Avaliação Externa dos Cursos na área das Ciências da Educação (2005). *Relatório de Avaliação Externa da Licenciatura em Educação*. Conselho Nacional de Avaliação do Ensino Superior.

CORTESÃO, L. (coord). 2000. *Nos Bastidores da Formação*. Oeiras: Celta Editora.
DELORS, J. (1996). *L'Éducation. Un Trésor Est Caché Dedans*. Paris: Ed Odile Jacob.
DE KETELE et al (1988). *Guia do Formador*. Lisboa: Instituto Piaget.
Instituto de Educação e Psicologia (1990). *Proposta de Criação do Curso de Licenciatura em Educação*. Braga: Instituto de Educação/Unidade de Educação de Adultos.
SÁ, J. (1999). Aprender até Morrer. In Oliveira C; Paulo J. C.; Antunes M.C. *Educação de Adultos & Intervenção Comunitária*. Braga: Instituto de Educação e Psicologia – Universidade do Minho, pp.75-80.
RAIMUNDO, H, (2003). Os Educadores Comunitários, A Globalização e a Felicidade. Afinal o que temos a ver com isto?. In *Actas do I Congresso Ibero--Americano e Africano de Educação de Adultos e Desenvolvimento Comunitário*. Vila Real de St.º António Câmara Municipal de Vila Real de St.º António, pp.63-74.
SANTOS, João dos (1991b). *Ensaios Sobre Educação II O falar das letras*. Lisboa: Livros Horizonte.
SILVA, Bento Duarte (coord), (2001). *Relatório do Observatório de Emprego*. Conselho de Cursos de Educação e Psicologia. Instituto de Educação e Psicologia – Universidade do Minho.
SILVA, Bento Duarte (coord), (2002). *Relatório do Observatório de Emprego*. Conselho de Cursos de Educação e Psicologia. Instituto de Educação e Psicologia – Universidade do Minho.
UNESCO, (1997). *Cinquiéme Conférence Internationale Sur L'Éducation des Adultes. La Declaration de Hambourg*.

DA IMPORTÂNCIA DO SILÊNCIO
UMA PRÁTICA DE EDUCAÇÃO DE ADULTOS
E INTERVENÇÃO COMUNITÁRIA

AMÁLIA SARAIVA
Licenciada em Educação Pré-especialização Educação
de Adultos e Intervenção Comunitária
Universidade do Minho; Responsável do Projecto
de Formação de Professores do Ensino Secundário Aberto
Moçambicano de Niassa – Moçambique

Erasmo de Roterdão, com a autoridade que lhe cabia, fez com propriedade, "o elogio da loucura". Acode-me ao pensamento esta fascinante obra, ao iniciar uma reflexão sobre uma prática de educação de adultos e intervenção comunitária acontecida no Niassa, província a Norte de Moçambique, porque também eu, se tivesse propriedade, gostaria de fazer o elogio do silêncio. Pois, ao querer realçar a substância desta prática, aquilo que efectiva e afectivamente foi valorizado no terreno da praxis, é o silêncio que se impõe. Silêncio de fora e silêncio de dentro. Silêncio que se impõe e silêncio que buscamos. Silêncio que traduz, a partir da sua significação mais profunda, a complexidade das relações educativas e dos processos de comunicação que lhe estão subjacentes, num contexto cultural e sócio-político muito específico como é o da província do Niassa.

Fazer, tão simplesmente, o elogio do silêncio, desse silêncio que Álvaro Gomes classifica de "profundo que resulta de uma comunicação profunda e que é a fruição de momentos especiais únicos, inesquecíveis, electrizantes, arrasadores que pode resultar de uma interacção verbalizada, ou não, como é o caso do deslumbramento que experimentamos perante certas obras de arte, certas paisagens, certos momentos únicos na vida" (Gomes, 1999: 37). E, para que ninguém pense que este silêncio é de pedra, Álvaro Gomes apressa-se a esclarecer: "este silêncio não pode ser confundido nem com confusão nem muito menos com incomunicação [...] bem pelo contrário o silêncio pode ser (e frequentemente é) uma das manifestações da comunicação mais profunda" (Ibidem).

Falar do silêncio gerado pelos sentidos estupefactos com a realidade. Do silêncio emergente na mente que se aquieta e inquieta por não compreender e aceder ao real. Do silêncio gerado pela ausência de palavras pois, não se encontram verbos, nem substantivos, nem adjectivos que nos sirvam de referência verbalizada. Do silêncio da espera, a longa espera da observação e do entendimento. Falar do silêncio como espaço interior de construção e reconstrução de novos padrões e de novos paradigmas. Do silêncio, que não é ainda comunicação, mas fruição de "momentos especiais, únicos, arrasadores" que provocam em nós o deslumbramento e a inquietação e nos impõem um reajustamento equilibrado entre o que sonhámos e o que encontramos. Falar do silêncio como lugar comum de aparente inutilidade mas, do qual nasce a compreensão, mais, a intercompreensão pois, não se fala de um silêncio unilateral próprio e exclusivo do educador que se insere, assumindo uma postura hegemónica, mas de um silêncio mútuo que envolve educador e educando; que abarca realidades dicotómicas e antagónicas, mentalidades díspares mas, intrinsecamente permeadas, objectivos paralelos e recursos assimétricos. Falar do silêncio que é tempo, aparentemente perdido, porque aparentemente nada se faz, mas que gera a possibilidade do encontro de alteridades, da relação e da interacção. É, como se pudéssemos dizer: "no princípio era o silêncio". Silêncio profundo e fecundo sem o qual tudo está perdido à partida e a partir do qual tudo é possível na educação e na intervenção (ou interacção?).

Fazer o elogio do silêncio que é escuta atenta, lúcida e crítica de todo um constructo histórico, pessoal e colectivo que se diz, falando-se e calando-se e, nesta dialéctica, assume muitas e subtis expressões. Passam, por aqui, os dizeres calados, os dizeres falados, os dizeres feitos e os dizeres desfeitos da prática pessoal, comunitária e social. As pessoas dizem-se, também, e sobretudo, no silêncio. E, no momento da verbalização de valor semântico ainda velado, gera-se o encontro de alteridades díspares, mas abertas ao diálogo, diálogo que introduz a possibilidade de uma interacção baseada no entendimento mútuo. O consenso virá mais tarde quando os dizeres e os fazeres testemunharem a edificação de uma "palhota" comum. Um espaço aconchegador onde seja viável não só dizer-se, mas querer-se. Sim, querer-se. Também na educação de adultos o verdadeiro conteúdo "são os vínculos, são as relações que a gente cria um com o outro" (Moacir Gadotti, 2002).

Fazer o elogio do silêncio como parte primeira e incontornável de uma experiência educativa construtiva que se revê na perspectiva de processo, de caminho e, de acordo com um antigo provérbio Macua, só «no caminho para casa do amado não se encontram montanhas». Mas também do silêncio como atitude pedagógica, educativa e interventiva transversal a toda a experiência e que se prolonga para além dela, já que influencia a forma de pensar, estar, fazer e ser educador (a).

O silêncio a que se alude é fecundo e dele germina, com a exuberância própria dos países tropicais, o diálogo/comunicação, não ainda liberta de todos os constrangimentos, entre os quais os preconceitos têm lugar de charneira, mas já, suficientemente, esclarecida para se tornar acessível aos diferentes agentes da intervenção e da educação. Supera-se assim, o "silêncio da ignorância que mata" e dá-se espaço ao silêncio que "pode bem ser o primeiro contacto com o enigma, com o que de mais profundo há na comunicação humana, na relação educador/educando, ou seja, na comunicação educativa" (Gomes, 1999: 57). É que, só na presença de quem se gosta e, embora à flor da pele se conteste, se gera o sentimento mútuo de compreensão e aceitação. Liberdade e intimidade duas palavras, dois conceitos, dois sentimentos, duas posturas, dois valores (o que se quiser) que abrem as portas de acesso ao outro e criam, de forma quase mágica, as condições da intervenção e da educação entendida como processo autopoiético.

A educação torna-se sedutora, atractiva. A vontade de aprender, construir, transformar, desenvolver, actuar, agir, intervir, aparecem como direito e como cumplicidade. "Esta ligação profunda, esta sintonia, esta cumplicidade afectiva e efectiva que se gera entre educador e educando são a pedra de toque de toda a aprendizagem" (Gomes, 1999: 83). De toda a educação e de toda a intervenção. Processos que, tal como a "experiência de aprendizagem não se pode desenvolver ao lado da vida [...] trata-se de um percurso fértil de encontros comuns partilhados, nos momentos amargos e nos momentos de felicidade, num contacto em que não podem segregar-se a vida da ciência e a ciência da vida" (Gomes, 1999: 85).

O silêncio como atitude, a observação como método e o respeito, quase me atrevia a dizer, pelo sagrado que o outro é, constituem os pilares estruturantes de uma pedagogia do estrangeiro. A pedagogia de quem se sente aquém e além da realidade e, humildemente reconhece, a necessária gestação do conhecimento. Um tempo criador e produtivo durante o qual se vão delineando as linhas de uma solidariedade inter-activa que implica simultaneamente a identificação com o outro na sua condição de pobre, oprimido, esquecido e, muitas vezes, vexado na sua dignidade humana e a justa e equilibrada concepção de si, das suas aquisições teórico-práticas que, embora sendo referenciais no processo, não constituem em momento algum, nem em qualquer circunstância instrumentos de manipulação ou domínio. Este ténue e imprescindível equilíbrio a um tempo mantém e a outro alimenta a utopia.

O silêncio da escuta atenta do outro e da sua conjuntura, alimenta a esperança mesmo quando a objectividade dos factos nos grita a insustentabilidade de uma qualquer acção ou mudança. É preciso acreditar que, não obstante as condições de indigência, de exclusão, de anomia social e individual, a educação será possível e nela será possível a autonomia e a emancipação, será crível o sonho: que cada educando, cada pessoa, arrogue a capacidade de decidir e tome o destino nas próprias mãos.

No contexto da praxis o sonho adquire, por vezes, nuances de ficção e a esperança numa acção educativa eficaz nasce, mais da crença numa concepção positiva da pessoa e nas suas virtualidades do que em qualquer sistema, ou em qualquer vontade política que, mesmo arbitrariamente, mudasse o rumo prescrito e determinista da história. A história é escrita no contexto da praxis e, por vezes, com letras de suor e sangue. A educação e a intervenção são meios poderosos, capazes de empreenderem uma mudança consentânea com as urgências identificadas mas, como instrumentos, são manipuláveis e podem, ao serviço do poder, ser arma de arremesso para os diferentes intervenientes no processo educativo, nomeadamente, para os desprovidos de qualquer poder. Já Moacir Gadotti afirmava que para que a educação e a intervenção possam transformar as "condições de opressão elas devem enraizar-se na cultura dos povos" (Gadotti, 1997: 33) e concretiza ao afirmar que o "conhecimento não é libertador por si mesmo. Ele precisa estar associado a um compromisso político em favor da causa dos excluídos" (Idem: 34). E, é de excluídos que se trata. Que, precisamente na sua condição de omitidos são, simultaneamente, peritos do silêncio, cultivam-no e usam-no como véu protector.

Educar, intervir no contexto do Niassa é inserir-se na história do povo e das comunidades concretas e adquirir juntos, já que "ninguém educa ninguém e que todos aprendem em comunhão" (Freire, 1975), as ferramentas necessárias para uma hermenêutica – mundi, baseada numa comunicação sem preconceitos nem constrangimentos, ou capaz de os superar pela intercompreensão e pela escuta activa dos diferentes mundos em relação. Só uma interpretação fundada na complexidade da realidade e dos conflitos que a tecem pode, a partir dela, sonhar mais alto e mais além e intervir. Os vários intervenientes no processo educativo, em conjunto e com mútuo consentimento, podem então, empreender a luta para "recriar permanentemente os princípios da verdade, da justiça, da liberdade, da beleza e da generosidade e traçar e percorrer o caminho do progresso e da convivência" (Freire, 1997) desígnio maior de toda a praxis educativa.

O silêncio viabiliza a hermenêutica crítica e comparativa não só das ideias, mas também da cultura e da tradição e sobretudo das condições de existência dos educandos aos níveis social, político, económico e educativo. Instrumento indispensável para que se possa ter uma visão holística da pessoa na sua circunstância, o silêncio cria as condições de uma intervenção razoável, integrada e susceptível de provocar uma mudança efectiva, multifacetada e abrangente.

Este silêncio é capaz de reinventar o educador, de fazer dele um conhecedor do meio em que vive e de lhe restituir a segurança e a humildade necessárias para se envolver apaixonadamente com os problemas, as expectativas e as esperanças dos educandos.

Por tudo isto, o silêncio cria as condições prévias exigidas e indispensáveis para que se possam reunir esforços comuns que se orientem para uma finalidade colectivamente validada e reconhecida como pertinente, construtiva e inalienável para educadores e educandos que querem comprometer-se com a construção e reconstrução de mundos humanamente possíveis.

"Oxalá não cedam quando lhes disserem que a inteligência está sempre a mais, quando quiserem demonstrar-lhes que é permitido mentir para ter sucesso. Oxalá não cedam nem à astúcia, nem à violência, nem ao desinteresse" (Camus, 2002: 72). Só no silêncio aturadamente cultivado se amadurecem as concepções e as convicções que criam uma estrutura interna sustentável e, só sobre este alicerce, é possível que educadores e educandos resistam à provocação do mais fácil e ignóbil já instituídos.

O Niassa é um mundo aberto à esperança. A autonomia é imaginável; a emancipação da mulher e da menina exequível; a comunicação sem constrangimentos é praticável; a sustentabilidade económica é provável; o progresso é viável...tudo é possível, na escuta serena dos dizeres calados e falados. O povo do Niassa diz de si no silêncio. Chega, senta e cala. E diz, se alguém o escutar, no silêncio. O tempo não tem pressa e o educador também a não pode ter quando se trata de desmontar os seus padrões e as suas referências e reconstruir-se a partir de uma aprendizagem que germina na profundidade do silêncio e da relação que este possibilita.

Ali a esperança é possível, aliás, é uma necessidade ontológica e vital, a sobrevivência funda-se nela.

No princípio era o silêncio da estupefacção sofrida, agora é o silêncio da expectação persuadida: é possível o amanhecer da "capacidade".

Seria preciso caracterizar detalhadamente a tirania de certos sistemas instituídos para compreendermos a importância do silêncio neste contexto educativo?

Seria necessária uma abordagem sócio-política, cultural e económica exaustiva que deixasse a nu a assimetria dos poderes e das relações?

Seria viável uma praxis educativa sem esta escuta silenciosa do essencial que é o outro?

Bibliografia

CAMUS (2002). *Crónicas (1944-153)*. Madrid: Alianza.
GOMES, A. (1999). *Do Som do Silêncio*. Lisboa: Didáctica Editora.
GADOTTI, M. (1997). *Um Legado de Esperança*. S. Paulo: Cortez Editora.
FREIRE, P. (1975). *Pedagogia do Oprimido*. Rio de Janeiro: Paz e Terra.
FREIRE, P. (1997). *A la Sombra de este árbol*. Barcelona: El Roure.

O LICENCIADO EM EDUCAÇÃO: PROJECTO DE RESPONSABILIDADE SOCIAL

ISABEL GONÇALVES[1]
Licenciada em Educação Pré-especialização
Educação de Adultos e Intervenção Comunitária
– Universidade do Minho; Técnica Superior
de Educação na Câmara Municipal de Terras de Bouro

Neste artigo, pretendemos apresentar uma experiência de trabalho de um licenciado em Educação. O que nele se enuncia constitui parte integrante da intervenção exercida no Município de Terras de Bouro, na área social e cultural. Daí que não seja nosso desejo fazer uma análise comparativa entre as várias áreas de intervenção, mas sim, relacioná-las, de forma a criar um conjunto de opções que fomente e estimule a abertura de caminhos para futuros profissionais nesta área.

De facto, o domínio profissional percorrido por licenciados em Educação tem garantido resultados positivos na sociedade. Sucesso que valida a noção de que o campo de actuação é tão alargado quanto as ambições e expectativas de vida.

---

[1] Licenciada em Educação, Mestre em *Património e Turismo,* Formadora de cursos da área social e Mediadora de Conflitos nos Julgados de Paz. Desde o ano de 2000 que exerce o cargo de técnica superior na Divisão de Desenvolvimento Social e Cultural, da Câmara Municipal de Terras de Bouro.

A matriz dos tempos actuais

É comum dizer-se que a sociedade actual está numa profunda metamorfose. Contudo, pelo que sabemos não existe um consenso metodológico em torno de um paradigma de mudança social. Se, por um lado, encontramos teorias que reduzem as mudanças sociais ao desenvolvimento mercantil da estrutura social, por outro, encontramos posições que explicam as transformações sociais como efeito de programas civilizatórios ou como resultado do desenvolvimento tecnológico. O que importa, neste nosso contexto, é que ambas as teorias estão de acordo em que algo, na sociedade moderna, mudou e, como tal, neste processo evolutivo, novas respostas surgiram a antigos problemas mas, é igualmente verdade, que novos problemas irromperam, com as novas teorias.

Apesar de tantos recursos disponibilizados, que podiam funcionar como motivos de alento, neste contexto de mutabilidade social, verificam-se situações de exclusão social e carência de empreendedorismo e, por vezes, privação de envolvimento social e profissional, devido aos baixos níveis de escolaridade e iletracia e até de confiança, o que se associa ao peso da apatia pessoal e profissional. Esta situação é agravada quando esta realidade é verificada entre os mais jovens.

A agravar este panorama, subsistem projectos isolados baseados numa lógica de resposta a necessidades e problemas permanentes que projectam dificuldades na gestão das sinergias locais e reforçam a desacreditação das intervenções, quer das organizações, quer do capital humano. Esta realidade tem sido apontada por críticos de diferentes áreas sociais.

Acreditamos que o saber seguir em frente, nesta matriz social, depende da capacitação dos técnicos em saber criar projectos inovadores, valorizando um trabalho em rede, estruturado, competitivo e cooperante.

O papel do Licenciado em Educação: um compromisso profissional na sociedade

Para a sociedade moderna, o conhecimento é um bem de valor inestimável, é, segundo Mayor, a "força do futuro" (Mayor, 2002), e um dos principais domínios de acesso à cidadania e ao desenvolvimento social, pelo que é necessário promover a criação de mecanismos que contribuam para a sua consolidação e difusão.

Tomando por base este pressuposto, tencionamos defender que o conhecimento, empírico e científico, dos profissionais em geral, representa mais-valias acrescidas para uma sociedade estruturada e possuidora de qualidade e bem-estar.

Estes domínios deverão estar presentes na acção de todo o profissional, sobretudo os que trabalham com comunidades jovens, validando a sua realização profissional e conduzindo a sua atitude para boas práticas a disseminar nas sociedades, como normas exemplares de conduta, social e pessoal.

O licenciado em Educação, ao nível currícular está habilitado para reflectir, planificar, organizar, gerir, formar e avaliar planos, programas e projectos educativos, formativos e de intervenção comunitária. Assim sendo, a formação académica proporciona, por um lado, uma visão alargada da sociedade e, por outro, um encaminhamento profissional através da componente pragmática inserida na programação currícular. Por esta razão, os primeiros passos da vida profissional, diante de um campo alargado de intervenções, exige-nos uma postura reflexiva e prudente. Esta decisão tem o peso de uma sociedade cada vez mais exigente, problemática e competitiva. Perante este circunstância, os licenciados em geral e, em particular, os profissionais de Educação estão incumbidos de "conduzir" a sociedade para a resolução de problemas emergentes. De facto, mais que a responsabilidade perante as necessidades sociais, estes profissionais têm vindo a exercer um papel preponderante e bem aceite na sociedade, que fundamenta a conquista e a confiança do mercado laboral. Mas nada se revela determinante, senão mesmo a determinar por cada um, ou por cada equipa, no seu contexto.

Portugal tem vindo a afirmar-se nas políticas de ensino europeu, pese embora o ritmo mais lento que, inevitavelmente, lhe é característico. Neste campo da mudança, um número significativo de Universidades Portuguesas já se encontra a desenvolver os novos projectos de ensino que foram alvo de uma forte reestruturação, acreditada e integrada no sistema europeu e nos instrumentos dispostos no processo de Bolonha. As reformas processadas tencionam cumprir os requisitos europeus que têm como meta construir até 2010 um projecto europeu, que em português se designa Área Europeia de Ensino Superior. Deste modo, Portugal caminha ao encontro da Europa visando, neste caso concreto, um alcance no domínio educativo da União Europeia. As reformulações das metodologias de ensino são profundas, cuja mais-valia reside na preparação célere e eficiente do aluno para a realidade profissional existente em Portugal, com abertura para os Estados-membros.

Neste contexto metamorfoseado pela realidade europeia sócio--educativa, os profissionais têm, cada vez mais, que ter um espírito pró--activo, de forma a empregarem não somente o seu *currículum académico*, mas essencialmente o seu *curriculum vitae* (com toda a carga curricular, experiencial, criadora e imaginativa que este envolve) em áreas diversificadas, para as quais se "sentem" idoneamente aptos e desafiados a intervir.

Segundo as directrizes enunciadas para os licenciados em Educação, na conclusão curricular:

> "Os diplomados estão aptos para trabalhar no sistema educativo e fora dele, nomeadamente em departamentos de educação permanente e de formação contínua de instituições, serviços de educação de museus, bibliotecas e fundações, serviços de apoio à infância, juventude e 3ª idade, serviços de educação de adultos e educação permanente, serviços autárquicos de cultura e acção social, projectos de desenvolvimento local, de intervenção comunitária e animação socioeducativa, associações culturais, instituições de solidariedade social, escolas profissionais, (…)".[2]

As escolas, os centros de formação, as universidades, os politécnicos, as IPSS, as ONG, as empresas e associações de desenvolvimento local são alguns, senão os principais serviços conquistados pelo licenciado em Educação. Ainda que de uma forma ligeira, as autarquias já abriram as portas para actuarem no desenvolvimento de projectos de intervenção local, na área social, turístico-cultural, educativa/formativa e até ambiental.

Estes "impérios", na sua maioria já ocupados por outras áreas, mas que agora vão sendo compartilhados pelos técnicos de Educação, não fazem destes profissionais seres humanos multifacetados mas, com certeza, será merecedor da verdade dizermos que estes licenciados denunciam habilidade, uma excelente capacidade adaptativa e aplicabilidade dos conhecimentos científicos em áreas distintas. O que revela, por um lado, que o licenciado em Educação foi devidamente preparado enquanto aluno e, por outro, que este profissional, pela sua abrangência, consegue alcançar, acompanhar e, por vezes, suplantar os desafios que a sociedade complexa cria ao interagir no colectivo.

---

[2] Http://www.uminho.pt, consultado em Março de 2007.

Oportunidades dos Fundos Estruturais Comunitários

A coesão e o impulsionar do desenvolvimento económico, social, cultural e tecno-científico são factores e pressupostos definidos no quadro dos objectivos traçados pela União Europeia e, por conseguinte, aplicados aos 27 Estados-membros.

Depois de perder as colónias e de ter superado parte das dificuldades da política interna, a integração de Portugal na União Europeia (UE) significou o retorno à Europa. Efectivamente, a União Europeia consagrou-se numa oportunidade privilegiada do país suprimir o isolamento político, possibilitando-lhe o restabelecimento do poder sócio-económico. E mais, com a adesão, as questões de desenvolvimento do país encontram-se reguladas e geridas na estratégia de política comunitária, através da apresentação de planos financeiros regionais, os quais identificam e intercedem nas prioridades do país.

O último Quadro Comunitário de Apoio, findo em 2006, constituiu um excelente mecanismo social e fonte de obtenção de fundos estruturais e, consequente, desenvolvimento regional. A aposta financeira e administrativa dos programas comunitários, tem abrangido domínios diversificados e áreas mais carenciadas de investimento, sobretudo, na criação do tecido empresarial e, consequentemente, postos de emprego, potenciando o desenvolvimento económico e social.

Com base no arranque deste Quadro de Apoio, no ano 2000, a Câmara Municipal de Terras de Bouro lançou a candidatura *Terras de Bouro: Valorização e Desenvolvimento Rural*,[3] apresentada ao Programa Operacional da Região do Norte, através da Comissão de Coordenação e Desenvolvimento da Região Norte, em parceria com entidades locais e regionais, com objectivos prescritos na promoção e valorização das potencialidades do território. Assim, este projecto possibilitou a criação e implantação de uma rede de Trilhos Pedestres denominada "Na Senda de Miguel Torga". Esta acção, por si só, resultou numa mais-valia ao nível turístico, vertente bem expressiva nesta região pelas potencialidades endógenas naturais e patrimoniais.

Numa outra vertente, a dinamização de actividades de promoção dos produtos regionais, agro-alimentares e artesanais, permitiu revitalizar a

---

[3] Coordenação do projecto a cargo da técnica licenciada em Educação.

produção e fortalecer a qualidade dos mesmos, bem como a sua aceitação no mercado. Aqui, a promoção de seminários, jornadas e Feiras-Mostra surtiu um efeito positivo no mercado local e regional.

A multidisciplinaridade e a persistência da equipa técnica,[4] constituiu o elo mais forte do projecto para sistematizar os objectivos apontados em candidatura. O êxito desta candidatura deveu-se inteiramente ao empenho desta equipa parceira nas fases de concepção e execução, conciliado com a forte convicção de que as potências inerentes ao projecto constituiam um manancial capaz de contribuir para o desenvolvimento da economia local. Esta intervenção, pioneira na região, possibilitou a criação de alicerces e oportunidades profissionais enriquecedoras e inovadoras para quem estava a dar os primeiros passos no plano laboral.

Avaliando os instrumentos com que se trabalhou entre 2000 e 2006, alguns dos projectos implementados resultaram em experiências positivas que devem servir de exemplo para futuras projecções.

É possível enunciar e narrar práticas valiosas, enquadradas por programas de financiamento. Os programas LEADER +, EQUAL[5] e ON (Programa Operacional da Região do Norte) que, enquanto Iniciativas Comunitárias, têm possibilitado a afirmação de algumas boas práticas em que a sociedade civil e os territórios rurais têm saído beneficiários.

Os "princípios" EQUAL dão razão a 2007 ser o *Ano Europeu da Igualdade de Oportunidade*, com objectivos concretos de sensibilizar, atrair atenção política e mobilizar os agentes locais para as questões da igualdade e da não-discriminação.

No vasto conjunto de áreas de formação que o licenciado em Educação poderá conceber, gerir e ministrar, a formação do módulo *Igualdade de Oportunidades* é um campo que convém intervencionar com força. Porque de facto, a igualdade de oportunidades é um objectivo para a sociedade do presente e do futuro, como primado de uma conquista social.

---

[4] Das entidades parceiras destaca-se a presença da Unidade de Arqueologia da Universidade do Minho, do Parque Nacional da Peneda-Gerês, na altura com a Direcção do Professor Mário Freitas, da Universidade de Trás-os-Montes e Alto Douro, Direcção Regional de Entre Douro e Minho, entre outras.

[5] As novas oportunidades e experiências de desenvolvimento, em trabalho com comunidades sociais mais frágeis, surgem no âmbito da Iniciativa Comunitária EQUAL, cujos projectos ainda se encontram em desenvolvimento da fase 2 e fase 3, com a disseminação de produtos, permitiu valorizar as metodologias enquanto produto e realçar a complementaridade entre parceiros/técnicos e a importância da capacitação das organizações.

Neste exemplo, refere-se a importância desta temática como política de apoio às famílias, favorecendo a conciliação entre a vida no trabalho e na família. Esta temática, consagrada em decreto-lei, é aplicada ao nível dos princípios da humanidade, quer da União Europeia, quer universal, e tem sido invocada e mesmo democratizada no meio empresarial, político, educativo e social. Na realidade, trata-se de um objectivo estratégico de combate à discriminação, servindo de promoção da igualdade de oportunidades entre mulheres e homens na convivência social, no emprego, na formação profissional, bem como na conciliação da vida familiar com a actividade profissional.

Todavia, outras áreas se adivinham possíveis de intervir numa sociedade aberta a inovações e a conflitos de vária indole, onde a mediação se torna num veículo com merecimento de aposta. Aqui, uma vez mais, os técnicos de educação poderão tirar vantagens e vincar o seu currículo pelo facto de possuírem aptidões pedagógicas e científicas, convenientes ao excercício da função de mediador de conflitos nos Julgados de Paz.[6] Este perfil poderá ser obtido através da participação, com aproveitamento positivo, num Curso de Mediação de Conflitos,[7] que deverá estar homologado pelo Ministério da Justiça.[8]

> Os julgados de Paz são tribunais de pequena instância, com características específicas e competências exclusivas para resolver causas de valor reduzido de natureza cível, de forma célere e menos dispendiosa que os procedimentos judiciais cumuns.[9] A mediação é um meio extrajudicial de resolução de litígios de carácter privado, confidencial e voluntário, cuja responsabilidade na construção das decisões cabe integralmente às partes (pessoas

---

[6] Esta posição já foi conquistada, estando identificada como mediadora dos Julgados de Paz do Agrupamento de Concelhos de Stª Marta de Penaguião, Alijó, Murça, Peso da Régua, Sabrosa e Vila Real, bem como do Julgados de Paz do Agrupamento de Concelhos de Tarouca, Armamar, Castro Daire, Lamego Moimenta da Beira e Resende.

[7] A mediação, enquanto método específico de gestão de conflitos que exige competências profissionais especializadas, permite criar um espírito de cooperação através de uma visão mais diversificada das dinâmicas conflituais ao nível pessoal, grupal, institucional, empresarial, etc.

[8] O curso de Mediação de Conflitos foi promovido pela Associação Sindical dos Oficiais dos Registos e Notariado, decorrido no Porto, entre Abril e Junho de 2005, num total de 128 horas.

[9] Ministério da Justiça, DGAE, *Guião de Resolução Alternativa de Conflitos*, 2005, p. 15.

em conflito). Este processo implica a intervenção de uma terceira pessoa (mediador), imparcial, que guia as partes e estabelece a comunicação entre ambas, de forma a encontrarem uma base do acordo que encerrará o conflito (Ministério da Justiça, *Guião de Resolução Alternativa de Conflitos*).

A mediação enquanto estratégia alternativa de resolução de conflitos em contexto familiar, escolar e laboral são áreas a concorrer, anulando-se assim, a exclusividade dos advogados (em exercício ou não) e dos psicólogos.

Do que ficou exposto neste ponto, que não foi mais do que uma experiência pessoal tal como se enunciou à partida, corrobora-se a referência de Joaquim Azevedo: "só com projectos nos apropriamos do futuro" (2002: 117).

De facto, foram as necessidades diagnosticadas, os imperativos de conquistar um lugar no mercado de trabalho e de contribuir para o bem comum, que fizeram emergir a consecução destes projectos. Parafraseamos Subirats I Humet (2002: 31) para dizer que é necessário "pensar globalmente e actuar localmente", de forma que cada situação deva ser tratada e intervencionada com a acuidade e singularidade que lhe é devida.

O Quadro Referência Estratégico Nacional e os Desafios

Apanágio desta sociedade globalizada que, a nível nacional e regional, congrega uma acentuada permeabilidade e intensidade das relações com o exterior, os desafios da competitividade e da inovação constituem imperativos no Quadro Referência Estratégico Nacional (QREN), sem os quais o processo de desenvolvimento ficaria seriamente comprometido.

Na realidade, Portugal deve implicar-se neste projecto comunitário, não devendo deixar de lhe dar importância, pois é um dos Estados-membros da União mais sensível a modificações da política regional europeia. A possibilidade de acesso a fundos comunitários, exclusivamente redistribuídos com base em critérios de compensação ligados ao grau de desenvolvimento dos países ou regiões, tenderá a diminuir de forma significativa.

O Quadro Referência, vigente no período de 2007-2013, e o Plano de Desenvolvimento Rural (PDR) constituem conjecturas avantajadas para atenuar as debilidades diagnosticadas nos territórios nacionais, seja em termos educacionais, de emprego, formação e rendimento social, económico e cultural, seja para dar continuidade à preservação do ambiente, do património e da sustentabilidade da paisagem.

O desenvolvimento integrado torna-se, assim, numa ideia a valorizar e requer a utilização e gestão racional dos recursos endógenos pelas comunidades locais, empresas, agentes de desenvolvimento e outros intervenientes. De uma outra forma, urge dizer que é importante definir um plano de desenvolvimento, que seja sustentável, integrado e apoiado na política nacional e, por conseguinte, nos instrumentos e programas financeiros, que possibilitem a redução das fragilidades infra-estruturais e fortaleçam o bem-estar social.

A gestão dos instrumentos financeiros, pautada por normas excessivamente burocratizadas e por critérios, por vezes, unilaterais, quando bem abordados poderão ser uma linha estratégica inovadora para as entidades empregadoras (re)qualificarem e abrirem hipóteses de criar postos de emprego. Entre outros, em áreas que confinam com a acção social, a educação, a formação, a cultura ou a animação.

Em todas estas áreas e, em muitas outras, os profissionais podem, como uma mais-valia, corrigir e atenuar lacunas sociais, já que esta perspectiva será apoiada e reforçada com o Quadro Estratégico. Como tal, importa que os profissionais sejam capazes de prognosticar, de terem acções com resultados persuasivos e empreendedores, de apostar na criação de projectos interventivos, criativos e integrados.

Se as políticas governamentais não fundarem benefícios sociais equitativos resta-nos, como profissionais, aproveitar a oportunidade única, se não a última do QREN e consolidar planos e objectivos de trabalho em parceria e cooperação, com empenho e responsabilidade social.

De facto, os planos de investimento público e privado ganham uma perspectiva de integração através da participação dos actores da sociedade civil, realidade bem evidente, por exemplo, na gestão dos instrumentos do Desenvolvimento Rural. Este deve ser um reflexo permanente na sociedade em geral, por forma a que o trabalho resulte, seriamente, para a construção de uma sociedade empreendedora, com base no desenvolvimento sustentável.

A oportunidade está lançada, os caminhos estão tenuamente visíveis e o exercício de boas práticas constituirá o trilho de todo e qualquer profissional se evidenciar no mercado de trabalho.

Conclusão

Estamos certos de que, na sociedade actual, ter capacidade de trabalho já não é sinónimo de adequirir um canudo/uma licenciatura, mas sim, ter espírito aberto ao desafio de competir com responsabilidade nas áreas de intervenção que a sociedade dispõe.

É neste contexto que enquadramos o licenciado em Educação, agindo e interagindo socialmente com outros saberes, agregando esforços, recursos e ideias. Esta sociabilidade, por sua vez, quando bem orientada, resulta num trabalho mais profícuo, mais produtivo e revelador a vários níveis. O trabalho em rede é exigido, cada vez mais, às sociedades actuais, numa simbologia de rentabilidade eficiente de recursos.

Por isso, acreditamos que a forma de trabalho em parceria, com todo o empenho pessoal, crie um verdadeiro agregado de oportunidades, as quais podem ser uma rampa de lançamento para os profissionais licenciados e recém-licenciados que, para se integrarem na sociedade, terão, pelo certo, que participar em múltiplas, heterogénas e diferenciadas redes interactivas.

Bibliografia

AZEVEDO, J. (2002). *A Avaliação das Escolas. Consensos e Divergências*. Porto: Ed.Asa.
AZEVEDO, J. (2002). *O Fim de um Ciclo. A Educação em Portugal no Início do Séc. XXI*. Porto: Edições Asa.
Comissão Europeia. (2004). *Guia Equal sobre a Integração da Perspectiva de Género*. (versão electrónica: http:// europa.eu.int/comm/equal.
MADRP (2006). *Programa de Desenvolvimento Rural 2007-2013*.
Ministério da Justiça (2005). DGAE, *Guia de Resolução Alternativa de Conflitos*.
MIRANDA, N.S. (2006). *Estado, Município e Educação. Conselho Municipal de Educação: Limites e Potencialidades (um estudo de caso)*. Porto.
SUBIRATS I HUMET, J. (2002). *Gobierno Local y Educación*. Barcelona: Ed. Ariel.

http://WWW.uminho.pt – consultado em Março de 2007.

CENTRO COMUNITÁRIO DA "CASA DA INFÂNCIA" A EDUCAÇÃO NÃO-FORMAL NO DESENVOLVIMENTO PESSOAL, SOCIAL E COMUNITÁRIO

Ellen Antunes
Licenciada em Educação – Pré-especialização em Educação
de Adultos e Intervenção Comunitária – Universidade do Minho;
Coordenadora do Centro Comunitário "Casa da Infância" (*)
(*) Valência da Associação para o Desenvolvimento das
Comunidades Locais, S. Torcato, Guimarães

Enquadramento

O Centro Comunitário "Casa da Infância", nasceu do Projecto *Ludo--Ser*, no âmbito do Programa *Ser Criança,* promovido pela ADCL – Associação para o Desenvolvimento das Comunidades Locais, direccionado a amas/crianças/famílias da comunidade de S. Torcato e freguesias limítrofes. Findo o tempo útil do projecto, em consequência do trabalho desenvolvido e do nível de envolvimento da população abrangida, estabeleceu-se, em Junho de 2000, um acordo de cooperação com a Segurança Social, para a constituição da valência do Centro Comunitário.

Esta estrutura foi pensada com o objectivo de se constituir como um espaço de afirmação da infância, promovendo e dinamizando redes de solidariedade e de inter-ajuda, desenvolvendo respostas abertas e flexíveis de apoio à criança e sua família e a constituir-se como sede de investigação em torno da infância. Neste sentido, tem vindo a ser um pólo dinamizador de actividades directamente com as crianças, com os adultos prestadores de cuidados e com as famílias, ajustando-se e adaptando-se, ao longo da sua existência, a novas necessidades sentidas pela comunidade, alargando o seu âmbito de intervenção e públicos abrangidos – jovens, idosos, populações socialmente desfavorecidas, desempregados de curta e longa duração, populações com baixas qualificações escolares, profissionais e sociais.

Objectivos do centro comunitário "Casa da Infância"

O Centro Comunitário visa, em primeira instância, e com referência à sua génese, garantir às crianças, particularmente dos meios rurais mais carenciados, o acesso aos seus direitos, possibilitando o seu crescimento em segurança e harmonia, no seio da sua família e comunidade. Este princípio assume em si, um carácter preventivo, gerador de mudança, no sentido em que pretende agir e quebrar o "círculo vicioso da exclusão" enquanto sistema de crenças, valores, representações, hábitos e modos de agir que se constituem em estilos de vida, frequentemente transmissíveis de geração em geração.

À medida que as respostas desta valência se foram ajustando e alargando às necessidades e solicitações da comunidade, o princípio da sua intervenção tem-se vindo a afirmar, cada vez mais, na procura de respostas integradas e na prevenção e minimização da exclusão social da população em geral.

Neste sentido, assumem-se como objectivos:

- Contribuir para o desenvolvimento físico, afectivo, psicológico e social das crianças;
- Privilegiar o fortalecimento das relações entre as crianças, famílias e comunidade, aumentando as oportunidades de interacções positivas através do desenvolvimento de actividades dinamizadoras da vida social e cultural;
- Formar, melhorar competências e apoiar os prestadores de cuidados às crianças, no desempenho das suas funções e responsabilidades, nomeadamente amas, famílias e educadores em geral;
- Promover a ocupação dos jovens envolvendo-os em actividades de desenvolvimento pessoal, social e comunitário;
- Promover a inclusão social de pessoas e grupos mais vulneráveis, na procura da assumpção dos seus direitos e manifestação de uma cidadania activa.
- Dinamizar e envolver os parceiros locais e regionais;

Destinatários

O Centro Comunitário "Casa da Infância" tem como referência prioritária a população abrangida pela área geográfica correspondente à Comissão Social da Freguesia de S. Torcato e à Comissão Social Inter--Freguesias "A Nascente" (incluindo as freguesias de Atães, Rendufe, Gonça, Gominhães e Selho São Lourenço), coincidindo, em grande medida, com a zona de abrangência do Agrupamento de Escolas do Vale de S. Torcato.

O Centro Comunitário – "Casa da Infância" assume como alvo prioritário da sua acção a **comunidade**, a **família** e a **pessoa**, com particular atenção na **criança**.

Tendo como referência o ano de 2005 e o 3.º trimestre de 2006, o trabalho desenvolvido pelo Centro Comunitário abrangeu, ao longo deste período, cerca de 670 pessoas, de entre as quais 57 crianças e 100 adultos com um acompanhamento regular e sistemático.

Actividades desenvolvidas

O Centro Comunitário "Casa da Infância" privilegia o **trabalho em rede**, sendo que a progressiva ligação da ADCL a distintas parcerias e redes locais, para além de permitir aprofundar diagnósticos, relações interdisciplinares e intersectoriais, tem possibilitado desenvolver processos participados de planeamento integrado e optimizar recursos, no sentido de permitir a obtenção de melhores resultados num propósito comum: a melhoria das condições de vida das pessoas em situação de maior fragilidade social e económica. Assim, através da articulação inter-institucional, tem-se procurado construir e reforçar um sistema de parcerias, na base da cooperação e articulação de esforços na resolução dos problemas da comunidade/família/pessoa/criança, nomeadamente com o Agrupamento de Escolas do Vale de S. Torcato, o Posto de Saúde de S. Torcato, com as Juntas de Freguesia, os parceiros constituintes da Comissão Social de Freguesias de S. Torcato (Paróquia de S. Torcato, Agrupamentos de Escuteiros, Associações de Pais da EB23 e EB1 do Mosteiro, GNR de S. Torcato, etc), assim como outros parceiros que integram a Rede Social do Concelho de Guimarães (Câmara Municipal, serviços concelhios da Segurança Social, CASFIG – Empresa Municipal de Habitação Social, CAT- Centro de Atendimento aos Toxicodepentes, Centro de Saúde Arnaldo Sampaio, entre outros).

O Centro Comunitário promove actividades diversas, nomeadamente, ao nível do atendimento e encaminhamento de situações que carecem de apoio social e psicológico, da animação comunitária, da disponibilização de materiais pedagógicos e didácticos (para utilização no local, itinerância ou requisição), da promoção de acções de sensibilização, encontros temáticos, desenvolvimento de programas específicos de formação, podendo-se categorizá-las em quatro dimensões:

1) **Informação e Atendimento Social, 2) Animação Sócio-Educativa e Cultural, 3) Apoio a Necessidades Básicas, 4) Investigação:**

1) Informação e Atendimento Social
Enquandram-se aqui actividades que visam contribuir para assegurar a acessibilidade das pessoas, particularmente às que se encontram em maior desvantagem social, a diferentes serviços e recursos. Neste sentido, o Centro Comunitário integra o **"Gabinete de Apoio à Comunidade"**, facultando o apoio ao nível da informação, preenchimento de formulários, acompanhamento e encaminhamento dos indivíduos para estruturas adequadas, nomeadamente serviços concelhios da Segurança Social, Centro de Emprego, Centro de Saúde, etc, promovendo o acesso das pessoas e famílias aos seus direitos, deveres e benefícios sociais em diversos domínios, como sejam, ao nível da:

– *Educação/formação*: com o enquadramento dos indivíduos em percursos formativos, disponibilizados, quer pelo próprio Centro de Formação da ADCL, quer por outras entidades formadoras do concelho. De salientar, neste contexto, a articulação com a EB23 de S. Torcato, com integração de jovens em Cursos de Educação Formação, e a articulação ao nível do Núcleo Executivo do RSI, com a inclusão de beneficiários desta medida em acções de formação, enquanto resposta aos planos de inserção delineados.

– *Emprego*: assumindo-se como princípio que o trabalho, para além de gerador de recursos, assume um importante papel de socialização e integração social dos indivíduos, tem sido preocupação do Centro Comunitário, quer integrar indivíduos em contexto laboral, quer promover a aquisição e ou melhoria de competências pessoais e sociais, quando a inexistência ou insuficiência destas mesmas dificultam o acesso dos indivíduos ao mercado de trabalho;

– **Saúde**: de salientar neste domínio o apoio a doentes alcoólicos e suas famílias, que procuram os serviços do Centro Comunitário na busca da resolução das perturbações sentidas no seio familiar, comummente associadas a esta problemática, procurando-se apoiar, acompanhar e encaminhar os indivíduos no processo de recuperação;

– **Benefícios sociais**: o Centro Comunitário tem sido procurado por pessoas que, de um modo ou outro, pretendem ser esclarecidas e orientadas na assumpção dos seus direitos, assegurando a acessibilidade a determinados benefícios sociais, nomeadamente ao nível da requisição do Rendimento Social de Inserção, de Pensões Sociais, de Protecção Jurídica, (em acções judiciais de regulação de exercício parental, divórcio, conflitos com vizinhos), assim como o acompanhamento de intervenientes em processos-crime de violência doméstica, junto dos representantes legais e Ministério Público, entre outros.

No que respeita a este serviço de informação e atendimento social importa aqui salientar o trabalho de cooperação que tem vindo a ser consolidado com a GNR local, nomeadamente ao nível do atendimento de vítimas de violência doméstica, sendo frequentes os pedidos de apoio e acompanhamento das vítimas.

Ao nível da sinalização e diagnóstico social, um outro parceiro local que convém ainda destacar é o Agrupamento de Escolas do Vale de S. Torcato, através do qual têm sido encaminhadas diversas situações de risco de exclusão social, sendo as crianças um "primeiro sinal de alerta" que, muitas vezes, herdam e carregam situações marcadas pela privação e por um conjunto de *handicaps* familiares, sendo fundamental a intervenção a este nível.

Assim, em termos metodológicos, este **"Gabinete de Apoio à Comunidade"** serve, frequentemente, de forma de "triagem" de situações que, pela sua maior complexidade e/ou gravidade, exigem um acompanhamento social mais sistemático, sendo integradas num outro projecto sedeado no Centro Comunitário – o **"Projecto Famílias"**. Este projecto é, em grande parte, desenvolvido em itinerância, nos contextos de vida de famílias em situação de risco/exclusão social, intervindo ao nível do desenvolvimento de competências pessoais, familiares e sociais, proporcionando condições e meios facilitadores do processo de integração social, tais como a promoção de programas de formação, de organização e gestão doméstica, cuidados de alimentação, de saúde, de higiene, permitindo adquirir/melhorar as competências parentais. Têm, igualmente, vindo a ser promovidas algumas experiências ao nível do desenvolvimento de Programas de Intervenção Sistémica Familiar, mediante sessões terapêuticas de intervenção familiar, nomeadamente em situações sinalizadas pela Comissão de Protecção de Crianças e Jovens.

O Centro Comunitário "Casa da Infância" integra, ainda, um **"Gabinete de Apoio Psicológico"** o qual apoia crianças, adultos e famílias que careçam de acompanhamento especializado e individualizado. O trabalho aqui desenvolvido compreende a avaliação e intervenção psicológica, relacional e social. Entre as diferentes situações de crianças acompanhadas, colocam-se problemas como défices de estimulação, défices cognitivos, desregulação emocional, problemas de comportamento e dificuldades de aprendizagem. Em relação aos adultos, as maiores dificuldades vão no sentido da sua preocupação em dar resposta às suas responsabilidades como pais, problemas de natureza emocional/relacional e alcoolismo.

2) Animação Sócio-Educativa e Cultural

O Centro Comunitário "Casa da Infância" pretende assumir-se como um agente dinamizador da participação das pessoas, famílias e comunidade em geral, enquanto factor de desenvolvimento local e promoção da cidadania. Neste sentido, as actividades desenvolvidas visam despertar e promover nas pessoas, famílias e grupos o reforço do sentimento de pertença e identidade social, a promoção das suas competências pessoais e sociais, a prevenção e diminuição das situações de risco/exclusão social, a consciencialização das suas capacidades e potencialidades, no sentido de responder às necessidades e solicitações da comunidade onde se inserem. Assim, integram-se aqui alguns domínios de intervenção, nomeadamente:

- O **"Projecto das Amas"** trabalho desenvolvido com amas e crianças da comunidade e respectivas famílias, promovendo-se:
    - A itinerância de jogos/materiais e o desenvolvimento de actividades lúdico-pedagógicas no domicílio, com amas e crianças;
    - Um grupo de encontro e partilha entre as amas da rede de itinerância, a partir do qual se pretende reforçar o sentimento de pertença e identidade social e desenvolver competências nestas prestadoras informais de cuidados, maioritariamente com baixas qualificações escolares, de modo a assegurar uma intervenção mais qualificada com as crianças;

– O trabalho sistemático, de periodicidade semanal, na "Casa da Infância", através do desenvolvimento de actividades lúdico-pedagógicas com crianças, dos 2 aos 6 anos, integradas em amas, no sentido de promover a sua estimulação e sociabilização.

• O **"Centro de Recursos para a Infância"** que, em articulação com o Centro de Recursos em Conhecimento da ADCL, integra material e equipamento diversificado, nomeadamente, material lúdico e pedagógico, biblioteca técnica e infantil, material informático e audiovisual, material de estimulação precoce e de avaliação psicológica.

Este Centro de Recursos constitui o suporte para o desenvolvimento da itinerância no domicílio das amas, assim como de actividades promovidas no espaço do Centro Comunitário "Casa da Infância", estando disponível para ser requisitado pela comunidade em geral, havendo procura sobretudo de jogos, brinquedos e material de estimulação precoce e de avaliação psicológica por parte da Escola EB23 de S. Torcato.

• O **"Grupo de Convívio de Senhoras da Casa da Infância"** que integra actualmente dezasseis mulheres, reunindo semanalmente, no sentido de combater o isolamento social em que estas se encontram, prevenir e reabilitar situações de exclusão social, promover o reforço do sentimento de pertença e identidade social, promover a aquisição ou melhoria de competências pessoais e sociais, motivar para a mudança e elevação dos níveis de participação, procurando-se que desenvolvam uma imagem positiva de si mesmas, através da exploração das dimensões corporal, emocional e sensitiva. No grupo promovem-se actividades diversas como sejam, ateliers de expressão corporal, pintura, artes manuais, culinária, dinâmicas de grupo, visitas, participação em actividades comunitárias, entre outras, contando-se aqui com a colaboração de diversos voluntários.

• Actividades de **"Animação Comunitária"** mediante a promoção e animação de festas tradicionais/datas festivas – **Reis, Carnaval, Dia Mundial da Criança, Magusto e Natal** – direccionadas à comunidade em geral, e a organização de passeios e visitas. De referir que a cooperação com outras entidades locais, nomeadamente, o Grupo Folclórico da Corredoura, a Associação de Pais da Escola EB1 do Mosteiro e a Câmara Municipal de Guimarães são um contributo fundamental ao nível destas actividades, nomeadamente, pela cedência de espaços, recursos e transportes.

• Actividades de **"Carácter (In)formativo"** dirigidas à comunidade em geral, nomeadamente, ao nível da sensibilização para questões associadas à prevenção e cuidados primários de saúde, higiene dentária, toxicodependência, alcoolismo, promoção da cidadania, do envolvimento parental, etc.

3) Apoio a Necessidades Básicas

O Centro Comunitário "Casa da Infância" tenta responder à satisfação de necessidades básicas de pessoas/famílias em situação de maior privação, mediante a organização de um banco alimentar, de roupas e brinquedos (recolha em cooperação com empresas locais, envolvência da comunidade educativa das escolas que integram o Agrupamento de Escolas do Vale de S. Torcato e contributos individuais). Para além do apoio a agregados familiares mais carenciados, o banco, sempre que possível, responde a pedidos de emergência de entidades do concelho, nomeadamente, aos serviços concelhios da Segurança Social, CAT, CASFIG, Espaço Informação Mulher e Serviços de Educação da Câmara Municipal de Guimarães.

O Centro Comunitário possibilita, ainda, um espaço para as famílias e indivíduos, que não possuem instalações sanitárias adequadas, procederem à higiene pessoal.

4) Investigação

A produção de conhecimento, particularmente no sentido de reajustar as práticas de intervenção, privilegiando-se uma lógica de investigação-acção, tem sido uma preocupação da associação, ao nível dos diferentes projectos que promove. A título de exemplo, refira-se a acção "(Re)Pensar", investigação no domínio do trabalho desenvolvido com as amas da comunidade, levada a cabo em 2005. Decorridos alguns anos sobre a origem do projecto, sentiu-se a necessidade de avaliar o percurso efectuado, reforçar a reflexão crítica sobre o trabalho desenvolvido e a pertinência da intervenção, tendo em vista a (re)definição de práticas devidamente sustentadas e ajustadas. Assim, mediante o recurso a um avaliador externo, procedeu-se a uma avaliação e diagnóstico participado com as amas, crianças e famílias, (re)pensando-se as práticas e resultados desta intervenção, fomentando-se novas dinâmicas, de encontro às necessidades manifestadas pelos seus intervenientes.

No domínio da investigação é de realçar, ainda, o trabalho desenvolvido ao nível dos estágios curriculares que o Centro Comunitário acolhe, em diferentes domínios – Psicologia, Educação, Sociologia, Serviço

Social – constituindo-se como uma *mais valia* na produção de conhecimento, em diferentes áreas do saber.

Recursos humanos

O trabalho desenvolvido pelo Centro Comunitário "Casa da Infância" envolve profissionais com formação de base diversificada e caracteriza-se por exigir a todos os participantes um esforço de trabalho em equipa e cooperação entre todos (animadores, técnicos, voluntários), assim como destes com a própria comunidade. A participação destes agentes é sustentada por reuniões periódicas, quer de planificação, quer de reflexão e avaliação das acções.

Em termos efectivos, as actividades desenvolvidas no Centro Comunitário estão actualmente a ser dinamizadas pela equipa técnica, constituída por uma licenciada em Educação, uma socióloga, uma psicóloga, duas animadoras sociais, uma administrativa, e uma equipa de voluntários, de entre os quais, dois voluntários europeus, no âmbito do Programa Juventude – Acção 2 (EVS – European Volunter Service).

Considerações finais

O trabalho desenvolvido ao nível do Centro Comunitário "Casa da Infância" está intimamente associado ao propósito maior de contribuir para a melhoria das condições de vida das pessoas e populações em situação de maior vulnerabilidade, perspectivando-se e acreditando-se na possibilidade de um mundo mais justo e equitativo, onde a igualdade de oportunidades se reforce e se assuma como um direito de todos, independentemente do género, idade, origem social, grupo de pertença, raça ou crença. Este princípio tem acompanhado a intervenção desenvolvida, assumindo-se a voz das populações mais vulneráveis como um guia orientador da sua acção: quem melhor poderá sentir a exclusão, senão os excluídos?; quem melhor poderá sentir o desespero da falta de trabalho, senão os desempregados?; quem poderá sentir melhor o peso da falta de acesso à informação, senão um analfabeto?; quem melhor conhecerá o vazio emocional, senão as crianças negligenciadas e maltratadas? Assente neste princípio, o Centro Comunitário pretende assumir um papel impulsionador, promotor e orientador de processos e dinâmicas de transformação que, em última instância, passam pelo poder de decisão dos indivíduos, famílias e comunidades para, e com quem, este tem direccionado a sua acção.

Poder-se-á, num primeiro momento, sentir alguma dificuldade em abarcar e estabelecer ligações entre as diferentes actividades promovidas ao nível do Centro Comunitário "Casa da Infância", dada a diversidade de objectivos e públicos abrangidos, englobando acções de natureza informativa e formativa, com cariz de investigação e de intervenção, procurando criar condições potenciadoras da inserção social de públicos desfavorecidos, com dificuldades no acesso à educação, ao emprego, à informação, à cultura, aos cuidados de saúde, entre outros. Mas, na verdade, é precisamente na complementaridade das diversas acções que reside a *"ponte"* para os que se encontram "à margem" poderem assumir-se e manifestar-se numa cidadania plena e activa.

A diversidade e qualidade do trabalho desenvolvido pelo Centro Comunitário é, igualmente, o reflexo de "pontes" estabelecidas ao nível do trabalho em parceria entre entidades locais e regionais. Através da articulação e congregação de esforços abrem-se outras possibilidades de acção, com vista à erradicação ou atenuação da pobreza e da exclusão e à promoção do desenvolvimento social. Diferentes olhares, leituras e perspectivas sobre uma mesma problemática, permitem ampliar o campo de visão, reflexão e acção, nomeadamente, no que respeita ao combate às assimetrias sociais e económicas, agindo-se sobre os factores de exclusão social de uma forma concertada e possibilitando um desenvolvimento integrado e sustentado.

O trabalho desenvolvido ao nível do Centro Comunitário "Casa da Infância" assume-se, deste modo, como um esforço conjunto e participado, no sentido de contribuir para a atenuação do fenómeno, mais que de pobreza, de exclusão social. Embora muitas vezes coexistentes, na verdade são realidades diferenciadas. À noção de **pobreza** associam-se "apenas as dimensões relacionadas com os recursos e as condições materiais de vida" (Capucha, 1998), ou mais concretamente, as deficientes condições materiais de existência, ou a insuficiência de recursos de ordem económica, social ou cultural. Quanto à **exclusão social**, na óptica de Bruto da Costa (1998), esta prende-se mais com aspectos relacionais e de pertença, isto é, com situações caracterizadas por rupturas ao nível das relações dos indivíduos com a sociedade, quer sejam rupturas com o mercado de trabalho (que para além de gerador de recursos, assume um importante papel de socialização e integração social), rupturas familiares, de vizinhança, com a comunidade desportiva, recreativa e cultural, etc. Neste sentido, embora possam existir situações de *exclusão social sem pobreza* (idosos, deficientes, minorias étnico-culturais), e *pobreza sem exclusão social* (em que apesar de existir uma situação de privação resultante da falta de recursos, os indivíduos se encontram integrados numa rede de relações de grupo ou de comunidade, como seja nos meios rurais), a verdade é que, na prática, estes fenómenos aparecem habitualmente sobrepostos. Assim, muitas vezes associado a um conjunto multifacetado de privações (alimentação, habitação, saúde, transportes, condições de trabalho, formação profissional, cultura, participação na vida política e social, etc) combinam-se preconceitos fundamentados em discriminações de "classe", étnicas, por deficiência, etc, levando a que fragmentos da população sejam deserdados de direitos básicos, em relação à sociedade a que legitimamente pertencem.

Na realidade, a pobreza é, sem dúvida, "uma das dimensões da existência mais determinantes dos processos de produção e reprodução da exclusão social" (Capucha, 1998). A pobreza é factor de risco para tudo: para o insucesso escolar, para a saúde (ou melhor, para a falta dela), para o alcoolismo, para a falta de sentido de cidadania.

Ao nível do senso comum, muitas vezes, prevalece a ideia de que a responsabilidade das situações de pobreza e exclusão social passa somente pelos indivíduos por elas afectados. No entanto, importa ter presente que "existem situações existenciais em que a liberdade é limitada e, até fortemente coarctada, e em que as condições necessárias ao progresso pessoal são negadas, gerando-se uma teia de círculos viciosos que se reforçam mutuamente e impedem que o pobre e o excluído se libertem da condição em que se encontram" (Bruto da Costa, 1998). Na visão do autor "a pobreza, quando apanha uma pessoa, vai roendo por dentro. Afecta a auto-estima, baixa o nível de aspirações, o que leva ao conformismo, reduz a capacidade de iniciativa. Há quem não perceba que estas insuficiências fazem parte da própria pobreza e chega a acusar-se os pobres de preguiça, de falta de iniciativa, dando a entender que são características da personalidade, quando são consequências da própria pobreza"(Idem). Poderemos, ainda, aqui introduzir o conceito de *cultura de pobreza,* o qual se relaciona com os conhecimentos, crenças, valores e representações, capacidades, hábitos e modos de agir que se constituem em estilo de vida transmissível de geração em geração, num círculo vicioso. Uma vez nascidas na pobreza, as crianças herdam e carregam uma situação marcada pela privação e pelo conjunto de *handicaps* por que a família está marcada, sendo fundamental a intervenção a este nível.

Assim, as noções de *multidimensionalidade* do fenómeno da exclusão, de *parceria* entre os sectores público, particular e privado, entre instituições trabalhando em domínios distintos mas complementares, e entre os diversos níveis de intervenção (pessoal, familiar, comunitário, local), assim como a *participação*, designadamente daqueles a quem o trabalho do Centro Comunitário "Casa da Infância" se dirige, constituem-se como as **"pontes"** para o exercício pleno da cidadania e para a preservação e respeito da natureza indivisível de todos os direitos humanos.

Assumindo-se que o principal recurso com que a sociedade pode contar para o seu desenvolvimento são os seus cidadãos, a educação e a formação constituem-se aqui como **"pontes"** no acesso dos mais excluídos a uma sociedade mais igualitária e justa. Uma educação/formação que não se restringe aos processos de ensino-aprendizagem no interior de unidades escolares formais, mas transpondo os "muros da escola" para os espaços da família, da casa, do trabalho, do lazer, do associativismo, etc; uma noção de educação/formação que se aproxima da de socialização, onde as pessoas passam a ser encaradas como sujeitos em formação ao longo de toda a vida.

Referências Bibliográficas

BRUTO DA COSTA, A. (1998). *Exclusões Sociais* – Cadernos Democráticos. Lisboa: Edição Gradiva.
CAPUCHA, L. (1998). Pobreza, Exclusão Social e Marginalidade. In Viegas, J. M. e Firmino A. (org.). *Portugal, que Modernidade?*. Oeiras: Celta Editora.

DA FORMAÇÃO PARA A *INTEGRAÇÃO*

João Filipe Lopes Veloso
Licenciado em Educação – Pré-especialização em Educação
de Adultos e Intervenção Comunitária – Universidade do
Minho; Técnico Superior de Educação na Em Diálogo –
Associação para o Desenvolvimento Social da Póvoa de Lanhoso

Este texto pretende ser um relato sobre as experiências profissionais de um Licenciado em Educação – Ramo de Pré Especialização em Educação de Adultos e Intervenção Comunitária.

Apesar de uma (ainda) curta experiência, esta tem sido muito enriquecedora do ponto de vista profissional e pessoal. Efectivamente, esta Licenciatura permite a aquisição de um conjunto de competências, técnicas e saberes, para actuar dentro e fora do sistema educativo, nas suas diversas modalidades (educação, formação, intervenção comunitária, animação, entre outras).

Para qualquer recém-licenciado que ambiciona trabalhar ao nível da Educação de Adultos e Intervenção Comunitária é, sem dúvida, gratificante constatar que possui uma formação adequada às necessidades do mercado de trabalho e da sociedade.

Educação de Adultos: mecanismo para a intervenção/desenvolvimento comunitário

Durante a década de quarenta do séc. XX surge um novo sector educativo: a educação de adultos. Efectivamente a revolução tecnológica do pós-guerra marcava passo nas condições económicas, sociais e laborais na Europa. O modelo educativo escolar, de então, começou a ser ameaçado pela crescente necessidade de preparar a população adulta para a reconstrução da Europa. A evolução sócio-económica que caracterizou este período, exigia que os indivíduos fossem capazes de responder social e profissionalmente a esta realidade.

O modelo educativo escolar da época que confinava as práticas educativas aos limites da instituição escolar, dirigida às crianças e jovens, desmoronou-se dando lugar a uma nova concepção de educação – a educação permanente – que pressupõe uma tarefa educativa que se realiza em diferenciados espaços sociais, defendendo o homem como um ser inacabado, pois as transformações sócio-económicas exigiam a sua readaptação através de uma formação contínua, ao longo da vida. Daí em diante, a educação passa a ser entendida como um processo permanente e comunitário que acompanha o homem do nascimento até à sua morte.

Apesar de o sistema educativo, doravante, abordar todas as faixas etárias, verificamos que continua a privilegiar a prática educativa centrada num modelo educativo de intenção cognitivista, onde educar é essencialmente transmitir, assimilar e memorizar conhecimento científico. A razão, o conhecimento, e a teoria orientam as práticas educativas, enquanto que as emoções, os afectos, a sensibilidade e as experiências práticas e artísticas ficam para segundo plano. A educação deve ser entendida como um processo empenhado em

> "Criar as condições para a auto-criação e auto-realização pessoal, supõe, agora, criar condições para que o indivíduo seja capaz de exaurir toda a riqueza da racionalidade humana, ou seja, desenvolver todas as potencialidades humanas: intelectivas, emotivas, artísticas, cívicas, etc. A educação surge, então, como um processo contínuo e sequencial que abrange a vida inteira e se dirige a todos os membros da comunidade" (Antunes, 1999: 86).

Esta definição pressupõe que a educação passe a preocupar-se com as crianças e jovens mas, também, criar as condições para que os adultos (incluindo os idosos) possam prosseguir o seu processo de auto-crescimento. Educar deixa de ser sinónimo de instrução, "libertando-se" da escola para expandir as suas práticas noutras faixas etárias e noutros contextos.

Um Percurso no Caminho da Educação de Adultos e Intervenção Comunitária

No âmbito das instituições e valências onde temos vindo a trabalhar, essencialmente, em instituições de cariz social, cuja finalidade é promover o desenvolvimento pessoal, social e comunitário, o Técnico Superior de Educação, é um recurso humano importante para a optimização dos serviços e respostas prestados.

O nosso primeiro contacto com o "terreno" deu-se no âmbito do estágio curricular que teve lugar no Centro Social e Paroquial de Garfe, nas valências de Centro de Noite e Serviço de Apoio Domiciliário. Em conjunto com a coordenadora técnica idealizou-se um projecto, cuja finalidade foi a promoção do bem estar dos idosos. Este projecto procurou intervir junto da população-alvo, através de actividades de Educação Não Formal e de Animação, de modo a criar uma dinâmica facilitadora do aumento da auto-estima, da autonomia, da participação e interacção do grupo, bem como da manutenção das capacidades cognitivas.

Este projecto contemplou, também, uma acção de formação em gerontologia destinada às funcionárias e voluntárias deste Centro, de modo a integrá-las no projecto provendo-as de conhecimentos e técnicas necessários para fazer face às necessidades específicas dos utentes deste centro.

Após o término da licenciatura, surgiu a oportunidade de realizar um Estágio Profissional na *Em Diálogo* – Associação para o Desenvolvimento Social da Póvoa de Lanhoso. No âmbito deste estágio profissional, desempenhamos funções em diferentes valências/equipamentos sociais desta entidade.

No CATL – Centro de Actividades de Tempos Livres, levamos a cabo a concepção, gestão e avaliação do *"ANIM-ARTE"*, projecto de intervenção para esta valência, relativamente ao ano de 2005/2006.

O projecto *"ANIM-ARTE"* aliou dois conceitos – **Animação e Arte** – que acompanharam e serviram de fio condutor a toda a estratégia de intervenção definida para este período. Com este projecto pretendeu-se desenvolver e aumentar as competências pessoais e sociais das crianças que frequentavam o CATL.

O projecto *"ANIM-ARTE* , visou a criação de condições para que as crianças pudessem viver um conjunto de experiências enriquecedoras para a sua formação pessoal. Este projecto incidiu, essencialmente, ao nível da educação não escolar, procurando promover competências que facilitassem a integração das crianças na sociedade, bem como o desenvolvimento integral das mesmas. Esta finalidade foi atingida através da realização de actividades que foram idealizadas, de modo a que as crianças, na sua participação em grupo, pudessem desenvolver competências pessoais e sociais. As actividades foram planeadas tendo em conta um conjunto de indicadores: as várias dimensões do ser humano (intelectual, moral, física, psicológica, etc.), os interesses das crianças, as idades, ano escolar que frequentavam, etc.

Ao longo do projecto foram desenvolvidas as seguintes actividades:

- Atelier de Expressão Dramática
- Jogos e Dinâmicas de Grupo
- Actividade Física
- Atelier de Trabalhos Manuais
- Atelier de Canto
- Atelier's de Valorização Pessoal
- Visualização de Filmes
- Natação
- Apoio Pedagógico nas Tarefas Escolares
- Avaliação Semanal das actividades

Para além do Projecto " **ANIM – ARTE**", das diversas actividades concretizadas no Centro Comunitário do Vale do Cávado, destacam-se as que, pelo seu carácter inovador, bem como pelos resultados obtidos merecem particular atenção:

FORMAÇÃO PARA PESSOAS EM RISCO DE EXCLUSÃO SOCIAL

Esta acção teve como público-alvo 17 utentes do sexo feminino acompanhadas no âmbito do GAS – Gabinete de Atendimento Social, do Centro Comunitário do Vale do Cávado, que reuniam um conjunto de características, que dificultavam o processo de acompanhamento e apoio social, tais como:

o Baixas qualificações escolares e profissionais;
o Baixas expectativas relativamente ao futuro;

o Baixa auto-estima;
o Ausência de algumas competências;
o Entre outros.

O grupo de utentes, seleccionadas pela Assistente Social do GAS, era bastante heterogéneo, relativamente às idades (entre os 16 anos e os 53 anos) e à sua situação face ao emprego (desempregadas, jovens à procura do 1.º emprego, utentes acompanhadas no âmbito do R.S.I. – Rendimento Social de Inserção ou da Acção Social).

A finalidade da acção centrou-se em procurar envolvimento das formandas, de modo a ser definido um projecto de vida em conformidade com as suas expectativas e competências.

Os objectivos foram:

- Identificar as competências das formandas adquiridas ao longo da vida;
- Identificar as necessidades formativas das formandas;
- Identificar os interesses profissionais/formativos das formandas;
- Motivar as formandas para iniciativas que promovam o seu desenvolvimento pessoal e social;
- Aumentar a auto-estima das formandas;
- Promover o desenvolvimento de competências pessoais e sociais;
- Conhecer técnicas de preparação de compotas;
- Promover as competências básicas em tecnologias de informação de modo a prevenir a info-exclusão;
- Acompanhar/orientar as formandas para respostas adequadas às suas necessidades;
- Promover a participação das formandas nas actividades da comunidade.

Assim, ao longo dos meses de Abril, Maio, Junho e Julho de 2006, o Centro Comunitário desenvolveu um conjunto de actividades, que contribuíram para a concretização da finalidade desta acção.

Esta acção foi desenvolvida por uma equipa multidisciplinar, composta pela Assistente Social do Serviço de Atendimento Descentralizado (GAS), um Técnico Superior de Educação, uma Estagiária Curricular de Serviço Social, uma Formadora de compotas e licores e um Formador de informática.

Durante a 1ª fase a acção contemplou a realização de um curso de compotas e licores caseiros (cujo objectivo era motivar as participantes e conseguir a sua participação), um conjunto de sessões balanço e treino de competências e um curso CBTI – Competências Básicas em Tecnologias de Informação.

Ao longo destes 4 meses, foram realizadas várias acções em simultâneo, com o intuito de valorizar e mostrar o trabalho feito pelas formandas à comunidade em que se inserem, nomeadamente, através da:

Participação na celebração do Dia da Mãe com a oferta de compotas miniaturas para todas as mães e realização de uma venda de compotas;

Participação na peregrinação ao Pilar com a Venda de Compotas;

Realização da venda de compotas nas 10 freguesias do Baixo Concelho (nas quais residiam as formandas);

Participação no Arraial Minhoto do Centro Comunitário do Vale do Cávado;

Participação na Feira Medieval, realizada pelo município deste concelho.

Este contacto directo com o grupo-alvo, permitiu aos técnicos, numa 2ª fase, colaborar com as formandas, no sentido de (re)definirem os seus objectivos em termos de projecto-vida, bem como permitiu que se perspectivassem respostas mais adequadas às características de cada uma delas.

No final, realizou-se um convívio com as formandas, seus familiares e representantes das entidades parceiras (nomeadamente, a DREN – Direcção Regional de Educação Norte/Ensino Recorrente e FDTI – Fundação para a Divulgação das Tecnologias de Informação). Nesta actividade foram entregues os diplomas, expostos os trabalho realizados, bem como, apresentada a avaliação das formandas e equipa técnica.

1ª GIRAVOLTA

Esta iniciativa teve como finalidade facilitar às crianças e jovens das comunidades mais vulneráveis, o acesso a alguns espaços culturais e de lazer na cidade do Porto e Matosinhos.

A selecção do público-alvo esteve a cargo da Assistente Social do G.A.S – Gabinete de Atendimento Social do Centro Comunitário do Vale do Cávado, com a colaboração das juntas de freguesias do baixo concelho.

Participaram neste passeio, crianças e jovens com idades compreendidas entre os 6 e 16 anos de idade que, devido à fragilidade das condições sócio-económicas, tinham dificuldades acrescidas em suportar os custos inerentes a este tipo de actividade.

Cerca de 40 crianças e jovens tiveram a oportunidade de conhecer o Parque da Cidade do Porto, o Museu dos Transportes e Comunicação, de realizar o percurso de eléctrico na marginal da Foz do Porto e de fazer o percurso de barco no Rio Douro "O Cruzeiro das 5 Pontes".

Visitaram ainda o Centro Comercial "NorteShopping" em Matosinhos, onde almoçaram no Mc Dolnald's e assistiram ao filme "A Fábrica de Chocolate".

Estiveram alojados no Quartel Militar da Escola Prática de Transmissões, onde jantaram, pernoitaram e tomaram o pequeno-almoço, tiveram a oportunidade de assistir à formatura dos soldados e de participar, entusiasticamente, em diversos jogos tradicionais.

Dos resultados obtidos nos inquéritos aplicados no final desta iniciativa, concluímos que esta experiência deve ser repetida na medida em que permitiu, à grande maioria dos participantes, a vivência de algumas experiências, pela primeira vez, sendo o grau de satisfação muito elevado.

Por outro lado ainda, esta iniciativa permitiu não só que as crianças e jovens participassem no passeio, mas também proporcionou uma maior aproximação dos mesmos ao Centro Comunitário do Vale do Cávado.

Posteriormente, realizou-se um convívio entre os participantes e respectivos familiares, de modo a recordarem estes momentos através das fotografias e filmes realizados ao longo do passeio.

CONCURSO MISS E MR VERÃO 2006

No âmbito da intervenção junto de jovens, foi promovido um concurso, que teve por objectivo seleccionar dois jovens (com idades compreendidas entre os 14 e os 25 anos, residentes no concelho da Póvoa de Lanhoso), um do sexo masculino e outro feminino, que seriam a imagem de um cartaz de sensibilização para adopção de *Estilos de Vida Saudável*.

O slogan deste concurso *"Gostar de ti está na moda"*, remeteu-nos para a importância de termos amor-próprio (auto-estima) e de tomarmos todas as precauções para a preservação do nosso bem-estar, bem como, para a adopção de um estilo de vida marcado por hábitos saudáveis.

Nos dias que correm, *está na moda respeitar o teu bem-estar físico, psicológico, espiritual e social.*

Com este concurso pretendeu-se, também, mobilizar a população mais jovem, pondo à prova a sua criatividade e imaginação, proporcionando ao mesmo tempo a oportunidade de fazerem aquilo que gostam, aproveitando os momentos de tempo livre e lazer.

Sendo assim, esta acção concretizou-se com um desfile de moda realizado pelos concorrentes, a animação circense (animadores convidados), a animação musical com banda musical e DJ (jovens da comunidade), a dinamização de " Pontos informativos"com material de informação sobre os estilos de vida saudáveis (brochuras diversas, autocolantes, porta chaves, pulseiras, preservativos, etc.) e finalmente a atribuição dos prémios para os vencedores e prémios de participação.

No final do estágio profissional foi-nos proposto conceber um plano de intervenção para o Pólo do Centro Comunitário do Vale do Cávado.

A finalidade deste Pólo, à semelhança do que acontece no Centro Comunitário do Vale do Cávado, é proporcionar uma integração social livre de clivagens que possibilite o desenvolvimento de novas formas de viver e estar baseadas, nomeadamente, na informação, animação, motivação, conhecimento, apoio, afecto, responsabilização e acção, promovendo novas formas de solidariedade, bem como o desenvolvimento social do território e da população à qual se destina.

O Centro Comunitário é, por excelência, uma resposta que contribui para a Educação Permanente, uma vez que promove um conjunto de actividades que visam o desenvolvimento dos participantes em diversas dimensões (artística, cultural, profissional, emocional, etc.).

Para levar a cabo a missão de promover o desenvolvimento da comunidade, as actividades visam, essencialmente, contribuir para o "empowerment" e para a gradual autonomia dos participantes.

Pretende-se que este tipo de intervenção tenha um efeito múltiplo na medida em que, para além dos participantes usufruírem de experiências e partilha de conhecimento, muitas vezes este desenvolvimento tem efeitos noutros contextos (familiar, profissional, social, etc.).

O curso de animação, destinado a funcionários de IPSS, Associações, Escolas, entre outras, é uma experiência que espelha esta filosofia de intervenção, na qual estivemos envolvidos na sua fase de concepção, gestão e avaliação. Efectivamente, para além de se criar um espaço de reflexão, de aquisição de competências e de partilha de experiências, pretendíamos que esta acção viesse a permitir a melhoria do desempenho e da eficácia de trabalho desenvolvido pelas formandas nas diferentes entidades neste concelho.

Ainda, no âmbito das nossas funções enquanto Técnico Superior de Educação, foi fundamental encontrar fontes de financiamento para os projectos e actividades realizadas, neste sentido estivemos envolvidos na elaboração de candidaturas a diferentes Entidades e Programas, nomeadamente:

- DREN – *Direcção Regional de Educação do Norte* (Bolsas para Cursos Sócio-Educativos, de Alfabetização, Sócio-Profissionais e de Reciclagem);
- IDT – *Instituto da Droga e da Toxicodependência* (PIF – Programa de Intervenção Focalizada);
- FDTI – *Fundação para a Divulgação das Tecnologias de Informação* (Cursos CBTI – Competências Básicas em Tecnologias de Informação);
- SEGURANÇA SOCIAL (Programa "Escolhas");
- FUNDO FUNDAÇÃO ORIENTE E JOHNSON & JOHNSON (Diabetes Mellitus).

Bibliografia

ANTUNES, M; OLIVEIRA, C; PAULO, J (org). (1999). *Educação de Adultos e Intervenção Comunitária*. Instituto de Educação e Psicologia Universidade do Minho: Braga.

BARBIER J. M. (1993). *Elaboração de Projectos de Acção e Planificação*. Porto: Porto Editora.

CANÁRIO, R. (2002). *Introdução à Educação de Adultos. Relatório da Disciplina*. Lisboa: Faculdade de Psicologia e Ciências da Educação. Universidade de Lisboa.

DEBESSE, M. (1972). *Psicologia da Criança. Do Nascimento à Adolescência*. S. Paulo: Companhia Editorial Nacional.

ESTEVES, A. (1995). *Jovens e Idosos. Família, Escola e Trabalho*. Coimbra: Quarteto.

FREIRE, P. (1975). *Pedagogia do Oprimido*. Rio de Janeiro: Paz e Terra.
GILL, J. (1998). *Introdução à Geriatria*. Lisboa: Pathos.
KACHAR, V. (ORG). (2001). *Longevidade: Um Novo Desafio para a Educação*. S. Paulo: Cortez.
NAVAL, C. (1995). *Educar Ciudadanos*. Pamplona: EUNSA.
OLIVEIRA, C. (2004). *Auto-Organização, Educação e Saúde*. Coimbra: Ariadne Editora.
ZIMERMAN, G. (2000). *Velhice Aspectos Biopsiossociais*. Porto Alegre: Artes Médicas.

CRVCC – UM CENTRO DE NOVAS OPORTUNIDADES

> SUSANA ISABEL JANEIRO AMBRÓSIO
> Licenciada em Educação – Pré-especialização em Educação
> de Adultos e Intervenção Comunitária – Universidade
> do Minho; Profissional de Reconhecimento
> e Validação de Competências; NERGA
> – Associação Empresarial da Região da Guarda

1. Contextualização

"Na sociedade do conhecimento, todos os indivíduos têm de actualizar e complementar os seus conhecimentos, aptidões e competências ao longo da vida para poderem maximizar o seu desenvolvimento pessoal e manter a sua situação no mercado de trabalho. Por conseguinte, até 2010, o nível médio de participação na aprendizagem ao longo da vida na união Europeia deverá corresponder pelo menos a 12,5% da população adulta em idade activa...".
Jornal Oficial das Comunidades Europeias, 07.06.03, p. 4

À medida que as economias da Organização para a Cooperação e Desenvolvimento Económicos (OCDE) e as próprias sociedades já envelhecidas se baseiam cada vez mais no conhecimento, a educação de adultos assumiu um contorno muito mais significativo nas últimas décadas. O papel desempenhado pela educação no desenvolvimento e na promoção social dos indivíduos é cada vez mais reconhecido na Europa, sendo a educação e a formação consideradas factores de progresso social e económico; o seu papel é central para a competitividade e o crescimento de cada país.

As elevadas taxas de desemprego entre os indivíduos não qualificados e a crescente e reconhecida importância do capital humano para o crescimento económico e desenvolvimento social, dão origem à necessidade de incrementar as iniciativas de educação para adultos no âmbito de um contexto mais amplo de aprendizagem contínua.

No entanto, os adultos que mais beneficiam e participam na aprendizagem para adultos são aqueles que possuem um maior grau de instrução, isto, também, porque os adultos que mais necessitam de formação são, também, aqueles que estão menos conscientes dessa necessidade ou dos respectivos benefícios. De igual modo, as próprias empresas preferem, frequentemente, "adquirir" mão-de-obra já qualificada, ao invés de investir em formação; nem sempre se tem em conta os benefícios proporcionados pela formação para a empresa ou como os trabalhadores também podem constituir um factor importante de desenvolvimento.

Há, assim, uma necessidade urgente, por parte dos responsáveis das políticas educativas, em ajudar a divulgar os benefícios da educação de adultos, tornando-a mais acessível e indo de encontro à sua especificidade, principalmente para aqueles adultos com baixas qualificações. É também fundamental que se promova a educação de adultos associada à perspectiva empresarial, ressalvando os benefícios que aquela pode trazer para esta, ou seja, que a necessidade de educação de adultos surja associada ao emprego e, por conseguinte, às empresas.

Esta sensibilização para a educação de adultos, no enquadramento da educação ao longo da vida, só será alcançada com uma boa coordenação de todas as esferas da nossa sociedade, promovendo instituições específicas para auxiliar a coordenação e implementação das políticas de educação de adultos, como é o caso da Direcção Geral de Formação Vocacional (DGFV) (ex-ANEFA). Também a promoção de parcerias é uma força motriz para a divulgação e implementação de projectos de educação de adultos[1].

No desenvolvimento de um programa de educação ao longo da vida, há a necessidade de combater, através de estratégias orientadas, o problema da exclusão de um número crescente de pessoas. A educação e formação ao longo da vida, orientada para o sujeito, só fazem sentido se for

---

[1] OCDE (2003). *Para Além da Retórica. Políticas e Práticas de Aprendizagem para Adultos.* Paris:OCDE.

reconhecida a associação íntima entre um ser em desenvolvimento permanente e as técnicas passíveis de utilização para promover esse desenvolvimento. Assim, a aprendizagem como que se constrói sobre projectos e experiências do percurso de vida. A ideia de educação e formação ao longo da vida abrange a totalidade do desenvolvimento humano e pode ser caracterizada, do ponto de vista biográfico, pela colocação em pé de igualdade com as experiências de educação-aprendizagem escolar e extra--escolar.

Constatamos, então, que tornar a aprendizagem mais atractiva para os adultos pode ajudar a aumentar os índices de participação, pois centrando todo o processo de aprendizagem no adulto, utilizando métodos pedagógicos mais adaptados (Andragogia), permitirá que a aprendizagem seja considerada algo relevante para as suas experiências e vivências, adquirindo um carácter urgente nas suas vidas.

Uma das iniciativas de educação de adultos que centra todo o seu desenrolar no adulto e nas suas experiências são os Centros de Reconhecimento, Validação e Certificação de Competências (CRVCC). A flexibilidade que o CRVCC proporciona é uma questão decisiva para o sucesso das acções formativas, bem como a diferenciação pedagógica, a aquisição/ /reforço de competências sociais é crucial para o desenvolvimento das competências de cada adulto. A co-responsabilização por todo o processo, por parte dos adultos, é a prioridade, apostando-se no empenhamento e capacidade de organização dos mesmos.

O Sistema Nacional de Reconhecimento, Validação e Certificação de Competências, corporizado nos Centros de RVCC espalhados um pouco por todo o país, surge numa perspectiva europeia e comunitária e da OCDE assente em inúmeros documentos: Memorando sobre a Aprendizagem ao Longo da Vida, Declaração de Bolonha, Livro Branco da Comissão Europeia sobre a Educação e a Formação: Ensinar e Aprender – Rumo à Sociedade Cognitiva, entre outros. Todos eles são unânimes em defender a aprendizagem ao longo da vida, pois só fazendo um considerável investimento nessa área é que se poderá garantir a todos os indivíduos o acesso a um "passaporte" que lhes permita a aprendizagem ao longo da vida (Por exemplo, em Portugal, para frequentar formação profissional e qualificar-se no nível II é necessário ter o 9.º ano de escolaridade).

O novo paradigma educativo do *life long learning*, conduziu a que, cada vez mais, seja reconhecido que a aprendizagem realizada pelas pessoas não se limita aos contextos formais da educação e/ou formação. Em particular, no decurso da vida adulta, são várias as situações e contextos que vão construindo novos saberes. E, são estes os saberes valorizados nos Centros de RVCC, onde os adultos são certificados pela DGVF para todos os efeitos legais, adquirindo uma Carteira Pessoal de Competências, que funciona como um passaporte europeu em termos de escolaridade. A própria ADMEE-Europe (Association pour le Développement des Méthologies d'Evaluation en Educacion) promove a avaliação de competências, através do reconhecimento e validação de aprendizagens adquiridas pela experiência, inscrita numa perspectiva de aprendizagem ao longo da vida.

Este Sistema de RVCC revolucionou de tal modo o quadro educativo português, devido ao seu carácter inovador e promotor de adesão por parte dos adultos sem escolaridade obrigatória do nosso país, que o Programa do XVII Governo Constitucional pretende, em matéria de educação de adultos, "recuperar o impulso perdido desde a liquidação da ANEFA, de modo a aumentar o investimento público e induzir a participação da sociedade civil na formação académica e profissional relevante para mulheres e homens adultos. Cumpre-se estender progressivamente ao nível do ensino secundário os processos de RVC das competências adquiridas e os cursos de Educação-formação que tão bons resultados já demonstraram ter ao nível da educação básica".[2] O próprio Plano Nacional de Emprego incita ao aumento das habilitações como sendo um passe para a diminuição das taxas de desemprego. Ao alargar a escolaridade mínima obrigatória de nove para 12 anos, pretende-se dotar o nosso país com activos mais qualificados e competitivos.

Na sociedade actual, nomeadamente a portuguesa, os adultos precisam de adquirir mais competências e precisam de mais certificação das competências adquiridas. Sejam elas de natureza escolar e/ou profissional. A consciência do papel da educação como factor de desenvolvimento económico e da necessidade de valorizar a relação entre educação e cidadania tem contribuído para afirmar o carácter indissociável dos processos de educação de adultos, de desenvolvimento e de democratização.

A qualificação é a chave para mais crescimento económico, mais emprego e mais coesão social. Mais escolaridade está associada a uma menor taxa de desemprego e a menor duração do desemprego. A educação assegura uma maior participação social e promove a igualdade de oportunidades.

---

[2] Programa do XVII Governo Constitucional da República Portuguesa.

Acreditamos que a educação ao longo da vida suscita a necessidade de validar formas de saber pessoais, testemunhos de vivências e experiências e equipará-las a produtos de aprendizagem formal. E é aqui que os Centros de RVCC desempenham um papel fundamental e insubstituível: reconhecer, validar e certificar as aprendizagens, formais, não formais e informais, adquiridas ao longo de toda uma vida.

2. A Educação de Adultos e a sua institucionalização através do Ministério da Educação

"O Reconhecimento de Saberes Adquiridos que decorrem da experiência, qualquer que ela seja, acaba por constituir um direito fundamental do indivíduo".
J. Cardinet. *Avaliar é Medir?*

Em anos idos, o Ensino Recorrente tomava a dianteira, no nosso país, em termos de Educação de Adultos, mais numa perspectiva de Alfabetização, de 1.º ciclo e de 2.º ciclo e de actividades extra-escolares (nomeadamente bolsas de actividades sócio-educativas, como música e bolsas sócio-profissionais, como por exemplo, bordados e artes aplicadas, entre outros) direccionada aos adultos. Na nossa perspectiva, e porque vivemos de perto esta realidade devido a influências maternas, reconhecemos a importância da alfabetização realizada e de que o país tinha tanta "sede".

No entanto, não podemos descurar a história de vida que cada adulto comporta em si, as suas vivências e experiências que tanto contribuem para a sua edificação como seres humanos.

Recordamos que nos últimos tempos de universidade, já se falava na Agência Nacional de Educação e Formação de Adultos (ANEFA).[3] Pela primeira vez no nosso país a Educação de Adultos tinha um lugar de destaque e inequívoco. Seguindo países como a Suécia, a Dinamarca, França, entre outros, Portugal toma a dianteira numa perspectiva de Aprendizagem ao Longo da Vida. Pela primeira vez, consideramos, houve uma real preocupação com os nossos adultos, a sua baixa escolaridade e consequente ausência de qualificações. Decerto que na criação da ANEFA está um

---

[3] Decreto-lei n.º 387/99 de 28 de Setembro.

suporte económico-político, mas nas sociedades contemporâneas é este o motor das grandes mudanças.

Assim, decorria o ano 2000 quando a ANEFA surgiu com uma missão claramente social, mas indissociável do seu carácter político,[4] assumindo a concepção e implementação de um Sistema Nacional de Reconhecimento, Validação e Certificação de Competências adquiridas por pessoas adultas (maiores de 18 anos), nos seus vários contextos de vida. De igual modo a ANEFA propôs-se à criação gradual de uma Rede Nacional de Centros de RVCC, fomentando uma partilha de boas práticas constante entre os mais variados Centros de RVCC espalhados pelo país. Tal como consta na Carta de Qualidade dos Centros de RVCC "A rede de Centros de RVCC constitui-se como um espaço privilegiado de comunicação, de cooperação e de excelência no domínio do reconhecimento, Validação e Certificação de Competências dos cidadãos portugueses [...] visando a coesão social e apostando na inovação, enquanto elementos motrizes do desenvolvimento das pessoas e da competitividade das organizações".[5]

Porém, e devido ao seu cariz político, a Educação de Adultos sofreu as consequências das alterações políticas que o nosso país atravessou. Assim, a ANEFA deixou de existir, como Agência do Ministério da Educação que apenas se dedicava aos adultos, para termos a Educação de Adultos incorporada numa nova Direcção Geral de Formação Vocacional (DGFV).[6]

A DGFV tem duas grandes valências: Jovens e Adultos, o que na nossa singela opinião não terá sido a melhor estratégia ter juntado dois públicos tão distintos, quer em vivências, quer em aspirações.

Consideramos que o acompanhamento prestado quer aos adultos, quer às próprias equipas que estão no terreno a trabalhar diariamente com os nossos adultos era mais intenso e profundo aquando do funcionamento da ANEFA, mas tal como todos os que trabalhamos com pessoas, seja mais na área social, seja mais na área educativa, acreditamos sempre que as "coisas" vão melhorar.

---

[4] Portaria 1082-A/2001, de 5 de Setembro.

[5] Anefa (2001). *Carta de Qualidade dos Centros de RVCC*. Lisboa: Anefa.

[6] Decreto-lei n.º 208/2002 de 17 de Outubro – Lei orgânica do Ministério da Educação.

3. O Centro de Reconhecimento, Validação e Certificação de Competências

"A passagem no CRVCC fez-me acreditar em mim outra vez; provou que ainda sou capaz e que consigo atingir os meus objectivos. Sinto-me verdadeiramente feliz".

Testemunho de uma Adulta do CRVCC do NERGA

O Centro de RVCC organiza-se em torno de três eixos de acção fundamentais:

1 – **Eixo de Reconhecimento** de competências – onde se procede à identificação das competências adquiridas em experiências/ /vivências passadas. É neste momento que se incita o adulto a reflectir sobre o seu percurso de vida, valorizando todas as suas aprendizagens (formais, não formais e informais). Para tal assenta-se todo o trabalho em duas importantes metodologias: o Balanço de Competências e a Análise de História de vida, suportadas pelos chamados instrumentos de mediação,[7] que são comuns aos cursos EFA (Educação e Formação de Adultos). Convém referir aqui que o CRVCC do NERGA utiliza muito mais que os instrumentos de mediação fornecidos pela DGFV, pois consideramos que não são suficientemente abrangentes para evidenciar as competências adquiridas por cada um dos nossos adultos.

2 – **Eixo de Validação** de Competências-Chave – Tendo em conta o Referencial de Competências-Chave, onde o Ministério da Educação define as Unidades e os Critérios de Evidência para cada uma das quatro áreas de competência-chave (Linguagem e Comunicação – LC, Matemática para a Vida – MV, Tecnologias da Informação e Comunicação – TIC e Cidadania e Empregabilidade – CE), as competências de cada adulto são validadas, podendo sê-lo em três níveis: B1, B2 e B3 (4.º, 6.º ou 9.º ano).

---

[7] Vide www.dgfv.min-edu.pt

3 – Eixo de Certificação de Competências-Chave – Após a validação de todas as Unidades das quatro áreas de competência--chave, procede-se à confirmação oficial das competências adquiridas pelo adulto ao longo da sua vida; dá-se a emissão de um certificado de Educação e Formação de Adultos e também ao registo na Carteira de Competência-Chave das competências evidenciadas pelo adulto ao longo do seu processo de RVCC.

Relativamente às metodologias utilizadas ao longo do Processo de RVCC, nomeadamente, no Balanço de Competências/Eixo de Reconhecimento, podemos basear-nos em Inácio Nogueira (2002: 82) que defende seis pilares de uma arquitectura curricular em educação de adultos: (i) o *Pilar Globalizador*, onde se defende que se deve ter em atenção toda a pessoa e o seu contexto sociocultural, assentando nas suas necessidades e interesses; (ii) o *Pilar Activo*, em que a pessoa é convertida em sujeito activo do processo formativo, numa dinâmica de acção-reflexão; (iii) o *Pilar Indutivo* em que tudo assenta à partida na bagagem cultural da pessoa; (iv) o *Pilar Participativo* em que as barreiras entre educador//educando são postas de lado, no qual o educador é como que um facilitador da transformação das relações habituais na formação e fora dela; (v) o *Pilar Grupal*, em que a consciência de pertença a um grupo é encarada como factor de desenvolvimento das condições de aprendizagem de cada pessoa, não interferindo, claramente, com os processos de aprendizagem de tratamento individualizado. O último Pilar, (vi) o *Pilar Flexível*, tem a ver com os conteúdos, os próprios curricula *per si*, em que tem um carácter flexível, com respeito pelos participantes em termos de programação e duração.

As metodologias utilizadas nos Centros de RVCC têm por suporte, na nossa perspectiva, estes seis pilares, onde o adulto é o centro de todo o processo, tendo em conta a sua especificidade, os seus interesses e necessidades. Como já foi referido anteriormente, o Sistema Nacional de RVCC tem como base duas metodologias principais: a abordagem da História de Vida e o Balanço de Competências.

O principal objectivo da abordagem da História de Vida é permitir aos adultos a realização de um balanço retrospectivo das suas vidas; analisar os acontecimentos, as situações, as actividades e as pessoas que foram significativas. Posterior a esta primeira análise, esta abordagem permite identificar os recursos, os projectos que são, ou que podem vir a ser, forças motoras no futuro. Não se pode confundir história de vida com passado, a própria palavra história mobiliza a dimensão de temporalidade que se constitui de passado, presente e futuro. As histórias de vida ou o método biográfico surgem numa perspectiva de pôr em prática processos de tomada de consciência. O termo "método biográfico" justifica-se pelo facto de este método valorizar uma compreensão que se desenrola no interior do adulto, sobretudo em relação a vivências e experiências que tiveram lugar no decurso da sua história de vida.

O Balanço de Competências é um processo metodológico que permite a qualquer adulto conhecer as suas potencialidades ou competências, a nível pessoal e profissional e, simultaneamente, promover a sua autonomia. Trata-se de uma metodologia flexível, uma vez que não implica percorrer etapas rígidas nem despender muito tempo. Permite identificar competências esquecidas ou nunca valorizadas, podendo ser realizado individualmente ou em sessões de trabalho colectivas, no sentido de proporcionar um momento de reflexão sobre as experiências vividas. Permite um melhor auto-conhecimento, a descoberta de potencialidades e, em última análise, promove a autonomia da pessoa. Vai conduzir à construção de um dossier pessoal que irá reunir o conjunto das evidências que comprovam a aquisição das competências adquiridas através da experiência pessoal e profissional. Este dossier pessoal é, em simultâneo, um instrumento de auto-formação, de auto-avaliação e de auto-orientação. O Balanço de Competências permite a identificação de aprendizagens em três domínios: o saber – de ordem intelectual, que faz apelo ao raciocínio; o saber fazer – faz apelo às qualidades de execução; o saber ser – apela às qualidades interpessoais, de relacionamento humano.

Identificadas as competências que os adultos adquiriram ao longo da vida – as que ocorrem em instituições de ensino e formação e que conduzem a diplomas e qualificações reconhecidas pelos sistemas de educação e formação; as que ocorrem no local de trabalho, em actividades de organizações ou de grupos da sociedade civil ou em serviços criados em complemento aos sistemas convencionais (aulas de arte, música e desporto); as que decorrem da vivência do próprio quotidiano – é por vezes necessário criar processos/instrumentos que permitam avaliar e certificar essas mesmas competências.

Cientes que os adultos só aceitarão actividades de aprendizagem se para tal estiverem motivados, todos os materiais elaborados pelos formadores, de acordo com o Referencial de Competências-Chave, procuram ser adequadas em termos de oportunidade, ritmo e localização e devem considerar as suas experiências de vida e profissionais já validadas. Atendendo a esta diversidade existe, por parte dos formadores, a preocupação de adequar a formação à vivência profissional e social do adulto, apesar da dificuldade que é diferenciar os percursos e os ritmos de vida de cada adulto; Reconhecer as competências, conhecimentos e os saberes-fazer que adquiriram pela experiência ao longo da vida; Ministrar uma formação que permita ao adulto adaptar-se às constantes mudanças na sociedade e aceder às novas tecnologias; Não uniformizar as práticas de validação e de formação, procurando torná-las o mais possível diversificadas, personalizadas e contextualizadas; Ter em conta as opiniões dos adultos na elaboração da política de formação, pelo que no final do processo é solicitada a sua opinião, através de questionário, sobre a forma como correu a formação. Atendendo à pouca escolarização da grande maioria dos adultos envolvidos no processo, existe a preocupação em substituir a mera transmissão expositiva por actividades inovadoras em que o adulto possa mobilizar diferentes competências na definição, análise, pesquisa e resolução de problemas propostos pelas actividades.

Segundo as orientações da DGFV, os CRVCC têm na sua estrutura a seguinte equipa[8] permanente: Director/coordenador, Profissional de RVC (no início da ANEFA era referido como RVCC), Formador de cada uma das quatro áreas de competência-chave, um técnico administrativo, um técnico de apoio à gestão financeira e Avaliador Externo.

Reportando-se ao caso do CRVCC do NERGA – Associação Empresarial da Região da Guarda, actualmente a equipa é dirigida pela Coordenadora Executiva da Associação, que acumula as funções de directora do CRVCC, sendo da área de gestão, na sua formação de base; três Profissionais de RVC, tendo por formação: Licenciatura em Educação, Licenciatura em Comunicação e Relações Públicas e Licenciatura em Português/História, e actualmente três formadores, sendo que uma delas acumula duas áreas – TIC e CE. Actualmente trabalhamos apenas com um Avaliador Externo, que está desde o início acreditado pela DGFV. O principal papel de uma Profissional de RVC é orientar o processo do adulto perante o Reconhecimento das competências adquiridas ao longo da vida.

---

[8] Vide Roteiro Estruturante DGFV.

Compete também à Profissional de RVC informar, aconselhar e acompanhar cada adulto na definição do seu percurso no Processo de RVCC. A Profissional de RVC é aquela pessoa que está sempre presente quando o desânimo chega, quando a motivação já não é suficiente para se trabalhar um pouco mais, de modo a atingir as validações. A Profissional de RVC através, ora de sessões individuais, ora de sessões colectivas, vai analisando a história de vida do adulto, o seu percurso de vida, principalmente, profissional mas sem descurar as suas actividades sociais ou mesmo a sua vida familiar. São aplicados instrumentos de mediação,[9] entre outros, onde se pretende que o adulto reflicta sobre a sua história de vida, o que foi aprendendo ao longo dos anos, com quem e em que situações. Após essa análise da história de vida, procede-se à identificação das competências, através dos instrumentos de mediação e das grelhas que o CRVCC do NERGA criou (onde está retratado o Referencial de Competência-Chave da DGFV) de modo a que cada adulto se possa organizar e evidenciar, com base em situações da sua vida, todas as competências necessárias à validação das quatro áreas de Competência-chave e consequente certificação. Essas evidências estão organizadas e sustentadas no Dossier Pessoal do Adulto (Portfólio). Quando trabalhamos com adultos, na nossa opinião, trabalhamos quase de igual para igual, isto é, desde o início é fundamental que os adultos percebam como funciona o Processo de RVCC, quem são os seus intervenientes e quando intervêm, que esteja claro que, embora seja uma certificação proveniente do Ministério da Educação, o que ali é valorizado é a "escola da vida" e não o tempo que passaram no banco da escola. A educação não formal corporiza-se num certificado que mais não é que um retrato das aprendizagens ao longo da vida e a sua valorização. De seguida apresentamos um fluxograma que representa o percurso que o adulto percorre ao realizar o Processo de RVCC no NERGA, sendo que a figura da Profissional de RVCC está sempre presente à excepção das formações complementares que são ministradas apenas pelos formadores de cada área de competência-chave. A figura do Avaliador Externo aparece sempre adjacente ao momento de Júri de Validação/Certificação.

---

[9] www.dgfv.min-edu.pt

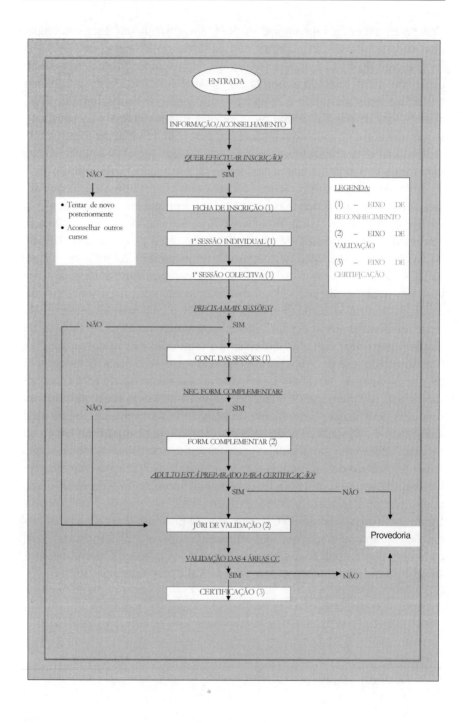

O CRVCC do NERGA ao longo da sua existência tem vindo a consolidar as suas metodologias de trabalho, sempre numa lógica de melhoria contínua, tendo sempre na sua perspectiva a qualidade do trabalho promovido junto dos seus adultos. Esse trabalho tem-se reflectido no número de certificados alcançados anualmente, em que a qualidade pretende estar sempre acima da quantidade.

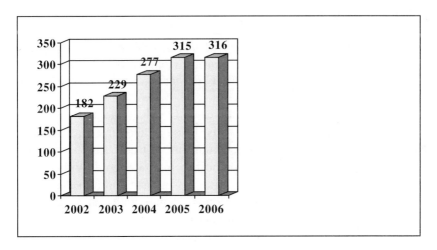

Gráfico 1 – Adultos Certificados pelo CRVCC do NERGA

Grande parte dos certificados são mulheres, têm entre 35 e 45 anos e são maioritariamente certificados de nível B3 (9.º ano).

Em 2004 a DGFV encomendou um estudo ao CIDEC[10] sobre o impacto do reconhecimento e certificação de competências adquiridas ao longo da vida. Quanto ao contributo da participação no processo de RVCC, 46,6% dos adultos referiram ser muito importante no seu autoconhecimento; 52,9% dos adultos assinalaram como um contributo muito importante o facto de terem participado no processo de RVCC pois reforçou-lhes a sua auto-estima e auto-valorização; 40,6% afirmaram ser um contributo muito importante na definição/construção do projecto profis-

---

[10] CIDEC – Centro Interdisciplinar de Estudos Económicos (2004). *O Impacto do Reconhecimento e Certificação de Competências Adquiridas ao Longo da Vida*. Lisboa: Direcção Geral de Formação Vocacional.

sional futuro; 62,2% dos adultos mencionaram que foi um contributo muito importante ou contributo importante no aumento da sua empregabilidade. Quanto à Ingressão ou progressão profissional do adulto, 71,3% dos adultos contactados assinalaram que o Processo de RVCC teve um contributo entre muito importante e importante.

4. Um Futuro próximo

"É importante melhorar a visibilidade das recompensas da aprendizagem como uma maneira de incentivar os adultos a aprenderem".
OCDE. *Promovendo a Educação de Adultos.*

O Ministério da Educação, através do GAERI (Gabinete dos Assuntos Europeus e Relações Internacionais) levou a cabo uma consulta nacional, onde o NERGA também participou, sobre o Quadro Europeu de Referência das Qualificações para a Aprendizagem ao Longo da Vida.

Este Quadro Europeu de Qualificações pretende promover a mobilidade geográfica e profissional de todos os indivíduos da Comunidade Europeia, surgindo como um instrumento de tradução para a comparação das qualificações, sendo também um ponto de referência para a garantia da qualidade e desenvolvimento das qualificações ao nível sectorial. Para poder haver esta transparência e esta clarificação de qualificações, cada país terá que ter um mecanismo que dê ênfase aos resultados da aprendizagem adquirida ao longo da vida (aprendizagens formais, informais e não-formais). Em Portugal, o Processo de RVCC poderá ir de encontro e ser o suporte para tal igualdade de qualificações entre os diferentes países da União Europeia.

Em Março do ano 2000 o Conselho Europeu de Lisboa delineia a chamada "Estratégia de Lisboa", a qual dá origem ao Programa Educação e Formação 2010, onde se enfoca a importância atribuída à educação e formação no desenvolvimento global das sociedades.

Criado através de parceria entre o Ministério da Educação e o Ministério do Trabalho e da Solidariedade Social, a Iniciativa Novas Oportunidades pretende (1) fazer do 12.º ano o referencial mínimo de formação para todos os jovens, (2) colocar metade dos jovens do ensino secundário em cursos tecnológicos e profissionais e (3) qualificar um milhão de activos até 2010. Este último objectivo prende-se com o facto, anteriormente referido, que segundo a OCDE[11] Portugal é um dos países em que ter educação é mais compensador. Por exemplo, um trabalhador sem o ensino secundário ganha, em média, menos 40 % do que um trabalhador que tenha obtido essa escolaridade. Em termos de empregabilidade, Portugal é também um país em que mais um ano de escolaridade está associado a um aumento entre 1,1% e 1,7% nas taxas de actividade e emprego, o que nos leva a concluir que uma maior escolaridade está associada a uma menor taxa de desemprego e a menor duração de desemprego.

A OCDE[12] refere ainda que o número médio de anos de escolarização da população adulta em Portugal é de 8,2, enquanto que a média dos países da OCDE se situa nos 12 anos. Segundo o INE, cerca de 2.500.000 activos não completaram a actual escolaridade obrigatória.

Surge então, na lógica desta iniciativa, Uma Nova Oportunidade para os adultos, onde em termos de Reconhecimento, Validação e Certificação de competências se traduz na pretensão de ter, em 2010 um total de 650.000 adultos certificados, já incluindo a certificação do nível secundário.

Esta certificação do 12.º ano, até ao momento, ainda não está em aplicação no terreno, aguardando-se a qualquer momento a apresentação do referencial de competências-chave de B4.

Mais uma vez a Educação de Adultos está à mercê das orientações económico-políticas sendo que doravante os Centros de RVCC passar-se-ão a designar por Centros de Novas Oportunidades.

Trabalhar com adultos, nem sempre é fácil, e é por vezes desanimador e frustrante. Mas sem dúvida alguma que é um desafio constante. É saber que à nossa frente há decerto alguém com mais experiência de vida que nós próprias. É saber que no final do dia, provavelmente, aprendemos novas perspectivas de vida, novas maneiras de lutar pelos objectivos. É acreditar, cada vez mais, que nunca é tarde para realizarmos os nossos sonhos e emocionarmo-nos por enchermos os filhos de orgulho de verem o pai ou a mãe com as lágrimas nos olhos dizerem: "já estou certificado".

---

[11] OCDE (2004). *Promovendo a Educação de Adultos*. Paris: OCDE:
[12] OCDE (2005). *Promovendo a Educação de Adultos*. Paris: OCDE.

Bibliografia

ANEFA (2001). *Carta de qualidade dos Centros RVCC*. Lisboa: ANEFA.
ANEFA (2001). *Centros de Reconhecimento, Validação e Certificação de Competências: Roteiro Estruturante*. Lisboa: ANEFA.
BJORNAVOLD, Jens (2003). *Assegurar a visibilidade das competências: identificação, avaliação e reconhecimento da aprendizagem não formal na Europa*. Colecção CEDEFOP. Lisboa: Instituto para a Inovação na Formação.
CARDINET, J. (1993). *Avaliar é Medir?* Porto: Edições Asa.
CEDEFOP – Revista europeia, Formação profissional N.º 8/9. *Aprendizagem ao Longo da Vida, retrospectivas e perspectivas*.
CIDEC (2004). *O Impacto do Reconhecimento e Certificação de Competências Adquiridas ao Longo da Vida*. Lisboa: Direcção Geral de Formação Vocacional.
DELORS, Jacques (1996). *Educação, um tesouro a descobrir*. Relatório para UNESCO da Comissão Internacional sobre Educação para o Séc. XXI. Porto: Edições ASA.
JOSSO, M. C. (2000). *Experiências de Vida e Formação*. Lisboa: Educa.
NÓVOA, A & Finger, M. (1998). *O método (auto)biográfico*. Lisboa: Ministério da Saúde.
NOGUEIRA, I. (1997). *Para uma Educação Permanente à Roda da Vida*. Lisboa: Instituto de Inovação Educacional.
OCDE (2003). *Para Além da Retórica: Políticas e Práticas de Aprendizagem para Adultos*. Paris: OCDE.
OCDE (2005). *Promovendo a Educação de Adultos*. Paris: OCDE.
Programa do XVII Governo Constitucional da República Portuguesa.
Decreto-lei n.º 387/99 de 28 de Setembro.
Decreto-lei n.º 208/2002 de 17 de Outubro.
Portaria 1082-A/2001 de 5 de Setembro.
www.dgfv.min-edu.pt

PRÁTICAS DE EDUCAÇÃO DE ADULTOS NUMA ORGANIZAÇÃO LOCAL: DA TRADIÇÃO PELA FORMAÇÃO STANDARD A UM MODELO DE ABERTURA À EDUCAÇÃO POPULAR

FÁTIMA MARQUES & MANUELA CUNHA
Licenciadas em Educação – Pré-especialização em Educação de
Adultos e Intervenção Comunitária – Universidade do Minho;
Mediadoras de Cursos de Educação e Formação de Adultos na
ACIB – Associação Comercial e Industrial de Barcelos

O sonho de um mundo melhor nasce das entranhas de seu contrário. Por isso, tanto corremos o risco de idealizarmos o mundo melhor, desgarrando-nos do nosso concreto, quanto o de, demasiado "aderidos" ao mundo concreto, submergirmos no imobilismo fatalista (Freire, 1996).

1. Enquadramento da Educação de Adultos (EA) em Portugal

Portugal vive e constrói a sua história da educação de adultos com alicerce em algumas políticas avulsas, cujo trajecto se reveste de uma leitura sociológica e culturalmente singular. O campo da educação de adultos, cujas grandes fases de desenvolvimento poderemos considerar que perpassam os movimentos populares da I República, o período de repressão do Estado Novo e o Pós 25 de Abril, que teve um distinto expoente representado pelo PNAEBA – Plano Nacional de Alfabetização e de Educação de Base (1979), continua a padecer de alguma inconstância. Ainda hoje não é claro o que representa para o país este sector do seu desenvolvimento, qual a posição que ocupa, em suma, que enquadramento merece na missão de quem governa.

Ao longo dos anos tem-se confirmado que efectivamente se sucedem medidas, planos, documentos e intenções, rapidamente cilindrados e eliminados. No fundo, apesar de bons exemplos de diversos países, que ajudariam a perceber que não se cria um país desenvolvido sem cidadãos formados, críticos, educados e civilizados, parece haver alguma falta de coragem e de compromisso neste domínio. Como o afirmara Alberto Melo, na mais recente apresentação do Programa "Novas Oportunidades", em Portugal "cada vez que procuramos escolarizar, institucionalizar, travamos, empobrecemos, enfraquecemos a educação de adultos".

2. A Agência Nacional de Educação e Formação de Adultos (ANEFA)

Num passado ainda recente, na sequência da descrição de medidas empreendidas em Educação de Adultos, foi criada em Setembro de 1999 a ANEFA – Agência Nacional de Educação e Formação de Adultos, uma estrutura dependente de uma dupla tutela, trabalhando directamente com o Ministério do Trabalho e o Ministério da Educação.

À ANEFA competia construir uma proposta alternativa e válida na promoção da participação dos adultos em processos de aprendizagem; no entanto não muito tempo depois foi extinta. Sobre este organismo recaíam expectativas de uma viragem estratégica para uma área desde sempre à mercê de descontinuidade, casualidade ou, até mesmo, alvo de acções pontuais. Pretendia-se, na sequência da concretização de um sector com uma validação própria, desenvolver medidas e iniciativas que lhe dessem autonomia. De entre as medidas criadas, subsistem os cursos EF@ que foram concebidos com a finalidade de revitalizar e relançar a educação de adultos em Portugal.

3. Os Cursos EFA

Os Cursos de Educação e Formação de Adultos – Cursos EFA, têm por alicerce a construção da aprendizagem suportada em referenciais de competências-chave. Estes correspondem, fundamentalmente, àquilo que se considera que o adulto necessita no seu quotidiano: no seu dia-a-dia de cidadão, no seu dia-a-dia de trabalhador, de membro de uma comunidade, longe, por conseguinte, de um currículo formatado, de conteúdos bem delineados. Assim se entende a afirmação de Alberto Melo, atrás referida, acerca dos perigos da escolarização e institucionalização da educação de adultos.

As competências-chave harmonizam-se com áreas de formação como a Cidadania e Empregabilidade, Linguagem e Comunicação, Matemática para a Vida e Tecnologias da Informação e Comunicação, porque se considerou que a educação de adultos não podia estar assente nas disciplinas do currículo escolar, mas em competências-chave. Ao adulto é dada a possibilidade de uma qualificação e certificação, tanto escolar como de carácter profissional.

Comummente, a população portuguesa tem sido caracterizada, no que a questões de educação diz respeito, particularmente por uma baixa escolarização e por uma sub-qualificação profissional. Aliás, quando se fala de educação de adultos, posiciona-se o seu campo de actuação nestas duas grandes linhas: por um lado, o da escolarização, por outro, o das qualificações profissionais. A tónica deste contrabalanço tem merecido réplicas a nível da comunicação social, outrossim a nível político ou de opinião pública em geral. Mas para quem, como nós, é proveniente desta área de formação académica, torna-se um desafio redimensionar o que é tido por educação de adultos, assim como operacionalizá-lo no quadro de uma iniciativa de educação e formação de adultos estruturada, formalizada e de cariz também escolarizante, é certo, mas a qual deixa espaço à participação, à definição dos temas e identificação de competências adquiridas e a adquirir e à implicação com a comunidade.

Recordando que a educação de adultos, em Portugal, ficou circunscrita, durante muitos anos, a uma segunda oportunidade de escolarização, intentaremos, ao longo deste artigo, testemunhar como temos experienciado o encontro entre o que entendemos ser a Educação de Adultos com os Cursos EFA. Por um lado, a educação de adultos enquanto contexto de criação de condições favoráveis ao desenvolvimento pessoal e social da pessoa adulta, bem como meio para o desenvolvimento da cidadania, e por outro, uma oferta estruturada de educação e formação, como o são os cursos EFA.

Antes de mais, convirá ter presente que os Cursos EFA nascem para potenciar o "reforço da educação e formação ao longo da vida, preferencialmente ao nível da população desempregada, dos trabalhadores em risco de desemprego e dos trabalhadores com baixas qualificações" (PNE, pilar I, medidas 4 e 5).

De acordo com os resultados do Estudo Nacional de Literacia – ENL[1] (1996), seguindo-se uma parametrização composta por 5 níveis, concluiu-se que a maior percentagem dos indivíduos se situa nos níveis mais baixos: 10,3% no nível zero; 37% e 32,1% nos níveis um e dois, respectivamente. A percentagem daqueles que alcançam os níveis superiores é significativamente inferior: 12,7% no nível três e 7,9% no nível quatro.

Tendo em consideração que os indivíduos que se encontram no nível 0 corresponderão a analfabetos literais, ou seja, aqueles que não têm qualquer domínio sobre as competências básicas de leitura, escrita e cálculo, estimava-se já no ENL que serão cerca de 600 mil as pessoas nestas condições. A estas, deveríamos dar resposta através da alfabetização de base. Mas, e as restantes? Essas foram as que obtiveram os baixos resultados, que frequentaram o sistema educativo, mas que não progrediram, ou não obtiveram os níveis de desenvolvimento expectáveis, pelo menos considerando a sua prestação em termos de operacionalização de competências.

Com base nestes resultados, facilmente se justifica e fundamenta a necessidade de investir em EA porque estamos perante o cenário de uma população com sérias dificuldades de exercício de cidadania uma vez amputada dos instrumentos de consciencialização, de conhecimento e, consequentemente, de participação.

Os baixos níveis de educação de base e de qualificação profissional revelam o descomprometimento que sempre esteve afecto ao campo da educação de adultos. Mas, até que ponto esta situação estará a condicionar *"crises profundas e iminentes relativamente a níveis de emprego e de competitividade relativa e a índices de coesão socioeconómica interna ou de cidadania activa"* (Melo et al, 1998: 12). É uma questão que comporta uma relevância extrema, revestida de igual profundidade, a qual gostaríamos de tocar com a abordagem deste relato.

As transformações que têm vindo a atravessar, quer os sistemas de educação e formação, quer o próprio mundo do trabalho, indiciam a

---

[1] Convirá ter em consideração que literacia diz respeito ao uso das competências básicas de leitura, escrita e cálculo. A literacia "traduz a capacidade de usar as competências" (Benavente et al, 1996:4), de operacionalização de aprendizagens já efectuadas, situação em que se supõe estarem os indivíduos que abandonaram precocemente a escola.

importância crescente que tem adquirido a formação/educação de públicos adultos com baixos níveis de qualificação. Assim sendo, no contexto português, no que concerne a iniciativas de educação e formação de adultos, com um outro carácter além da vertente escolar ou seguindo um modelo que tente fazer-se distinguir, estas começaram a surgir há não muitos anos (apesar da existência do tradicional Ensino Recorrente). Na sua moldura destacam-se designadamente os Cursos EFA.

Na medida em que este tipo de intervenção incide, maioritariamente, na população desempregada, nos trabalhadores em risco de desemprego, bem como em trabalhadores com baixa escolarização, essencialmente nos jovens, parece evidente a necessidade destas iniciativas serem promovidas em grande escala por organizações que reúnam condições para tal.

Com efeito, estas iniciativas poderão traduzir a implementação de uma política de educação de adultos que corrija o passado e prepare o futuro, através de respostas eficazes e adequadas capazes de garantir a igualdade de oportunidades, a luta contra a exclusão social e a transição para a sociedade do conhecimento.

4. A experiência – a partir de uma organização local

Ao longo da nossa prática, que teve início com os primeiros cursos EFA realizados desde 2003 pela ACIB – Associação Comercial e Industrial de Barcelos, temo-nos debruçado e questionado quanto ao trabalho que temos vindo a desenvolver. Assim, tentamos analisá-lo à luz da correlação que possa ter com a aspiração que é colocada aos Cursos EFA.

Sobre os cursos EFA recaem expectativas de corresponderem à "capacidade competitiva das empresas, à continuidade dos actuais níveis de emprego, bem como à melhoria da qualidade do emprego" (DGFV, 2003: 7), numa clara tentativa de evitar que haja repercussões das baixas qualificações escolares e profissionais no progresso e no desenvolvimento pessoal e sócio-económico.

A construção de percursos alternativos, destinados a todos aqueles que abandonaram prematuramente o sistema de ensino, assegurando-lhes a obtenção simultânea de uma certificação escolar e profissional, é uma das suas demandas. Tendo como ponto de partida o Reconhecimento e Validação de Competências adquiridas ao longo da vida e, não exigindo qualificações mínimas à entrada, será compreensível que numa perspectiva de contribuição rápida para a requalificação escolar e profissional da população adulta portuguesa, aconteça uma aposta efectiva ao nível de certificação escolar.

Um dos grandes princípios orientadores destas acções centra-se precisamente na necessidade de se articularem no processo de aprendizagem as lógicas de continuidade e de ruptura (adaptado de Canário, 2000). Por um lado, entendendo-se a importância da continuidade da aprendizagem face à experiência anterior do adulto, mas reconhecendo-se igualmente a necessidade de ruptura face a essa experiência, no sentido de se aprender algo de novo.

O posicionamento acima descrito está intimamente associado à metodologia das histórias de vida, no experimento de o adulto reconhecer as suas experiências e saberes, atribuindo-lhes uma equivalência e uma valoração identificável e comparável às competências escolares "...e o movimento é para trás e para a frente... e à medida que caminho há um futuro próximo e um passado próximo... um futuro distante e um passado distante... um desenrolar nos dois sentidos... a procura... e quanto mais para a frente mais tenho que ir atrás... e quanto mais atrás mais me apetece ir para a frente..." ("Não sei como contar esta história" Marguerite Duras).

Será, então, partindo da vitalidade do conhecimento da experiência passada do adulto, que se iniciam os cursos EFA. Isto para que se possa pôr em marcha uma formação personalizada e que atenda a uma pluralidade de idiossincrasias, não passíveis de serem ignoradas na abordagem e na própria construção do processo educativo e formativo.

Em nosso entender, são merecidos reconhecimento e vontade política neste projecto dos cursos EFA. Considerando vários fracassos por que tem passado a educação de adultos em Portugal, nomeadamente, ao tratar os adultos como crianças; o facto de haver uma cadência e uma propensão para processos de educação de adultos com adultos não sensibilizados ou pouco interessados, tornando-os mais vítimas do que participantes nestas iniciativas; e, por fim, o parco conhecimento à partida da pessoa adulta, na medida em que, por norma, não relevamos todas as particularidades que lhe dizem respeito (adaptado de Norbeck, 1981), fazem com que os princípios atrás vertidos se tornem merecedores de credibilidade e predicados de sucesso. Gostaríamos de partilhar o modo como os temos tentado aplicar, pela transposição para a nossa prática.

4.1. A Nossa Experiência

A ACIB iniciou a sua experiência nos cursos EFA com a realização de seis acções em 2003 (Nível Básico – B2), tendo de momento 5 outras acções a decorrer desde 2005 (Nível Básico 3 – B3). Todos os cursos foram destinados a grupos de formandos activos empregados, razão pela qual decorreram em horário pós-laboral. A área profissional realizada ao nível Básico 2 foi de Práticas Técnico-Comerciais, mantendo-se igualmente nos actuais Cursos B3, assim como as de Electricidade de Instalações, Instalação e Operação de Sistemas Informáticos, Mecânica Automóvel e Práticas Administrativas.

Os primeiros grupos de nível B2, obtiveram o nível I de qualificação profissional e o 6.º ano de escolaridade. Destes primeiros grupos foram certificados 73 formandos (24 homens e 46 mulheres), sendo 17 o n.º de desistentes.

Os cinco cursos mais recentes, que conferirão certificação escolar de Nível Básico 3 (9.º ano de escolaridade), e de Nível II de qualificação profissional, terminarão em Junho de 2007. Presentemente encontram-se a frequentá-los 64 formandos, 40 do género masculino, e 24 do género feminino. O n.º de desistentes conta 11 formandos.

Relativamente aos primeiros cursos (centraremos especialmente a nossa análise nos mesmos, no que a aspectos objectivos diz respeito, porque já concluídos), uma das estratégias da ACIB passou pela descentralização das acções e, daí, a realização de quatro dos seis cursos EFA em freguesias do Concelho de Barcelos, e os restantes dois distribuídos pelas sedes de concelho de Barcelos e de Esposende, respectivamente.

Desde logo foi uma das estratégias, facilitada pela abertura e iniciativa que os próprios cursos permitem, uma forte ligação com toda a comunidade local. Assim, os cursos tiveram uma dependência mais do que logística das autarquias locais, gerando parcerias com estas, em termos de actividades e iniciativas realizadas, conforme se verá adiante, como também em termos de colaboração e meio para chegar às diversas comunidades.

Sempre foi o princípio norteador estabelecer parcerias com as instituições locais ou outras entidades pertinentes, para que os adultos sentissem como válidas as suas actividades e os trabalhos que se propunham desenvolver. Através da observação participante foi possível constatar o impacto que as diversas actividades produziram especialmente nos grupos de formandos, desde a valorização pessoal e social, como a própria auto-imagem sobretudo em actividades em prol do desenvolvimento local.

Uma outra característica prevalente versa a participação dos adultos na definição dos assuntos (vulgo *curriculo*) a abordar e desenvolver pelas diversas áreas de formação. Também lhes compete fixar as actividades de conclusão dos temas, as quais devem forçosamente ser representativas das aprendizagens realizadas, reveladoras da abordagem efectuada, assim como integradoras dos contributos, articulações e interdisciplinaridade das áreas de formação, pelo que se designam de *actividades integradoras*. Nelas devem ser espelhadas, mais do que os assuntos tratados, as competências em acção, motivadas pelas mesmas.

Estas tiveram sempre como horizonte a implicação de todos, e quando referimos todos, estamos a incluir grupo de formandos, equipa de formadores, autarquias e comunidades locais.

Na execução das actividades foi possível potenciar o desenvolvimento local, assim como apelar ao envolvimento de toda a comunidade, quer em colóquios que retrataram situações problemáticas que angustiavam aquelas pessoas (por exemplo, desemprego no sector da cerâmica e têxtil); campanhas de sensibilização acerca de problemáticas sociais eleitas pelos formandos, como o alcoolismo, estilos de vida saudáveis, acções de socorrismo, campanhas de limpeza ambiental.

Na realidade, a dinâmica que caracteriza estes cursos proporcionou um desenvolvimento só possível graças à articulação que se gerou entre expectativas, competências e aprendizagens – "Não é um estado, é um processo. É uma capacidade para agir ou um saber-agir [...]. Competente é aquele que é capaz de mobilizar e de aplicar, de forma eficaz, as diferentes funções de um sistema onde intervêm recursos diversos, conhecimentos, activações da memória, avaliações, capacidades relacionais, esquemas comportamentais"(Le Boterf, 1994).

Prova disso foi o sucesso obtido nas actividades que foram levadas a cabo nas freguesias, totalmente dinamizadas e movidas pelos formandos, traduzindo-se na anuência das comunidades.

Considerando que, em boa verdade, "uma sociedade baseada no conhecimento é uma sociedade baseada nas pessoas, na sua criatividade, na sua iniciativa, mas também na sua capacidade de aprender de forma mais sistemática" (Rodrigues, 2003: 134), é primordial a capacidade de retorno a aprendizagens consolidadas num trajecto de vida.

Esta parece ser a chave para enfrentar os publicitados tempos de mudança, da info-exclusão, a inadaptação tecnológica, bem como de muitos outros chavões a que a educação em geral, e a educação de adultos, muito em particular, não têm sido impermeáveis.

Assim sendo, um dos objectivos da Agenda Económica e Social da União Europeia, é tornar todos os cidadãos aptos a lidar com as mudanças, tornando-se este facto essencial para o aumento dos níveis de competitividade das empresas e do País e para o aumento dos níveis de empregabilidade. Isto sucede devido à importância que a aprendizagem assume nos dias de hoje, na medida em que possibilita às pessoas o desempenho mais significativo do seu papel como cidadãos pertencentes a uma comunidade, família, bairro, local de trabalho, ou outros grupos de pertença.

De forma a conseguir a tal implicação pessoal do adulto, é determinante a existência de uma relação de confiança e respeito. Tal, pressupõe a presença de uma atmosfera democrática, onde o adulto tem espaço e abertura para tomar a palavra no que toca ao processo de aprendizagem – desde a inventariação das necessidades, à determinação dos objectivos, à escolha das experiências educativas, à avaliação do referido processo.

Os cursos EF@ permitem a constituição de espaços de fomento de autonomia e participação. De acordo com a nossa experiência, nem sempre foi fácil desenvolvê-los. Aparentemente, poderíamos crer que tudo seria tão simples como manifestarmo-nos favoráveis às decisões emanadas do grupo, às suas iniciativas. Mas houve que perceber e aprender, que nada é tão simples como simplesmente dizer "decidam", "a opção é vossa" ou "o que querem fazer?". Com isto afirmamos que no domínio dos pressupostos inerentes a uma tomada decisão, sentimos inúmeras dificuldades, para que se tratasse de uma negociação efectivamente democrática.

Em causa estão decisões de carácter pedagógico, como se dizer "pode decidir", bastasse para estar garantida a autonomia e a responsabilidade. Será bom atermo-nos neste processo, pois a ilusão de quem bebeu os princípios da Educação de Adultos não deixa de vacilar quando o resultado dessa tensão gera conflitos e dificuldades na gestão de grupos.

É importantíssimo termos presente, enquanto agentes de desenvolvimento pessoal e social, no trabalho diário com os formandos, que estes são parte integrante do processo de aprendizagem, e como tal, é intrínseco que não sejam meros observadores do mesmo, mas que sejam o agente, que está imbricado em todo o processo, desde a concepção até à sua implementação, caso contrário não o reconhecerá, nem lhe atribuirá significação. É impensável construirmos um percurso de formação para os formandos. A sua construção forçosamente pertence-lhes.

Esta ideia dá conta do derrube de qualquer concepção que determine que o formando age por via de imposições e condicionalismos. É intencional a nossa convocatória para que os formandos ajam deliberadamente sobre o processo formativo, em termos de opções metodológicas, actividades a realizar, estratégias, etc. Por forma a que o adulto se reveja no processo de formação, é-nos exigido que o ajudemos a questionar algumas constâncias a que está sujeito, com as quais está familiarizado, o que nos obriga a desconstruir alguns preconceitos.

Um deles é precisamente o da desvalorização da educação não formal. Partindo do princípio que, para frequentar um percurso formativo num curso EFA não se exigem qualificações, em que se baseariam os profissionais para fazerem o balanço de competências, uma vez que pode não existir qualquer certificação? A riqueza é precisamente essa, uma abordagem pelas competências adquiridas pelo adulto em contextos não-formais, quer tenham sido em família, no local de trabalho, com os amigos, enquanto membro de uma associação de pais, como representante dos trabalhadores da empresa, no clube de futebol a que pertence, etc. Todos estes exemplos compõem o número de situações e vivências quotidianas dos participantes dos cursos EFA, que nos permitem compreender a história de vida do adulto e traçar o seu perfil de competências. Simultaneamente, daqui se depreende como a abordagem efectuada na nossa formação em educação de adultos se transpõe para a *praxis*.

É através dos contextos que o adulto frequenta e com as pessoas que se relaciona que nós somos capazes de apreender as suas aprendizagens. No entanto, também aqui travamos muitas vezes uma luta diária. Por um lado, não raras vezes o adulto subvaloriza as aprendizagens adquiridas em contexto não-formal, por outro, é exigida capacidade de distanciamento perante as histórias narradas, as quais são expostas perfeitamente entrelaçadas em emoções, momentos de sofrimento, narrativas de foro íntimo e privado, dédalos de onde urge retirar o laço de aprendizagem com que foram unidas.

Outro dos preconceitos reporta à dificuldade de assumpção de que o desenvolvimento humano ocorre ao longo da vida adulta.

No fundo, reconhecemos pela experiência o quão são defensáveis os postulados da andragogia (Knowles, 1980). Segundo o educador americano Knowles, estes podem ser sintetizados em quatro: conceito de si – autónomo – do educando adulto; papel da experiência passada: educação centrada na aprendizagem dos papéis sociais; aprendizagem centrada nos problemas (papel da aplicação).

De acordo com os pressupostos acima, compreende-se que a aprendizagem escolar e a imagem que o adulto dela criou contraria o seu desejo de autonomia e traduz-se numa rejeição à mesma. Daqui decorrem as dificuldades que havíamos mencionado.

O adulto aporta para o contexto da formação um capital passível de ser incluído e valorizado na formação, associado a experiências ligadas às responsabilidades familiares (casamento, maternidade/paternidade), responsabilidades profissionais, cívicas e políticas.

A relação e ambiente democráticos de que falávamos, expressam que a relação adulto-educador não é assimétrica, nem unidireccional. Ainda que a competência do educador supere a do educando, em termos de conteúdos específicos, não se nega que o educando possa ser mais competente do que o educador noutros domínios.

Uma outra questão que se nos coloca é a de saber se ao estabelecer uma construção curricular devam ser consideradas as necessidades sentidas e/ou as necessidades prescritas, ou seja, se a formação se organiza em torno do que o adulto deseja aprender e/ou do que o educador julga ser necessário ensinar?

Estamos em crer que a missão do educador é justamente a de ajudar a descobrir novas necessidades (Brookfield, 1986), mesmo que para tal questionando as tais realidades comuns, aparentemente consensuais e pacíficas, que na terminologia EF@ não mais são do que Temas de Vida.

Encaminhar-nos-íamos para o infortúnio se não levássemos em conta a vontade, as convicções, os desejos dos adultos com quem trabalhamos. A própria metodologia que está na base destes cursos coloca o adulto no centro de todo o processo de aprendizagem. Não será possível desenvolver um trabalho profícuo se o adulto for marginalizado, se não for auscultada a sua vontade. É necessário manter sempre no limiar da nossa actuação aquilo que realmente cativa o formando.

O adulto não é encarado como aquilo a que Paulo Freire chamaria de "banco de dados". Pelo contrário, os formandos são agentes de desenvolvimento, que potenciam o seu próprio ser.

Uma referência é também devida às equipas pedagógicas. Quando iniciamos a nossa aventura nos Cursos EFA tivemos um trabalho muito incisivo com todos os formadores, uma vez que encontramos profissionais que nunca tinham nem trabalhado em Educação de Adultos, nem muita noção das especificidades a considerar quando se trabalha nesta área. Foi, então, necessária bastante insistência da nossa parte, naquilo que nos parece primordial no trabalho com adultos, para que surtisse efeito e ecoasse a dimensão pessoal e social do adulto.

Para isso foi muito importante a produção da história de vida de cada formando para todos percebermos que aquela pessoa que está diante de nós não é um ser igual a todos. Cada um transporta a sua especificidade, a sua forma de estar na vida, perante os outros, tem sonhos, expectativas, dificuldades e necessidades que não são as mesmas dos restantes colegas e, daí, para nós ser fundamental a necessidade de considerar a vontade própria de cada adulto.

Em suma...

A educação de adultos, se a nossa opção é democrática, não pode conviver com o discurso da sua neutralidade, que é o discurso de sua negação, óptica amplamente defendida por Paulo Freire. Perfilhando desta perspectiva e pretendendo estabelecer a ponte com a questão inicial que dissemos colocar-se sobre a nossa prática – da correlação entre os cursos EF@ e as crises profundas relativamente a níveis de emprego e de competitividade, bem como concernentes à coesão socioeconómica e à cidadania – no momento actual, em que os contextos sofrem o impacto da modernização tecnológica, com a consequente exigência que se coloca de decisões rápidas, a educação não pode ser a que exercita a memorização mecânica dos educandos.

Parece dever ser prevalente a educação que forma e não a que "treina", portanto, «não pode ser a que "deposita" conteúdos na cabeça "vazia" dos educandos, mas a que, pelo contrário, os desafia a pensar certo. Por isso, é que se coloca ao educador ou à educadora a tarefa de, ensinando conteúdos aos educandos, ensinar-lhes a pensar criticamente.
... É tão fundamental, por outro lado, a prática do pensar certo para o confronto de novos desafios que as inovações tecnológicas nos põem hoje quanto a liberdade de criar» (Paulo Freire, 1996).

Por estas razões e, não obstante a vertente profissionalizante dos Cursos EF@, a formação técnico-científica que se empreende deve ser muito mais do que treino ou ensino para o uso de procedimentos tecnológicos. No fundo, é como se a educação de adultos auxiliasse a pensar criticamente a própria técnica. Manusear as técnicas deve ser indissociável de uma atenção ética, que implica uma reflexão sobre o ser humano e sobre a sua presença no mundo.

"O exercício de pensar o tempo, de pensar a técnica, de pensar o conhecimento enquanto se conhece, de pensar o quê das coisas, o para quê, o como, o em favor de quê, de quem, o contra quê, o contra quem são exigências fundamentais de uma educação democrática à altura dos desafios do nosso tempo" (Paulo Freire, 1996).

Com este relato, esperamos ter demonstrado que em educação de adultos o jogo de equilíbrio entre o sonho e a vida é conjugável com a aceitação do erro, das tentativas e experiências, que nos vão dando indicadores do mapa a seguir e dos trajectos mais sinuosos que devem ser evitados. Sem pretensões ilusórias, *com pés na terra e olhos no horizonte.*

Bibliografia

BENAVENTE, Ana *et al* (org.) (1996). *Literacia em Portugal: Resultados de uma Pesquisa Extensiva e Monográfica*, Lisboa: Fundação Calouste Gulbenkian e Conselho Nacional de Educação.
BROOKFIELD, S. D. (1986). *Understanding and Facilitating Adult Learning*. San Francisco, CA: Jossey-Bass.
FREIRE, Paulo (1996). *Pedagogia do Oprimido*. Rio de Janeiro: Editora Paz e Terra.
KNOWLES, M. (1980) *The Modern Practice of Adult Education. From Pedagogy to Andragogy* (2nd edn). Englewood Cliffs: Prentice Hall/Cambridge.
LE BOTERF, G. (1994) *De la compétence. Essai sur un attracteur étrange,* Paris: Les Editions d'Organisation.
MELO, A. *et al.* (1998*) Uma aposta educativa na participação de todos – documento de estratégia para o desenvolvimento da Educação de Adultos*, Lisboa: Ministério da Educação, Secretaria de Estado da Educação e da Inovação.
Ministério da Educação (1979) *Trabalhos preparatórios para o Plano Nacional de Alfabetização e Educação de base dos Adultos (PNAEBA) – Relatório de síntese*, Lisboa: Secretaria de Estado dos Ensinos Básico e Secundário – Direcção-Geral da Educação Permanente.
Formas e Métodos de Educação de Adultos. Braga: Universidade do Minho/ /Unidade de Educação de Adultos.
www.dgfv.min-edu.pt

CURSOS DE EDUCAÇÃO
E FORMAÇÃO DE ADULTOS NA ASSOCIAÇÃO SOL DO AVE
– O PAPEL DO MEDIADOR NOS CURSOS EFA

SÍLVIA MANUELA NOVAIS CASTRO
Licenciada em Educação – Pré-especialização em Educação
de Adultos e Intervenção Comunitária – Universidade do
Minho; Mediadora dos Cursos EFA na Associação para o
Desenvolvimento Integrado do Vale do Ave

Este artigo pretende descrever e reflectir a nossa experiência de trabalho como mediadores em alguns cursos EFA (Educação e Formação de Adultos), realizados pela Associação Sol do Ave no Vale do Ave.

A Associação Sol do Ave

A Sol do Ave, constituída em Julho de 1993, é uma associação de Direito Privado, sem fins lucrativos, que intervém no domínio do desenvolvimento regional, sendo a sua área geográfica de intervenção a região do **Ave**.

A promoção da igualdade de oportunidades, a promoção do emprego e a dinamização de acções de formação nas mais diversas áreas têm caracterizado a maioria dos projectos e actividades implementadas pela Associação. Constituída como ILE, foi-lhe atribuído o prémio "Criação de Emprego" por parte da Comissão Europeia, por ter sido considerada um projecto inovador, detentor de significativa importância para o desenvolvimento da Região e, principalmente, por ter permitido a criação de novos postos de trabalho, destinados a mulheres, na altura desempregadas e em situação de primeiro emprego.[1]

Através dos seus três Departamentos: Consultoria Sócio-Económica; Formação e Desenvolvimento Social e Desenvolvimento Rural, esta Associação tem vindo a implementar um conjunto de acções no domínio do desenvolvimento, sempre com o objectivo central de "Promover o desenvolvimento integrado do Vale do Ave e a melhoria da qualidade de vida dos seus cidadãos".

Na verdade, a promoção da igualdade de oportunidades, a promoção do emprego, e a dinamização de acções de formação e sensibilização dirigidas para públicos socialmente mais vulneráveis, têm caracterizado a maioria dos projectos e actividades implementadas pela Sol do Ave.

No ano de 2001, a Sol do Ave, iniciou a realização de várias acções EFA, nos concelhos de Fafe, Guimarães, Vizela e Santo Tirso.

Os Cursos EFA são uma oferta integrada de educação e formação para adultos que possuam baixos níveis de escolaridade e de qualificação profissional. São indicados para adultos, com idade igual ou superior a 18 anos que pretendam completar o 4.º, 6.º ou 9.º ano de escolaridade e queiram obter uma qualificação profissional.

Estes cursos, dão aos adultos a possibilidade de adquirir mais habilitações escolares e competências profissionais, com vista a uma (re)inserção ou progressão no mercado de trabalho.

Os Cursos EFA apresentam um modelo que integra:
– O reconhecimento e a validação de competências prévias, adquiridas em diferentes contextos de vida;
– Formação de base em articulação com formação profissionalizante.

De acordo com o percurso formativo definido, estes cursos podem conferir um Certificado de Educação e Formação de Adultos: Básico 1, Básico 2 ou Básico 3.

1 – O Básico 1 – Equivalente ao 1.º ciclo do ensino básico (4 anos de escolaridade)/Nível 1 de qualificação profissional.

---

[1] www.soldoave.pt/homepage/sol-do-ave.php

2 – O Básico 2 – Equivalente ao 2.º ciclo do ensino básico (6 anos de escolaridade)/Nível 1 de qualificação profissional.
3 – O Básico 3 – Equivalente ao 3.º ciclo do ensino básico (9 anos de escolaridade)/Nível 2 de qualificação profissional.

A obtenção de um **Certificado EFA Básico 1** permite o prosseguimento de estudos no 2.º ciclo do ensino básico, através do ensino básico recorrente.

A obtenção de um **Certificado EFA Básico 2** permite o prosseguimento de estudos no 3.º ciclo do ensino básico, através do ensino básico recorrente.

A obtenção de um **Certificado EFA Básico 3** permite o prosseguimento de estudos/formação no nível secundário de educação, através de:

1. Um Curso do Ensino Recorrente de nível secundário;
2. Um Curso de Formação Complementar com acesso posterior, a um Curso de Educação e Formação Tipo 5;
3. Um Curso Profissional de nível 3;
4. Um Curso do Sistema Nacional de Aprendizagem (se o formando tiver idade inferior a 25 anos).

Os Cursos EFA podem ser organizados por estabelecimentos dos ensinos básico e secundário, Centros de Formação Profissional do Instituto do Emprego e Formação Profissional e outras entidades públicas, privadas e de solidariedade social, desde que acreditadas pelo Instituto para a Qualidade na Formação (IQF).[2]

Desde 2001 que a Sol do Ave tem vindo a centrar a sua actuação no âmbito da formação profissional, no desenvolvimento de cursos de Educação e Formação de Adultos com dupla certificação (escolar e profissional), quer dirigidos a pessoas activas empregadas, quer desempregadas, de curta e de longa duração.

Neste sentido, desenvolveu, desde 2001, os seguintes cursos/acções de formação EFA, no âmbito do POEFDS e do ON-sectorial:

---

[2] www.dgfv.min-edu.pt/

Concelho	Curso	Nível	N.º de Formandos	N.º Formandos certificados (9.º ano)
Guimarães	Costura	B3	15	13
	Carpintaria	B3	14	9
	Acção Educativa	B3	15	11
	Geriatria	B2+B3	12	12
	Instalação e Operação de Sistemas Informáticos	B3	12	11
	Práticas Administrativas	B3	12	11
	Práticas Administrativas	B3	12	11
	Electricidade	B2+B3	14	11
	Apoio à Família e à Comunidade	B3	11	10
	Instalação e Operação de Sistemas Informáticos	B3	12	11
	Acção Educativa	B3	15	14
Santo Tirso	Apoio à Família e à Comunidade	B3	13	8
	Jardinagem e Espaços Verdes	B3	13	9
	Carpintaria	B2+B3	12	4
	Práticas Administrativas	B3	12	12
	Instalação e Operação de Sistemas Informáticos	B3	16	12
Fafe	Apoio à Família e à Comunidade	B3	15	13
	Costura	B3	15	14
	Acção Educativa	B2+B3	14	11
Vizela	Apoio à Família e à Comunidade	B3	14	13
	Apoio à Família e à Comunidade	B3	15	15
	Costura	B2+B3	12	7
Póvoa de Lanhoso	Apoio à Família e à Comunidade	B2+B3	14	13
Trofa	Práticas Administrativas	B3	12	12
	Práticas Técnico Comerciais	B3	14	10
TOTAL			335	277

(O quadro não contempla as acções EFA que terminam no presente ano de 2006)

Grande parte destas acções dirigiram-se para públicos de Eixo 5. Este Eixo engloba um conjunto de medidas consignadas na directriz 9 do Plano Nacional de Emprego e desenhadas em função das necessidades especiais de determinados grupos com particulares dificuldades no acesso ao mercado de trabalho, como sejam as pessoas com deficiência, os desempregados de longa duração, as minorias étnicas, os toxicodependentes e outros grupos cuja integração social se encontra fragilizada, em resultado de situações de pobreza, discriminação ou marginalidade social".[3]

Para além da formação promovida directamente pela Associação, a Sol do Ave tem prestado serviços como entidade formadora de cursos EFA promovidos por diversas instituições locais e regionais, por exemplo:

- Studia Forum – Gabinete de Apoio ao Desenvolvimento Local e Regional e ao Investimento, CRL:
- Nós – Associação de Cooperação para o Desenvolvimento
- Cates – Consultores, Aconselhamento Técnico Económico-social, CRL
- Centro Social e Paroquial de Polvoreira
- Centro Social e Paroquial de Cantelães
- Centro Social e Paroquial de S. Martinho de Candoso

A experiência de trabalho da Sol do Ave com públicos com baixos níveis de qualificação não se iniciou apenas com o aparecimento dos Cursos EFA pois, já desde 1999 tem vindo a colaborar com o Ensino Recorrente para o 1.º e 2.º ciclo, no Bairro Social da Atouguia, em Guimarães. Efectivamente, contribuir para o aumento dos níveis de qualificação escolar e profissional da população activa do Vale do Ave, tem constituído o objectivo central da actuação desta associação, consciente de que esse é um factor determinante para a modernização e competitividade deste território.

A nossa participação como mediadora no âmbito dos cursos EFA realizados pela Associação iniciou-se em Novembro de 2001.

---

[3] in www.poefds.pt/portal/page?_pageid=33,30902&_dad=gov_portal_poefds&_schema=GOV_PORTAL_POEFDS&p_cod=MENU_283&p_cod_pai=PAI_EIXO5

Recuando a esse ano, diremos que não tínhamos grande noção do que nos esperava. Na associação foram dadas algumas explicações, ainda que a própria Sol do Ave estivesse com dúvidas e incertezas, próprias de quem inicia um trabalho novo numa área tão complexa como é a da Educação e Formação de Adultos.

Sentimo-nos a caminhar para o desconhecido, e percebemos rapidamente que, quer para a entidade, quer para os formadores e formandos, a filosofia das acções EFA também era algo novo. O que por um lado era bom pois, assim precisaríamos de estar unidos para caminharmos juntos.

Nos primeiros dias conhecemos os formandos, a maior parte era bastante mais velha que os mediadores, facto que em todas as acções se registou com alguma frequência. Com o passar do tempo, constatamos que os formadores e os formandos seriam e fariam muito daquilo que considerássemos que podiam ou deviam ser e fazer. Nessa altura percebemos que o papel do mediador, como elemento central de todo o processo, se revela extremamente importante.

Muitas vezes a nossa auto-estima e auto-confiança, ficam fortalecidas com um papel aparentemente tão *poderoso*, mas por outro lado, sentimos tantas outras vezes, ou mais até, que aquele *poder* é demasiado pesado *e,* então, começa-se a perceber que o mediador, pode e deve, partilhar dúvidas e anseios, mais do que isso, deve chamar toda a equipa pedagógica ao processo de análise, reflexão e decisão.

O Processo de Reconhecimento Validação e Certificação

As primeiras sessões da formação EFA são dedicadas ao Processo de Reconhecimento Validação e Certificação. Este processo de Reconhecimento Validação e Certificação – RVC, é a fase do envolvimento inicial que acolhe o grupo de formandos.

Neste processo, faz-se o reconhecimento das competências que o adulto adquiriu ao longo da vida, em diferentes contextos, tendo por base o documento "Referencial de Competências-Chave". Deste modo, procurámos assim, (re) descobrir a riqueza e diversidade das aprendizagens feitas pelos formandos fora dos sistemas formais de educação e formação.

O processo de RVC divide-se em sessões colectivas e individuais. Durante estas sessões, os formandos trabalham com o auxílio do mediador, instrumentos que irão constar no seu dossier pessoal e profissional.

Este dossier constitui um elemento facilitador da organização e sistematização da informação produzida durante o processo de RVC.

Ao longo deste período de RVC, os formadores são convidados a participar na aplicação dos instrumentos de mediação e, até mesmo, na criação de alguns instrumentos adequados às características próprias do grupo de formandos. No final das sessões realiza-se um Júri de Validação.

O momento de Júri é um momento formal da validação das competências. É realizado com a presença do adulto, dos formadores, do mediador que acompanhou o processo, do coordenador pedagógico e de um elemento credível da comunidade. É um momento de apresentação das competências e, é também, um momento de confraternização.

A partir das competências que já possui, o adulto com a ajuda da equipa pedagógica define o seu percurso formativo. Estas mesmas competências são validadas e, posteriormente, registadas numa Carteira Pessoal de Competências-Chave.

Este processo, o RVC, sempre nos pareceu um grande desafio de auto-formação para os adultos com quem fomos trabalhando. É o desafio de sermos competentes na identificação e validação de competências de outro adulto.

O mediador submete-se necessariamente ao esforço de se colocar na "experiência do Outro", para tal também temos que esperar e aceitar os "devaneios" do adulto que está no processo. E, assim, se inicia a co-construção de um Dossier Pessoal e Profissional.

Com base nos três processos de RVC que realizamos nos cursos EFA, enunciamos algumas das dificuldades que ele acarreta, quer para os formandos envolvidos, quer para os técnicos:

1. O adulto, que se encontra a realizar um processo de RVC, tem na maior parte das vezes, tal como o mediador, dúvidas e receios em se expor perante os outros. Também por isto a presença de um mediador que acompanha e facilita um processo tem a sua pertinência.
2. O adulto nem sempre se sente disponível para falar de si, ou para "revisitar" as situações que vivenciou ao longo da sua vida. O tempo preciso, o espaço adequado, e claro, a motivação são condicionantes sempre presentes que não podem nunca ser ignoradas pelo mediador.

3. O adulto, tal como o mediador, precisa constantemente de ser elucidado sobre o que significa o termo "Competência". Para tal a recolha de evidências é por enquanto a forma que torna visível a competência tanto para o sujeito como para quem a vai avaliar.
4. O adulto, tal como o mediador, nem sempre consegue realizar as actividades no cronograma previsto. Muitas vezes necessita que um elemento exterior, o interrogue e o provoque, levando-o a ir além do esperado e, assim, se (des) constroem significados.
5. O adulto, tal como o mediador, muitas vezes questiona-se sobre a validade de todo o processo. Na verdade, o poder de identificar e validar factos e situações tornam o ser humano num ser complexo que sempre está condicionado por marcadores afectivos.
6. O adulto, por vezes, tem a sensação que o que escreve é estático e irreversível. O mediador tem que constantemente desfazer esta ideia, pois tudo o que é produzido pode ser constantemente actualizado e/ou reforçado. O dossier, como produção do sujeito e evidência das suas aprendizagens realizadas ao longo da vida é, como tal, uma contínua construção do *seu eu* e da sua *história vivencial*.
7. A complexidade dos processos de RVC aumenta quando realizados por profissionais que não tenham ainda realizado o seu próprio Balanço de Competências, contactando de forma directa com os instrumentos utilizados no processo. Pela nossa experiência ousamos dizer que pela simples leitura dos instrumentos ou dossiers pessoais e profissionais pertencentes a outrem, quase sempre escapam significados e evidências. Aconselhamos, então, mediadores, técnicos e formadores EFA, a realizarem o seu próprio processo de RVC. Esta auto-formação vai permitir estarmos *do outro lado* e ao gerirmos o nosso próprio processo de Balanço de Competências passamos a ter uma noção mais clara, e por conhecimento de causa, das dificuldades/facilidades e das resistências do adulto em formação. Fizemos em 2005, no âmbito de um acção de formação, o nosso próprio dossier de RVC e, por certo, melhoramos o nosso trabalho como técnicos. Esta auto-formação contribui para o sucesso do processo do RVC, e em primeiro lugar, como é óbvio, para o desenvolvimento das pessoas com quem trabalhamos.

Aprender com Autonomia

Depois do processo de RVC, os nossos formandos passam para o módulo Aprender com Autonomia, orientado pelo mediador. Este módulo teve sempre a duração de 40 horas. Neste módulo utilizamos uma metodologia activa e participativa, uma vez que o que se pretende é o desenvolvimento dos formandos e a valorização permanente das suas experiências profissionais e de vida. O módulo Aprender com Autonomia, que inicia a formação de base, tem o duplo objectivo de proporcionar aos formandos as técnicas e instrumentos de auto-formação e de facilitar a integração no grupo, a aquisição de hábitos de trabalho, o estabelecimento de compromissos e a definição de regras.

Em síntese, este módulo, tem os seguintes objectivos:

1. Orientar os formandos num processo de auto-análise, no sentido de conseguir uma elevação da auto-estima e auto-confiança;
2. Ultrapassar representações eventualmente pouco favoráveis que o formando possa ter em relação à formação, e deste modo, cativá-lo para o processo que inicia;
3. Desenvolver no formando técnicas facilitadoras da aprendizagem.

O formador, também mediador, tem neste módulo o papel de:

- Ser o animador da reflexão e orientador do processo de consciencialização dos formandos;
- Ser receptivo às necessidades e aspirações dos participantes e adaptar o ritmo das actividades às condições do grupo;
- Ser capaz de proporcionar aos participantes um ambiente de segurança e confiança;
- Ser o facilitador do processo de formação, proporcionando o espaço necessário para que os formandos participem activamente.[4]

O módulo organizou-se por três unidades de competência:

1. A Integração;
2. O Relacionamento Interpessoal;
3. Aprender a Aprender.

---

[4] ALVES, Marta e GRILATE, Fátima (2000). *Cursos de educação e formação de adultos: aprender com autonomia.* Lisboa: ANEFA.

Embora as unidades apareçam em ordem sequencial, a sua abordagem por vezes é feita de forma integrada e transversal.

O desenvolvimento metodológico já referido pressupõe a realização de actividades e a utilização de materiais pedagógicos adequados aos objectivos e às estratégias delineadas em função das necessidades, interesses e contextos do grupo em formação.

Ao longo do módulo, pretende-se, então, que os formandos iniciem um processo de auto-estima e autoconfiança que os cative para o processo de formação que estão a iniciar e que os ajude a desenvolver técnicas facilitadoras de aprendizagem.

Os formandos participam de forma relativamente activa neste módulo, ainda que por vezes essa participação seja um pouco desorganizada e inconstante, o que nos parece normal, uma vez que todas estas experiências em sala de formação causam sempre uma certa resistência.

Depois desta fase, os nossos cursos EFA, e dependendo do nível da acção, B2 ou B3, giram em torno das quatro áreas de competências, a saber:

1. Linguagem e comunicação (LC);
2. Cidadania e Empregabilidade (CE);
3. Tecnologias da Informação e da Comunicação (TIC);
4. Matemática para a Vida (MV).

Todas têm uma duração de 200 a 300 horas, de acordo com o nível básico do curso, e acompanham o formando até ao período em que este inicia a sua formação em contexto real de trabalho (FCRT). Esta fase, a FCRT, nos cursos onde trabalhamos teve a duração de 120 horas.

A relembrar que para além, das 4 áreas de competências chave ou base, existem também os módulos profissionalizantes enquadrados nas áreas de formação dos vários cursos.

A Construção Curricular das acções

O conceito de construção curricular, que só com o passar do tempo e também com vários reajustamentos, foi sendo pelas equipas pedagógicas melhor compreendido e, logo, *tornado* mais operacional, "pressupõe o desenho global da acção, a desagregação de cada tema de vida em questões geradoras e depois as actividades integradoras que lhes dão corpo".[5]

Por isso, os cursos EFA têm uma essência diferente dos restantes cursos de formação, pois assentam num percurso formativo que depende da própria condição dos formandos. Adaptamos a formação às suas necessidades e limitações, mesmo que isso implique percursos formativos diferentes dentro do mesmo grupo de formação.

A equipa pedagógica tem, assim, um papel fulcral nos cursos EFA, pois os formadores não fazem um trabalho individual, mas sim em conjunto.

Os cursos EFA apresentam em quase toda a sua estrutura, uma filosofia de inovação face à formação tradicional. Assim, e apesar de existirem programas de formação para cada módulo, os cursos EFA fazem uma ruptura com o currículo estruturado por disciplina, isto é, a construção curricular é feita através da "eleição" de temáticas/áreas de interesse para o grupo de formandos.

Os Temas de Vida, são abordagens sugeridas pelos formandos de acordo com as suas preocupações sociais e/ou pessoais que funcionam como elementos integradores do conhecimento.

O plano curricular dos cursos EFA organiza-se, assim, em torno de duas componentes articuladas: a formação de base e a formação profissionalizante.

As temáticas transversais que constituem o suporte e a base de coerência das diferentes áreas de competência-chave denominam-se, então, Temas de Vida.

Pela nossa experiência, podemos dizer que esta *adesão* ao trabalho dos Temas de Vida nos cursos EFA, é cada vez mais uma prática corrente onde as equipas pedagógicas se empenham, desde que estejam na disposição de *vestir* o modelo.

No *início* não foi fácil, e admitimos que nem sempre se conseguiu pautar o trabalho pelo modelo EFA. Contudo, neste momento, consideramos que a grande parte dos formadores já adoptou o modelo, e acredita nesta filosofia dos saberes contextualizados e significativos para o grupo de formandos.

Ainda que nem sempre seja fácil ajudar o adulto a perceber que o Tema de Vida é também tempo de formação e não tempo *desperdiçado*, é

---

[5] in www.infoefa.com/suportes.php?id_tematica=2

muito compensador verificar que os formandos já têm nas suas mãos poderes para serem eles a traçar o percurso formativo.

Nas duas últimas acções em que trabalhamos, concluímos que a certa altura os formandos já eram extremamente activos na construção dos seus percursos de formação e, por isso, verificamos que as equipas pedagógicas que se vão criando estão cada vez mais sensibilizadas para o modelo EFA. Os formadores são também construtores de um currículo, comprometendo-se a elaborar uma estrutura curricular específica para um grupo de formandos, produzindo os respectivos materiais.

"Não entendemos o currículo como uma mera tomada de decisões técnicas, mas sim como um comprometimento e vinculação de uma equipa ou de uma comunidade com determinadas finalidades e valores educativos e sociais, através de um processo constante de troca de perspectivas, de crítica e de negociação" (Luísa Alonso, 1994).

A Avaliação

A avaliação é encarada como uma das dimensões da formação, assumindo ao longo do processo, através de instrumentos próprios, um papel regulador e orientador da aprendizagem. O processo de avaliação prevê vários momentos:

- A avaliação formativa que permite o conhecimento da progressão na aprendizagem e a (re) definição de estratégias de recuperação e/ou aprofundamento.
- A avaliação sumativa que permite a tomada de decisões sobre a certificação final.

Nestas acções a avaliação implicou não só, o avaliar das aprendizagens adquiridas pelos formandos mas, também, o desenvolvimento das suas atitudes de ser e de estar. Paralela a esta avaliação foi, ainda, efectuada uma avaliação ao desempenho de todos os profissionais envolvidos, bem como ao desenrolar da acção em si própria. De modo mais sistematizado, poderá dizer-se, então, que a avaliação foi transversal a todo o processo e pressupôs, desde logo, a avaliação de desempenho quer de formandos, quer de formadores.

A avaliação aos formandos é, agora, uma avaliação integradora, que se faz por Tema de Vida. Sendo integradora, ela pressupõe que se reúnam todas as áreas de Formação Base e de Formação Profissionalizante.

O instrumento de avaliação integrada é preenchido em reunião de equipa pedagógica, onde estão presentes os formadores das várias áreas.

A avaliação integrada pressupõe, ainda, que a equipa pedagógica elabore uma apreciação descritiva/qualitativa a cada formando, atendendo aos tópicos de: Aprender a conhecer, Aprender a fazer, Aprender a ser e Aprender a viver juntos.

O formando tem sempre acesso a esse instrumento de avaliação integrada, ao mesmo tempo que o mediador o auxilia na sua interpretação, se necessário.

Nem sempre foi esta a modalidade de avaliação que seguimos nas várias acções EFA. Felizmente nos últimos dois anos, esta é a modalidade praticada, pois consideramos ser a que de todas mais corresponde ao modelo pretendido.

Tendo em conta também o seu efeito e impacto nos formandos, penso que o instrumento de avaliação integrada reforça no adulto a ideia de que o processo de formação é um *todo global* onde todos os momentos são considerados no processo de avaliação.

Há também a avaliação aos formadores, que é feita quer pelos formandos, quer pela mediadora. Os formandos avaliam o desempenho do formador, com base no preenchimento de questionários, onde o anonimato é sempre uma opção.

Temos verificado que nos adultos das formações EFA, as suas reais impressões dos formadores não se traduzem necessariamente num questionário, mas sim no diálogo diário, na franqueza e no respeito mútuo pois, só assim se conseguem reajustar as metodologias.

Portefólio como ferramenta/modelo alternativo de avaliação

A elaboração do Portefólio do formando tem vindo a ser considerada uma ferramenta de avaliação do desempenho do formando e até do curso.

A estrutura/guião de organização do Portefólio deve ser pensada em conjunto pela equipa pedagógica (técnicos, formadores e formandos). Não existe um modelo único, cada equipa deve definir o modelo que melhor se adapta ao grupo e à construção curricular da acção.

A elaboração do Portefólio exige uma cumplicidade entre o formando e os formadores e deve reforçar a participação activa do formando na construção da formação.

A Selecção dos trabalhos a inserir no Portefólio é feita pelo formando, mas deve contar com o apoio dos formadores.

Os trabalhos do Portefólio devem incluir, sempre que possível, evidências das unidades e critérios trabalhados nas diversas actividades. Para tal, os formadores devem constantemente "aproximar e traduzir" o referencial da área de competência ao grupo de formação e auxiliar o formando no registo dessas evidências.

O Portefólio é uma ferramenta de avaliação e também de auto avaliação. O formando deve ser "conduzido" a reflectir e interrogar-se sobre toda a formação e deve incluir no seu Portefólio evidências reflexivas e interrogativas do seu percurso individual assim como de todo o processo de formação.

O Portefólio deve estar sempre que possível na sala de formação para que, sempre que necessário, seja consultado pelo formando ou pelos formadores. Ainda assim, o formando é responsável por ele, sempre que considere necessário levá-lo para fora da formação. Ainda que haja um guião comum ao grupo, o Portefólio deve permitir uma grande autonomia e criatividade do formando sobre ele.

Por imposições logísticas, o Portefólio pertence à entidade formativa, pois é uma das evidências do resultado da acção e da avaliação do grupo.

A validade do Portefólio fará, ainda, mais sentido se os formadores lhe derem cada vez mais a importância merecida. Neste sentido, a análise do Portefólio deve ocorrer com frequência seguida de um registo de observação do formador que deve ser partilhado com o formando.

O Portefólio terá de ser visto como uma evidência de ligação entre o que foi planificado na construção curricular e o que foi mencionado na avaliação integrada.

A metodologia dos Portefólios tem vindo a ser utilizada com mais frequência na formação de adultos, ainda que o caminho a percorrer neste sentido esteja no início. A prática e a vontade de fazer serão essenciais para que se melhore ainda mais o que já se tem feito.

Temos sido adeptos desta metodologia. A experiência revela-nos que os nossos adultos atribuem grande importância ao Portefólio que vão construindo.

"Só será possível meter mãos à obra se aderirmos emocionalmente e intelectualmente a algo novo e diferente" (Luíza Cortesão).

A Auto-Avaliação

Existe ainda um instrumento de auto-avaliação feita pelos formandos no final de cada Tema de Vida.

Em processos de educação e formação de adultos os momentos de auto--avaliação significam e implicam que o formando reflicta sobre o percurso de formação percorrido, e como tal, sobre o modo como ele se revê neste processo. Aqui, os critérios de auto-avaliação contemplaram vários aspectos, e o formando "é convidado" a inquirir-se e a questionar-se sobre: níveis de empenho demonstrados; grau de satisfação com o trabalho realizado; principais fontes ou locais de pesquisa; grau de organização nas tarefas; classificação dos recursos materiais; classificação do seu relacionamento com os colegas e com o formador; dificuldades encontradas; principais aprendizagens efectuadas e quais os aspectos a melhorar nos próximos temas de vida.

De nada servirá esta auto-avalição, se a equipa pedagógica não lhe der a merecida importância. A forma como o formando se revê é sempre um bom indicador para que os formadores também revejam a sua apreciação do formando.

A Avaliação feita à própria acção

Aquando do início deste ponto dedicado à avaliação, referimos que a avaliação era transversal a todo o processo, por isso falta abordar a avaliação feita à própria acção que ocorre em momentos específicos como reuniões pedagógicas, onde participam todos os intervenientes do processo e se discutem os recuos e avanços do grupo, bem como da acção em si. Por norma, é nestes momentos que se fazem reflexões e balanços do que foi feito, mas também se perspectivam ideias e actividades ajustadas ao grupo, tendo em conta resultados anteriores.

Os acompanhamentos ao grupo

Com vista a acompanhar o desenrolar da acção, bem como o desempenho, motivação e evolução dos formandos, os mediadores realizam com regularidade acompanhamentos individuais e colectivos ao grupo de formandos.

O acompanhamento individual, incide em aspectos tais como: caracterização da formação, expectativas criadas, interesse pelos programas/ /conteúdos, relacionamento com o grupo, com os formadores, motivação do formando e sugestões para alterar o funcionamento da acção.

O acompanhamento colectivo, feito uma a duas vezes por mês, visa sobretudo acompanhar o decorrer da formação. Assim sendo, pretendemos com esta modalidade de acompanhamento aferir algumas das necessidades/sugestões dos formandos ao nível do material e das actividades; discutir e elucidar alguma questão pendente, ou pouco clara, relacionada com a organização da acção; abordar a metodologia usada para a avaliação; discutir o pagamento de bolsas, fazer o ponto de situação relativamente ao n.º de faltas; reflectir e analisar acerca das actividades realizadas no âmbito dos Tema de Vida, entre outros assuntos pertinentes que possam surgir.

Ainda que no nosso caso, os mediadores estejam a tempo inteiro com o grupo, consideramos que os momentos do acompanhamento são importantes sobretudo para que o adulto se sinta acompanhado. Muitas vezes, aproveitam este espaço, para expressar problemas que estão fora do contexto de formação, e demonstram desta forma que o espaço da formação passou a ser um *porto de abrigo* para muitas outras situações da vida de cada um deles.

Formação em Contexto Real de Trabalho

Na fase final dos cursos, realiza-se o processo de Formação em Contexto Real de Trabalho, com a duração de 120 horas.

É um processo conduzido pela mediadora com a ajuda dos formadores, e ainda, sempre que necessário com o auxílio da coordenadora pedagógica da Sol do Ave.

Numa primeira fase, inicia-se o processo de levantamento de interesses. Os formandos indicam os locais de eleição com vista à realização da FCRT, justificando o porquê dessa escolha. Por vezes os formandos já têm um local de preferência, pois durante a acção tentamos sempre que possível realizar actividades integradoras nos potenciais locais de acolhimento da FCRT.

De seguida, fazem-se os respectivos contactos e procede-se ao envio da documentação para as Instituições acolhedoras. Se necessário, agendam-se visitas de reconhecimento nas instituições e apresentação dos formandos.

Neste momento devemos dizer que são poucas as situações em que aos nossos adultos são dadas garantias de que poderão ser contratados pelas Instituições. Mas vai aparecendo, um caso ou outro, onde a Instituição contrata o formando, ou o encaminha para outras entidades.

Infelizmente, grande parte das instituições e empresas no Vale do Ave, vivem também momentos de crise económica que não lhes permitem alargar o número de funcionários.

Ainda assim, ficamos contentes por saber que grande parte das instituições fica com o Curriculum Vitae dos nossos formandos e lhes pede que permaneçam num regime de voluntariado.

De referir, também, e para satisfação nossa, que se no início os empregadores parecem não dar grande credibilidade a estas acções, acabam por fazê-lo salientando a importância da formação base com a articulação da formação profissionalizante.

Neste processo de FCRT, lamentamos que ele ocorra de forma compacta no final da acção, quando deveríamos sempre que possível introduzir o adulto num local de prática real de trabalho, enquanto que a formação em sala decorria em alternância.

A duração da FCRT, também nos parece reduzida e pouco proporcional ao tempo de formação em sala, mas certamente esta questão envolve departamentos financeiros sobre os quais, e por desconhecimento de causa, não nos pronunciaremos.

Ainda assim, no final da FCRT, verificamos que quase todos os formandos dos cursos EFA iniciaram uma fase de procura activa de emprego, o que nos parece um sinal positivo de mudança, uma vez que estas pessoas iniciaram a frequência dos cursos sem atitudes activas na procura de emprego e como tal com tendência a comportamentos depressivos.

Impressões e considerações finais

O nosso esforço constante é o de motivar para a formação, passando pelo difícil papel de conciliar e gerir conflitos.

O acompanhamento das acções, feito pela entidade Sol Do Ave, assentava nas reuniões mensais na sede da Associação em Guimarães, e claro nos muitos telefonemas diários pois como já foi dito as dúvidas foram inicialmente, mais que muitas. Com o passar do tempo, consideramos que os mediadores conquistaram maior autonomia, mas contando sempre com o apoio em questões pedagógicas e financeiras dos respectivos coordenadores.

Tínhamos ainda o acompanhamento feito pelos organizadores locais ou equipas concelhias da Direcção Regional de Educação Norte.

Com estas acções visamos sempre contribuir para o desenvolvimento de capacidades e competências de pessoas adultas, com vista a que estas se transformem em cidadãos mais responsáveis, críticos e conhecedores dos seus direitos e deveres. Paralelamente a isto, tentamos proporcionar a estas pessoas a aquisição e o desenvolvimento de competências e capacidades para exercerem uma determinada prática profissional numa determinada área. Foram sempre estes os objectivos maiores do nosso trabalho.

Para grande satisfação nossa, todo o trabalho desenvolvido se traduziu em pequenas mudanças quer nas dimensões pessoais, quer sociais dos grupos de formandos.

Numa primeira instância, o nosso trabalho orienta-se para o "devolver" de capacidades pessoais e sociais que permitam a estas pessoas acreditarem mais uma vez em si próprias. Em seguida, contribuir para que elas redescubram e desenvolvam mais competências que os transformem em elementos activos, construtores dos seus percursos e participantes no meio em que se inserem.

Estamos certos de que muitas vezes, as metodologias da formação tiveram de ser repensadas e ajustadas por todos, de acordo com o perfil dos formandos e o carácter das actividades. O nosso sempre se pautou pela importância dada à individualidade de cada um dos formandos e ao perfil do grupo, em geral.

Na elaboração deste artigo, a dificuldade maior prendeu-se com a dificuldade de nem sempre termos sido capazes de nos *desprender* de impressões muito pessoais e de situações vivenciadas na primeira pessoa.

Revisitamos também nós, adultos, rostos, histórias, actividades, sucessos e insucessos, lugares, desafios, dúvidas, certezas e incertezas, enfim uma infinidade de coisas.

Ainda que seja um lugar comum, concordamos com os que dizem que quem está uma vez na Educação e Formação de Adultos estará sempre. Desenvolvemos o hábito de observar, de estar atentos a pistas e sinais, que revelam para além do evidente, pois a experiência revelou-nos que os adultos com quem trabalhamos são sempre descobertas até ao final da acção.

Desocultamos nos cursos EFA, pequenos ou grandes tesouros, que, com muita ou pouca permissão, nos atrevemos aqui a descrever, mas que depois, no nosso quotidiano já não conseguimos esquecer, porque *nós já somos nós mais* todas essas experiências partilhadas na educação e formação de adultos.

Bibliografia

ALVES, Marta e GRILATE, Fátima. (2000). *Cursos de educação e formação de adultos: aprender com autonomia.* Lisboa: ANEFA.

OLIVEIRA, Clara Costa, PAULO, João Carlos, ANTUNES, Maria Conceição. (1999). *Educação de Adultos & Intervenção Comunitária* Braga: Instituto de Educação e Psicologia – Universidade do Minho.

CASTRO, Rui Vieira, SANCHO, Amélia Vitória, GUIMARAES, Paula (2006). *Unidade de Educação de Adultos, Percursos e Testemunho.* Braga: Universidade do Minho – Unidade de Educação de Adultos.

PERFIL E COMPETÊNCIAS PROFISSIONAIS DO LICENCIADO EM EDUCAÇÃO NUMA DIRECÇÃO REGIONAL DE EDUCAÇÃO

ANABELA NUNES DE NÓBREGA CHÁ-CHÁ
Licenciada em Educação – Pré-especialização em Educação
de Adultos e Intervenção Comunitária
– Universidade do Minho; Técnica Superior
na Direcção Regional de Educação da Madeira

Introdução

O nosso percurso no Ensino Superior fica marcado definitivamente pela Licenciatura em Educação que nos proporcionou uma sólida formação no domínio da educação, matriz da licenciatura. A abordagem multidisciplinar da educação conjugada com diferentes olhares científicos garantiu-nos uma formação e preparação científico-técnica no campo da educação que nos tem fornecido as chaves de interpretação da realidade e que, em termos profissionais, tem contribuído para a compreensão da complexidade do processo educativo.

Se, inicialmente para nós a educação era sinónimo de ensino, ao frequentarmos a Licenciatura fomos percebendo que juntamente com a escola coexistiam outros mecanismos educativos, instituições, actividades, meios e modalidades de educação que, não sendo escolares satisfazem determinados objectivos educativos. Compreender o processo educativo significa compreender a interacção dinâmica entre os factores educativos que actuam sobre os indivíduos, incluindo as modalidades de educação não-formal e educação informal que integram o amplo e heterogéneo sistema educativo, mas muitas vezes, situados à margem do sistema.

Ao superarmos esta visão restrita, a educação deixou de pertencer única e exclusivamente ao domínio da escola para passar a estar presente na vida, desde o nascimento até à morte do ser humano e na multiplicidade de situações e contextos (familiar, laboral e comunitário), tal como se preconizou no conceito de Educação Permanente que "pressupõe que a estruturação do projecto educativo tenha em consideração a criança e o jovem de hoje, o adulto que ele será no futuro e o adulto do tempo presente" (Antunes, 2001: 51).

Aprendemos, também, que num processo em que somos educandos e educadores, todos sabemos umas coisas e ignoramos[1] outras, o papel do educador/formador será o de tornar consciente todo o processo educativo de modo a conceber, guiar e avaliar esse processo, criando condições para o desenvolvimento global da pessoa, seja ela criança, jovem ou adulto, em todas as suas capacidades.

1. Perfil e competências profissionais do licenciado em Educação

Ao longo da Licenciatura em Educação desenvolvemos um conjunto de competências na área da metodologia da investigação científica que, quando transferidas para o contexto profissional, têm contribuído para a objectividade e rigor no tratamento de assuntos da especialidade, na resolução de problemas e no apoio aos processos de tomada de decisão. Também, a aprendizagem da metodologia de projecto permitiu a aquisição de uma visão integradora do saber em educação, a mobilização e integração dos conhecimentos desenvolvidos nas diferentes disciplinas da licenciatura e ainda o desenvolvimento de competências na recolha e tratamento de informação, no trabalho em grupo, no planeamento/organização e na elaboração de relatórios, que se têm revelado essenciais na estruturação do nosso método de trabalho.

A metodologia da investigação constituída por um conjunto de procedimentos: a definição do problema, a formulação das questões de inves-

---

[1] Uma metáfora importante para Paulo Freire é a de que não existem papéis definidos no processo educativo, não há professores e alunos mas educandos-educadores e educadores-educandos, a mesma pessoa assume os dois papéis.

tigação, a definição dos objectivos, a formulação da hipótese, a definição do quadro conceptual de partida, a selecção da população, a selecção de técnicas de recolha de dados, seguido da fase de recolha e tratamento dos dados e finalmente a apresentação e discussão dos resultados, proporcionaram um know-how que nos tem servido de suporte no tratamento quantitativo e qualitativo dos dados recolhidos, através de inquéritos, seguido da respectiva análise estatística e análise de conteúdo dos mesmos.

Se por um lado, temos verificado a pertinência dos conhecimentos adquiridos durante a licenciatura no desempenho de funções profissionais, em especial nos momentos em que nos socorremos desse stock de conhecimentos teóricos e práticos e os aplicamos a situações concretas do dia-a-dia. Por outro, sentimos que a preocupação dos nossos professores com a construção de um olhar crítico e reflexivo sobre contextos, situações problemáticas e experiências educativas contribuíram decisivamente para a formação do licenciado em Educação enquanto profissional reflexivo.

2. A prática profissional do licenciado numa Direcção Regional de Educação

Já lá vão 6 anos que concluímos a Licenciatura em Educação, em 2001, e 5 anos que iniciámos funções na Direcção Regional de Educação--Madeira, em 2002. Podemos afirmar que o nosso percurso profissional começou com a escolha da Madeira, como local de estágio, com o propósito de, por um lado divulgar a licenciatura e as potencialidades do licenciado em Educação e, por outro, criar condições que facilitassem a inserção no mercado de trabalho após a conclusão do curso. Esta estratégia viria a resultar na oportunidade de ingresso no quadro de pessoal da Direcção Regional de Educação – Secretaria Regional de Educação através da candidatura ao concurso público para vaga de técnico superior, sendo um dos requisitos a Licenciatura em Educação, no ramo de pré-especialização em Educação de Adultos e Intervenção Comunitária.

Entretanto, foi consciente dos constrangimentos geográficos e temporais de viver numa ilha que investimos, logo após a conclusão da licenciatura, no Mestrado em Educação, área de especialização em Educação de Adultos pela Universidade do Minho dando, assim, continuidade à pré-especialização em Educação de Adultos e Intervenção Comunitária, pela qual tínhamos optado no 4.º ano da licenciatura em Educação. Mais tarde, esta opção viria a proporcionar a construção do próprio percurso auto-formativo em função de interesses e necessidades profissionais. Já inseridos no mercado de trabalho iniciámos a preparação da tese de mestrado seleccionando como temática a alfabetização de adultos devido à familiaridade com o objecto de estudo, o 1.º Ciclo do Ensino Básico Recorrente e à necessidade de na Direcção Regional de Educação se realizar um estudo nesta área. Assim, aproveitamos o capital cognitivo adquirido na Licenciatura em Educação e aplicamos ao campo específico da Educação de Adultos.

Actualmente, continuamos a exercer a actividade profissional na Direcção Regional de Educação à qual cabe superintender na organização e funcionamento da educação pré-escolar, da educação escolar e dos ensinos básico e secundário, nas modalidades especiais de educação escolar e dos ensinos básico e secundário, nas modalidades especiais de educação escolar, no ensino à distância e na educação extracurricular, com excepção dos estabelecimentos de formação ou cultura eclesiástica. A Direcção Regional constitui-se de direcções de serviços responsáveis por uma actividade específica e própria mas que respondem directamente ao Director Regional, o topo da hierarquia onde se centraliza a autoridade.

Este serviço da administração pública regional proporciona ao licenciado em Educação a oportunidade de ingressar na carreira de técnico superior de educação a quem compete, genericamente, conceber e desenvolver projectos, elaborar pareceres e estudos e prestar apoio técnico no âmbito da respectiva formação e especialidade (área de Ciências da Educação). É neste contexto que aplicamos o saber adquirido ao longo da licenciatura e desenvolvemos o saber-fazer e o saber-ser profissional no acompanhamento que realizamos ao ensino recorrente.

A Direcção Regional de Educação tem como contexto específico de acção, o contexto regional, no nosso caso trabalhamos com todas as escolas da Madeira e Porto Santo que leccionam ensino recorrente, nomeadamente 1.º, 2.º e 3.º Ciclos do Ensino Básico Recorrente e Ensino Secundário Recorrente. Entre as diversas funções desempenhadas na Direcção Regional de Educação destacamos, o acompanhamento ao ensino recorrente na RAM; a concepção e desenvolvimento de projectos; a elaboração de pareceres e estudos e finalmente o apoio técnico-pedagógico ao ensino recorrente.

As competências profissionais passam, assim, pelo desempenho de tarefas que vão desde o esclarecimento de dúvidas colocadas oralmente e/ou por escrito pelas escolas relativamente à legislação que regulamenta o ensino recorrente; concepção e implementação de projectos, como o Projecto Jornal On-Line do Ensino Recorrente; auscultação de problemas relativos ao ensino recorrente; elaboração de pareceres no âmbito do ensino recorrente e da educação de adultos; acções de sensibilização e sessões de esclarecimento sobre o ensino recorrente e realização de estudos de natureza científico-técnica na área da educação de adultos em contexto escolar, nomeadamente realização de um estudo sobre o 1.º Ciclo do Ensino Básico Recorrente.

Neste momento, estamos a desenvolver um projecto no âmbito do ensino recorrente que visa obter como produto final o Jornal On-Line do Ensino Recorrente que será produzido e editado pela Direcção Regional de Educação. Este Jornal On-Line, para além de publicar textos da autoria de alunos e professores, assume-se como um espaço de informação e de divulgação de projectos e actividades dinamizadas pelas escolas no âmbito do ensino recorrente, abordando-se também, a problemática da educação de adultos em contexto escolar. Foi, também, lançado o Concurso para apresentação de propostas do Nome/Logotipo do Jornal On-Line do Ensino Recorrente com o objectivo de promover a participação de todos os alunos e professores do ensino recorrente, ou seja, 1.º, 2.º e 3.º Ciclos do Ensino Básico Recorrente neste projecto.

Na Administração Pública os pareceres e estudos de natureza científico-técnica têm por objectivo apoiar a tomada de decisão e a sua fundamentação. Neste processo espera-se do técnico superior de educação autonomia e rigor na fundamentação das suas posições e criação de argumentos que apoiem e preparem a tomada de decisões.

No que concerne aos estudos de natureza científico-técnica realizamos uma investigação que resultou na tese de mestrado "Práticas educativas na alfabetização de adultos – 1.º ciclo do ensino básico recorrente". Para além de, ter permitido conhecer a problemática da alfabetização de adultos, nesta investigação analisaram-se as práticas educativas dos professores do 1.º Ciclo do Ensino Básico Recorrente (EBR), uma oferta do sistema educativo português no domínio da alfabetização de adultos. Assim, no quadro conceptual de partida estudamos, analisamos e reflectimos sobre perspectivas e políticas de alfabetização, quer no contexto internacional, com base nas Conferências Internacionais da UNESCO sobre a

Educação de Adultos, quer no contexto nacional, com base no estudo da alfabetização em Portugal a partir do 25 de Abril de 1974 até aos nossos dias, permitindo clarificar teoricamente a problemática da alfabetização de adultos.

No estudo empírico, caracterizaram-se os cursos do 1.º Ciclo do EBR nas escolas do 1.º Ciclo do Ensino Básico da Região Autónoma da Madeira, mais concretamente nas ilhas da Madeira e Porto Santo, no ano lectivo 2003/2004. Esta investigação permitiu conhecer a proporção de escolas do 1.º Ciclo do Ensino Básico e as escolas com 1.º Ciclo do EBR, o número de cursos do 1.º Ciclo do EBR por concelho e ainda o número de formandos matriculados segundo o género, o nível de conhecimentos e os grupos etários. Para além da caracterização dos cursos do 1.º Ciclo do EBR, analisaram-se as opiniões dos professores sobre alguns aspectos inerentes à sua prática educativa na alfabetização de adultos. Como mais valia, esta investigação veio facilitar o apoio técnico-pedagógico prestado aos coordenadores concelhios e professores do 1.º Ciclo do EBR e ainda a proposta de algumas alterações.

Em Portugal, continuamos sem carreira de educador/formador de adultos, com os professores do ensino recorrente a desenvolverem práticas educativas com adultos desconhecendo, muitas vezes, a problemática da Educação de Adultos. A especificidade do trabalho com o adulto demanda a construção de um conhecimento teórico em Educação de Adultos no que concerne aos princípios orientadores e metodologias de trabalho com adultos, pois "para além da vocação e da intuição, o exercício das tarefas de educação de adultos e aquisição de competências para conceber, coordenar e avaliar processos educativos exige formação inicial e contínua" (Dias, 1996: 12 671). Verificada esta lacuna na formação dos professores, surgiu a oportunidade de conduzir a formação, na qualidade de formadora interna da Direcção Regional de Educação, no domínio da educação de adultos. Assim, concebemos e temos dinamizado o curso de formação Educação de Adultos: Reflexão e Prática cujo objectivo tem sido contribuir para a construção de um conhecimento teórico em educação de adultos no que concerne aos seus princípios orientadores e metodologia de trabalho com adultos, de modo a que na prática os professores do ensino recorrente planifiquem, implementem e avaliem conscientemente o processo educativo com este público específico.

Conclusão

Em suma, na licenciatura em Educação desenvolvemos um conjunto de conhecimentos, atitudes e competências no âmbito da investigação e intervenção em educação que nos servem de suporte no desempenho de funções na Direcção Regional de Educação. Mas, num mundo cada vez mais complexo, a competência no domínio do aprender a aprender, na qual o indivíduo assume o papel de agente da própria formação revela-se essencial para o desempenho eficaz e eficiente de qualquer profissional. Parece-nos que, o profissionalismo e a identidade profissional do licenciado em Educação devem passar para além do aprofundamento de conhecimentos e desenvolvimento de competências adquiridas na licenciatura pela actualização e expansão de conhecimentos e competências no domínio da educação.

Referências

ANTUNES, Maria da Conceição Pinto (2001). *Teoria e prática pedagógica*. Instituto Piaget: Lisboa.

DIAS, José Ribeiro (1996). *A educação de adultos em Portugal no contexto da educação de adultos. Parecer n.º 1/96 do Conselho Nacional de Educação*. Diário da República, II Série, n.º 208 de 7 de Setembro.

www.dgfv.min-edu.pt/, 14 de Novembro de 2006

www.poefds.pt/portal/page?_pageid=33,30902&_dad=gov_portal_poefds &_schema=GOV_PORTAL_POEFDS&p_cod=MENU_283&p_cod_pai=PAI_E IXO5, 14 de Novembro de 2006

Www.soldoave.pt/homepage/sol-do-ave.php, 14 de Novembro de 2006

II

EDUCAÇÃO DE ADULTOS E INTERVENÇÃO COMUNITÁRIA
PROJECTOS E PRÁTICAS

A ASSOCIAÇÃO HUMANITÁRIA HABITAT E O PROJECTO "BAIRRO HABITAT"

MARIA LISETE REMOALDO
Licenciada em Educação – Pré-especialização em
Educação de Adultos e Intervenção Comunitária
– Universidade do Minho

Este artigo decorre do meu estágio curricular da Licenciatura em Educação, em 2002-2003, na Associação Humanitária Habitat (AHH).

A associação humanitária habitat

Fundada em 1996, a Associação Humanitária Habitat é a primeira filial em Portugal da Habitat for Humanity International (HFHI) – também denominada Habitat Para a Humanidade Internacional (HPHI) –, uma organização sediada em Americus, Geórgia (EUA), com elevado prestígio internacional, e actualmente com filiais em 100 países.

A habitat para a humanidade internacional[1]

Desde 1976, a Habitat Para a Humanidade Internacional tem oferecido um programa exclusivo e de grande sucesso para ajudar as famílias carentes

---

[1] Informação criada e actualizada a partir do site http://www.assoc-habitat.pt, consultado em 2006-10-21.

e sem tecto a construírem as suas próprias casas. A HPHI é uma organização sem fins lucrativos, cristã e que aceita com alegria o apoio, a participação e a colaboração de pessoas de todas as religiões, etnias e classes sociais.

Como sucede com as outras filiais da HPHI, a Associação Humanitária Habitat (AHH) surgiu da iniciativa pessoal e voluntária de pessoas interessadas em tentar eliminar a habitação degradada na sua comunidade. Em Portugal, deve-se a José Cruz Pinto, um bracarense de 58 anos de idade, a implementação da primeira filial da HPHI. A AHH torna-se, então, numa Instituição Particular de Solidariedade Social, de base cristã, localizada no Largo Santa Cruz, n.º 36, em Braga. Inclui-se na categoria das organizações não-governamentais (ONG), é ecuménica e não tem fins lucrativos. O seu princípio fundamental é "unir esforços e iniciativas de todos os sectores da sociedade com o objectivo de melhorar a qualidade de vida da população",[2] procurando, nomeadamente, resolver os problemas habitacionais de muitas famílias carenciadas portuguesas, que vivem em casas degradadas e sem o mínimo de condições estruturais, de segurança, de higiene, de conforto, entre outras. Vários projectos foram e vão sendo desenvolvidos por esta Associação, desde a reparação, recuperação e beneficiação de habitações degradadas (e.g. programa "Trabalhos de Casa" com os projectos "Rua do Rio" e "Adaúfe"), à construção de casas de raíz, como são disso exemplo o Projecto de Padim da Graça e o Projecto de Palmeira, sobre o qual nos iremos debruçar mais pormenorizadamente, bem como o Projecto de Crespos, entre outros.

O PROJECTO PALMEIRA ocorreu na freguesia de Palmeira, no concelho de Braga, e teve início em 2000, após a Habitat ter desenvolvido uma parceria com a respectiva Junta de Freguesia. O Bairro da Habitat, composto por doze casas construídas pelas famílias seleccionadas (e com a ajuda preciosa dos voluntários nacionais e internacionais da Habitat), situa-se junto da Escola Primária de Palmeira, num terreno doado pela respectiva Junta de Freguesia à Habitat, e constituiu o nosso contexto de intervenção.

Decidida a romper com as práticas de realojamento "tradicionais", de carácter meramente assistencialista, onde a prioridade é essencialmente a de colmatar as necessidades de habitação, a AHH decidiu investir de forma distinta neste projecto. Ciente de que a simples "assistência", na

---

[2] Dados fornecidos pela AHH.

maioria dos casos, conduziu os denominados bairros de habitação social a profundos problemas de organização e gestão, de pobreza, de precariedade, de desagregação das famílias e de exclusão (cf. Afonso, 1999) e no intuito de contrariar este fenómeno, a Associação Humanitária Habitat intentou proporcionar algo mais a estas doze famílias, um acompanhamento socioeducativo às futuras famílias residentes. Todas elas carenciadas e partilhando problemas tais como condições de vida muito precárias, baixos rendimentos, exclusão social, entre outros. Esta intervenção visou "a aquisição de competências e o desenvolvimento de estratégias que lhes possibilitasse fazer face às responsabilidades e às situações resultantes das suas novas condições habitacionais" (Braga, 2001), bem como "o desenvolvimento de competências sociais, individuais, familiares e comunitárias" (Ibidem). Foi no seguimento desta iniciativa e do trabalho realizado pela (actual) Técnica Superior de Educação, que surgiu este projecto intitulado "Bairro Habitat".

Partindo do conhecimento dos problemas da população, nomeadamente a partir de uma pesquisa de tipo exploratório, procurámos familiarizarmo-nos e tornar mais explícita a problemática levantada. As técnicas de recolha de dados que utilizámos foram diversas: a pesquisa bibliográfica, para aprofundar informações sobre as problemáticas da exclusão social (e da pobreza), da educação não formal e da sociabilidade de bairro; a análise documental na AHH, para um melhor conhecimento da população residente no Bairro da Habitat, o que nos proporcionou todo um leque de informações relativas aos agregados familiares realojados (e.g. composição, origens territorial, social e económica, suas situações profissionais, etc.), bem como dados relativos às acções já efectuadas junto e com a população em estudo. A participação nas reuniões da Comissão de Famílias (que passámos a integrar desde Agosto de 2002) também foi crucial para melhor entendermos a realidade com a qual iríamos trabalhar. Nestes momentos de reflexão foram igualmente sugeridas e negociadas estratégias que nos pareceram pertinentes para a equação das necessidades presentes no seio daquela comunidade. Utilizámos ainda a técnica de observação directa ("não participante", nesta fase do projecto) porque possibilita captar "os comportamentos [dos elementos do grupo-alvo] no momento em que eles se produzem e em si mesmos, sem a mediação de um documento ou de um testemunho" (Quivy & Campenhout, 1992: 197). Esta observação dos comportamentos dos actores, que reflectem os sistemas de relações sociais existentes, ajudou-nos a tentar apreender os fundamentos culturais e ideológicos que lhes subjazem (Ibidem), o que manifestamente contribuiu para a avaliação das condições existentes no Bairro da Habitat. Cientes de que esta observação é limitada, decidimos complementá-la com outras técnicas, designadamente a entrevista e as conversas informais (e.g. entrevista informal e semi-directiva às mulheres do Bairro aquando das visitas ao local). Assim, foi-nos possível percepcionar as leituras que as mulheres do bairro fazem das suas próprias experiências, os seus sistemas de valores, as suas referências normativas, os seus modos de atribuição de significações ao (seu) mundo. Simultaneamente, este contacto directo com a população-alvo, intensificado pelas conversas informais, permitiu-nos averiguar quais as necessidades e aspirações por ela sentida, aquilo que o/as moradore/as gostariam de ver modificado no bairro, etc. De igual forma, possibilitou-nos criar um clima de empatia e de confiança, imprescindível quando se pretende trabalhar com pessoas e na intervenção comunitária, e que, na nossa óptica, é mais difícil de construir quando se recorre a questionários ou entrevistas (mais) directivas.

Desta forma, foi-nos possível indagar sobre algumas necessidades das 12 famílias residentes neste "novo bairro", uma população sócio-economicamente desfavorecida, com padrões médios de vida e bem-estar deficitários (quando situada na sociedade portuguesa), e portanto vulnerável a situações de pobreza e de exclusão. De facto, todas estas famílias apresentavam problemas comuns, como já referenciámos. As necessidades observadas foram, então:

- a existência de algumas falhas de ordem estrutural e física nas casas, e a morosidade do processo de acabamento das mesmas, que deu origem a uma contestação generalizada e "acesa";
- o subaproveitamento dos tempos livres das crianças do bairro que, após o horário escolar, não frequentavam nenhum ATL;
- muitas pessoas em idade activa encontravam-se em casa, sem qualquer tipo de ocupação;
- muitos jovens seguiam os passos dos progenitores, não indo muito para além da educação básica. O insucesso escolar e, consequentemente, o abandono precoce do sistema formal de ensino constituíam uma realidade inquietante no seio daquela população. Inevitavelmente, o problema do desemprego, do emprego precário ou com contrato a prazo afectava (e afectará) também estes jovens desqualificados, a médio/curto prazo;

- por fim, adivinhou-se a existência de alguns conflitos latentes entre certos membros do bairro (embora esta situação não fosse de todo explícita), nomeadamente, com famílias afectadas por problemas de alcoolismo e/ou de toxicodependência, sendo atribuída a esta última a responsabilidade de infundir má fama ao bairro e de aí gerar problemas de insegurança.

As necessidades levantadas pareceram-nos de grande relevância, sendo por isso o alvo da nossa intervenção socioeducativa.

Planeamento e implementação do projecto

Cientes de que todo o educando é capaz de se auto-organizar e de progredir no sentido de resolver ele próprio os seus problemas e de alcançar assim uma maior autonomia e, porque assumimos que ele é *autor* e *actor* da sua vida, tentámos sempre tirar o máximo partido de todas as suas potencialidades e possibilidades. Procurámos, por isso, contribuir para o seu crescimento e a sua realização pessoal, por forma a que ele se sentisse protagonista e autor do *seu* projecto de vida. Assim, partindo dos seus problemas e das suas aspirações, foi nosso intuito elaborar com a população-alvo uma criação colectiva, onde pretendemos trabalhar não *para* mas *com* ela, em prol do desenvolvimento de todos os membros do Bairro da Habitat que nela participaram. Após traçar um esboço da situação presente dos participantes do projecto e, partindo dela, propusemos uma mudança à população *co-realizada*. Aspirámos dessa forma estimular a participação e a iniciativa dos diversos protagonistas locais, para que estes contribuíssem, no futuro, para o bem-estar da sua *micro-sociedade*, e a longo prazo, criassem condições geradoras de uma acção auto-sustentada que pudesse garantir, por si só, a prossecução das medidas (cf. Afonso, 1999).

Em colaboração com a Técnica Superior de Educação que vinha a acompanhar todo o processo de realojamento destas famílias, procurámos fomentar uma co-responsabilização dos "sujeitos-alvo" através da sua implicação em todo o projecto, desde o diagnóstico, à planificação, execução e avaliação do mesmo, tornando-os deste modo "sujeitos-actores"[3]

---

[3] Casa-Nova, 2002, p.14.

da transformação do (seu) real e, mais precisamente, na construção do "ser pessoa", autónoma e participativa na sua comunidade. O projecto "Bairro Habitat" visava assim ajudar os moradores das novas casas de Palmeira a *inserirem-se*. Esta ideia ultrapassa a simples integração na sua nova comunidade, que se "limita a desenvolver meios de conformá-los a uma sociedade normalizada" (Afonso, 1999: 45). Inserir-se é construir outras formas de identidade através de uma educação para a autonomia e a participação, de forma a tornar-se cidadão autónomo e activo no seio da sua *micro--sociedade*. Apontando-lhes caminhos que se lhes apresentavam velados, o projecto "Bairro Habitat" pretendeu fazer desabrochar nestas pessoas capacidades e potencialidades adormecidas ou ignoradas, que as impulsionasse para a participação activa no seu auto-desenvolvimento e no da sua colectividade, implicando-se nos seus problemas e comprometendo-se nas suas soluções.

Concomitantemente, este projecto ambicionou contribuir para a formação de atitudes éticas, de cooperação, de auto-ajuda, propiciando o diálogo, e com ele a sociabilidade e a inclusão. Com esta intervenção socioeducativa procurámos que estas pessoas deixassem de se sentir diminuídas socialmente (porque detentoras de um fraco poder económico), que recobrassem a sua dignidade pessoal fragilizada, que deixassem de se sentir inúteis e sem grandes ambições de vida. Por outras palavras, foi nossa pretensão ajudá-las a tornar-se verdadeiros actores sociais, capazes de encetar uma trajectória de mobilidade ascendente, que lhes permitisse converter-se em dinamizadoras e auto-gestoras do seu projecto de vida (cf. Barbosa, 1999).

Numa perspectiva de intervenção comunitária na área da exclusão social, apostámos essencialmente em duas estratégias:

1. Na criação de um Programa de Ocupação dos Tempos Livres para as crianças/jovens do Bairro, que incluísse a participação de algumas mães e outras mulheres do Bairro. Esta intenção foi parcialmente alcançada pois apenas uma mulher aceitou o nosso convite; as restantes alegaram ter demasiados afazeres.
2. Na implementação de acções de sensibilização e de formação para os moradores sobre temas propostos pelas *educólogas* (alimentação, alcoolismo, cuidados de higiene, educação sexual, etc.) e outros sugeridos pelo/as próprio/as participantes. Quisemos, por esta via, incitar o diálogo e a partilha (de opiniões, receios, modos de vida, crenças, etc.) entre os membros do Bairro.

Desenvolvimento do projecto

Para que este projecto fosse exequível e eficaz, pretendemos envolver totalmente os moradores. Foi igualmente nossa prioridade estabelecer com as famílias uma relação de empatia por forma a criar um clima de confiança, de segurança e de protecção, privilegiando a observação directa e a escuta em detrimento do discurso (nomeadamente na fase inicial do projecto), para que as pessoas conseguissem falar dos seus problemas, das suas necessidades e aspirações.

Após a etapa exploratória, onde valorizámos as possibilidades colectivas do território de actuação, e seguindo sempre uma lógica de cooperação, foi possível darmos início, em conjunto e através de um processo dialógico, ao delineamento de um plano específico e singular que permitisse aos "sujeitos-actores" desenvolver-se em todas as dimensões e tornar-se cidadãos autónomos e participativos na sua comunidade (Cembranos, et al., 1995).

Definição da finalidade e dos objectivos do projecto

No intuito de minimizar de alguma forma as carências diversas da nossa população-alvo e de alterar os seus modos de vida, procurámos atender simultânea e concertadamente à diversidade dos problemas que afectavam o bairro no seu conjunto. De facto, acreditamos que se separadamente cada problema (analisado tendo sempre em conta a sua especificidade contextual) pode parecer não ter solução, em conjunto, é possível uma intervenção com êxito.

FINALIDADE – O nosso projecto de intervenção no Bairro da Habitat preocupou-se essencialmente com o processo e os fins, porque, como defende Malglaive, "são os fins, com efeito, que dão à prática a sua coerência, que em última análise lhes dão razão" (Malglaive, 1995: 74). Seguindo esta lógica, traçámos como finalidade/fim último deste projecto **fomentar a participação e a autonomia dos proprietários destas novas casas, bem como a transformação das suas relações sociais e de convívio.**

OBJECTIVOS – À medida que vamos da(s) finalidade(s) aos objectivos específicos é patente uma verticalidade descendente e um crescente esforço (reforço) da univocidade e especificidade. Deste modo, os objectivos que permitiram "tornar operacional a *démarche* voluntária do projecto" (Hameline, 1998: 39). Efectivamente, são os objectivos que nos dizem claramente o que é necessário realizar, que contribuem para a implicação de todos os intervenientes no projecto e, *a simultaneo*, para a concretização do mesmo.

OBJECTIVOS GERAIS – Estes foram analisados pela equipa do projecto, juntamente com a população-alvo. Enquanto objectivos para a acção, os objectivos gerais proporcionam directrizes para que se consiga delinear os planos e os programas da acção, traduzindo o que se deseja atingir com o projecto, expressando antecipadamente um resultado mensurável. Eles foram então os seguintes:

1. Criar um Programa de Ocupação dos Tempos Livres (ATL);
2. Combater a passividade cultural e social da população do bairro fomentando a dinamização e a animação socioculturais;
3. Fomentar, na população-alvo, a aquisição de competências e o desenvolvimento de estratégias no sentido de elevar a sua auto--estima, auto-confiança, e responsabilização, para se tornarem agentes autónomos e participativos.

OBJECTIVOS ESPECÍFICOS – Os objectivos específicos advêm da "desmultiplicação de um objectivo geral, (…) que deve descrever de forma unívoca o conteúdo da intenção" (Hameline, 1998: 76), e tornar mais pormenorizado o decurso do projecto. Ao invés dos objectivos gerais, estes objectivos da acção exprimem resultados, e detalham os primeiros. Assinalámos então os seguintes objectivos específicos:

- Envolver os *sujeitos-actores* num programa sociocultural e educativo;
- Elaborar um jornal de parede;
- Dinamizar a Associação de Moradores através da criação de um *atelier* de educação cívica;
- Promover acções de sensibilização e de formação na vertente da saúde, higiene, educação familiar, alimentação, sexualidade...
- Criar diversos *ateliers* (de culinária, sobre a conservação das casas e do espaço envolvente, sobre higiene, e outras vertentes pertinentes);
- Fomentar boas relações de vizinhança e desenvolver um espírito comunitário entre os moradores.

Plano de actividades.

Decidimos não apresentar o plano de actividades traçado para este projecto por motivos de espaço gráfico. Contudo, faremos uma breve exposição das actividades desenvolvidas no decurso do nosso projecto.

Descrição das actividades

O programa de ocupação dos tempos livres (ATL)

Esta iniciativa adveio do intuito de envolver os "sujeitos-actores" num programa sociocultural e educativo, essencialmente pelo facto de algumas das crianças e jovens residentes no Bairro da Habitat não usufruírem de qualquer tipo de ocupação "organizada" dos seus tempos não lectivos. Ficou acordado que este teria, então, lugar nas manhãs de Sábado, visto esta ser a opção mais consensual entre os visados, na sala de estudo da escola EB 2,3 de Palmeira, após efectuarmos as diligências necessárias para tal, e por um período de uma hora e trinta minutos semanais. O ATL foi habitualmente frequentado por uma média de seis crianças e uma adulta. Para além de constituir um contexto de educação não formal onde os formandos (crianças, jovens e adultos) pudessem conviver uns com os outros (o que nem sempre sucedia no bairro), propiciou a possibilidade de "aprender brincando". Para isso, desenvolvemos actividades lúdicas, organizadas de forma a que objectivos educativos e de aprendizagem estivessem subjacentes (Coombs, 1971 cit. por Puig & Trilla, 1996). Além disso, esta iniciativa visou, também, através do desenvolvimento das relações entre os mais novos, conseguir aproximar os adultos e cultivar neles um espírito de solidariedade e de cooperação social. Intentámos, desta forma, como nos refere Ventosa (1997), criar um espaço onde pudessem ser desenvolvidas práticas educativas nas vertentes de animação e formação, um espaço comum e educativo, "provocador de comunicação, participação e criatividade" (Idem: 90). Para tal, tentámos introduzir uma "perspectiva de funcionamento democrático e de autogestão e com um horizonte de destinatários alargado a todas as idades, possibilitando a convivência intergeracional" (Ibidem). A sua concepção visava não só uma acção directa com o grupo de crianças, como também a construção de um espaço de trocas de saberes e de saber-fazer entre as agentes educativas e a comunidade. Na nossa perspectiva, a ideia preconcebida de que num ATL apenas "devem" participar crianças e jovens fê-los retraírem-se, apesar de lhe explicarmos que *naquele* ATL tencionávamos realizar actividades que envolvessem os seus saberes e as suas experiências (e.g. a criação de um jornal da comunidade), para que estes fossem partilhados com os mais novos e com os outros adultos. O sentimento de não se sentirem capazes de um tal desafio e, por conseguinte, temerem ser depreciados pelas educadoras e/ou pelos filhos, bem como a sua ausência de hábitos culturais, provavelmente, explicarão a razão pela qual estas pessoas preferiram não se envolver nesta iniciativa.

Planificação, execução e avaliação das actividades do ATL
Quisemos contribuir para uma educação integral e participativa que tivesse em conta a realidade e a vivência dos formandos, e que fosse de encontro aos seus interesses, pois como afirma Miret:

> "...torna-se necessário conhecer os jovens a fim de formular uma concepção educativa que vá de encontro às suas possibilidades mentais e os envolva afectivamente. Só assim é possível mobilizar eficazmente a atenção do aluno [formando], levando-o a uma participação activa (...) no meio em que está inserido" (Miret, *et al.*, 1994: 13).

Nesse sentido, projectámos construir um meio (educativo) onde as interacções "formadoras-educandos" e "educandos-educandos", e onde os processos educativos aí gerados fossem uma consequência da acção sinergética dos diferentes elementos constituintes desse mesmo meio, isto é, resultassem de uma actuação holística (cf. Puig & Trilla, 1996). Um meio, no fundo, propiciador do desenvolvimento de dimensões (afectiva, social, cultural, criativa, etc.) que formam uma parte de todo o processo educativo globalizador vinculado à vida quotidiana (Ventosa, 1997). Planificámos, então, as sessões de ATL atendendo às fases de sensibilização, de avaliação diagnóstica (dos recursos pessoais – habilidades, conhecimentos, experiências prévias, etc. –, e das carências a colmatar), e de exposição/discussão com os educandos acerca do conjunto de actividades que poderíamos e que eles desejavam conjuntamente desenvolver, para que eles também se sentissem *autores* das mesmas. Partindo do conhecimento das crianças, isto é, do que elas são, das suas possibilidades e das suas limitações (Franch, *et al.*, 1994), definimos as experiências, aprendizagens, nível de autonomia, atitudes e valores que lhes propúnhamos vivenciar e adquirir, com vista ao seu desenvolvimento individual pleno. Apostámos, assim, em técnicas activas, promotoras do diálogo, do reconhecimento por parte de cada um do que o outro *é* e da tomada de decisão. A expressão e objectivação dos conflitos, inerentes e naturais no seio de qualquer colectividade, também foram por nós privilegiadas, por constituírem fontes de aprendizagem, quando discutidos, analisados e resolvidos de forma positiva. No intuito de fomentar a interacção entre os educandos, a sua autonomia, a capacidade de ouvir o outro e de negociar, de saber ceder à vontade do outro, envolvemo-los na escolha, concepção e realização de diversas actividades recreativas de lazer. Partilhando da postura de Paulo Freire, defensor de que "só existe saber na invenção, na reinvenção, na busca inquieta, impaciente, permanente, que os homens fazem no mundo, com o mundo e com os outros" (Freire, 1975: 83), e porque acreditamos que os homens são "seres da busca", cuja "vocação ontológica é humanizar-se" (Idem: 88), decidimos adoptar uma atitude facilitadora dessa "busca". Esta pressupôs que promovêssemos com eles uma relação dialógica "indispensável à cognoscibilidade dos sujeitos cognoscentes", entre "educador[as]-educando[s] com educando[s]-educador[as]" (Ibidem). Uma relação onde a verticalidade não estivesse presente, mas ao invés, onde todos fossemos sujeitos (iguais) do processo de crescimento conjunto. As actividades propostas e seleccionadas de forma consensual (onde o trabalho em grupo foi privilegiado) foram essencialmente de domínio físico – jogos ao ar livre, desporto de equipa como o futebol, visita de estudo ao Parque Biológico de Gaia, entre outras –, de preponderância técnica – fabrico do material necessário para a realização dos trabalhos manuais seleccionados, trabalho artístico (como a pintura, o desenho, etc.). Não descurámos também a vertente cultural ou artística, como as representações dramáticas (peça de teatro para a festa de Natal, dramatização de uma rotina de higiene), os jogos de mesa, a leitura, etc.

Devemos referir também que, ao longo do desenvolvimento deste ATL, demos uma certa prioridade ao jogo, porque ele impulsiona "a assimilação e a maturação das situações vividas" (Franch, *et al.*, 1994: 96). "Jogando", eles aprendem também a saber ouvir o outro e a respeitá-lo, e simultaneamente, treinam a capacidade de discutir e defender o seu ponto de vista, a ser tolerante, enfim, a ser pessoa. A avaliação contínua das sessões processou-se no decorrer das mesmas, através da observação directa e participante dos formandos. Quando não suscitavam os resultados esperados, as actividades eram (re)ponderadas pelas educadoras e alteradas por forma a serem, de facto, propiciadoras do crescimento dos educandos. Estabelecendo uma relação pessoal com todos, onde o contacto afectivo estivesse presente, intentámos motivar o/as educando/as, ajudando-os a organizar-se para que as actividades decorressem da melhor forma. De igual modo, trabalhámos no sentido de ajudar cada criança a reconhecer e explorar os seus recursos pessoais para assim impelir a sua valorização e autoconfiança (deveras "adormecidas" no início desta intervenção).

A observação dos resultados positivos desta acção junto das crianças do bairro foi motivo para que decidíssemos dar-lhe continuidade após a conclusão do estágio. De facto, com ela conseguimos que as crianças criassem entre elas (maiores) laços de amizade, e aprendessem a respeitar-se mutuamente (o que nem sempre sucedia anteriormente). Simultaneamente, o nosso regresso ao bairro com as crianças constituía (sempre) motivo para que as mães se juntassem a aguardar-nos. Aproveitavam, então, para conversar connosco, entre elas e com os outros moradores, que frequentemente se "serviam" da nossa presença para ali partilharem os seus problemas e as suas angústias. Por conseguinte, pareceu-nos benéfico continuar a promover este "rito", por ele propiciar um momento de convívio entre os moradores e, assim, fomentar as suas relações sociais.

Reunião com os moradores

Em Janeiro de 2003 planeámos uma reunião com os moradores e alguns representantes da Habitat, para obter *feedback* relativamente à criação do ATL, à frequência dos seus filhos e sobre a sua percepção mediante aquilo que eles lhes confidenciavam em casa, e discutir alguns assuntos. Outro tema abordado foi relativo à ocupação dos tempos livres, e uma vez que a nossa proposta inicial em organizar uns *ateliers* (de culinária, de educação cívica, etc.) com as várias mulheres "desocupadas" não foi por elas bem aceite. Aproveitámos o curso do diálogo para lhes sugerir que participassem numa acção de formação dedicada à temática da educação parental. Tivemos o cuidado de lhes esclarecer expeditamente que com isso não tencionávamos de modo algum ensinar ninguém a ser pai ou mãe, mas antes que gostávamos que elas trocassem experiências connosco e umas com as outras. Por forma a não perturbar o seu dia a dia, sugerimos-lhes que essa sessão (e outras, eventualmente) poderia ter lugar nas tardes de (alguns) sábados, no horário da catequese das crianças, ocupando-lhes, então, apenas duas horas. Para alguma surpresa nossa, elas acederam prontamente, com algum entusiasmo, não se tendo notado qualquer objecção por parte dos maridos, o que para nós foi muito importante.

As sessões de formação

Subscrevemos a posição de certos autores (e.g. Franch) ao acreditar que o tempo livre pode ser convertido num tempo fomentador de relações diferentes, com potencialidades educativas, e onde a educação pode contribuir como elemento dinamizador do desenvolvimento pessoal (cf. Franch, *et al.*, 1994). Foi nossa intenção operacionalizar essa conversão no seio das mulheres do bairro. Desafiámo-las, assim, a transformar algum do seu tempo livre – o correspondente ao decurso da catequese dos filhos – num momento em que se pudessem encontrar consigo mesmas, relacionar-se com os outros e fazerem algo que gostassem. Simultaneamente, aspirávamos criar um espaço onde "...[a pessoa] estabelece vínculos que a satisfazem, toma parte na vida social desde plataformas que escolheu em função das suas próprias perspectivas pessoais (...), satisfaz as suas necessidades de uma forma genuína, [e] paradoxalmente, trabalha..." (Idem: 32). Incitámo-las a preencher esse tempo livre com actividades pessoalmente enriquecedoras, promotoras do seu desenvolvimento integral e, de uma forma concomitante, da sua autonomia. Esta proposta pareceu-nos ter toda a pertinência uma vez que era evidente (para nós) que estávamos na presença de mulheres submissas, pouco cientes do seu valor enquanto pessoa, habituadas a aceitar a sua condição de vida sem a questionar e, principalmente, sem dar mostras de acreditarem poder alterá-la.

Em vista disso, foi nossa pretensão criar um pequeno grupo coeso – composto pelas seis a sete mulheres que, em média, participavam – onde as participantes se pudessem identificar intimamente (cf. Stromquist, 1995), onde elas se sentissem à vontade para partilhar e discutir sobre as suas vidas pessoais, as suas necessidades, as suas dúvidas e os seus sonhos. Isso pareceu-nos importante pois, acreditamos que falando entre si das suas experiências peculiares, descrevendo elas próprias as suas vivências, é que estas mulheres "descobrem o seu papel de agentes no seu próprio mundo e começam a estabelecer as relações entre as suas micro--realidades e os contextos macro-sociais" (Aksornkool, 1995: 64). Nesse "micro-meio" *co-construído*, apostámos numa educação de adultos/educação comunitária dialógica e activa, na acepção freiriana, que contrariasse qualquer carácter assistencialista, promotor da passividade e da "domesticação" das educandas, privilegiando então uma "pedagogia dialógica que reconhece os saberes e a cultura tradicionais da população" (Zúñiga, 1995: 54), que favorecesse de modo permanente a participação activa, o diálogo, a crítica e a criatividade. Movidas por este fim último (comum), tentámos, ao longo das sessões de formação, criar com as mulheres um espaço social de compreensão, amigável e receptivo, "imprescindível para abrir os espíritos a novas formas de pensar e para estarem mais receptivas à mudança" (Aksornkool, 1995: 64). Um espaço, em suma, no seio do qual se desenvolvesse um sentimento de estima de si (indubitavelmente "quase inexistente" na maioria destas mulheres), de competência e de autonomia, e onde o nosso papel, enquanto educadoras, consistisse em fomentar a participação através de um encorajamento e de um apoio permanentes.

Conjuntamente, com estas acções quisemos fomentar nestas mulheres o sentimento de pertencerem a um mesmo grupo, onde lhes fosse exequível "romper o seu isolamento e encontrar um campo comum" (Horsman, 1995: 73) que lhes fizesse acreditar ser possível unir esforços com vista ao seu desenvolvimento pessoal e comunitário, e desta forma combater "a atonia cultural e a falta de participação real" (Idem: 37) *de* e *a que* eram sujeitas. Planeámos, assim, neste encontro onde ninguém julga nem dita normas, estimular mudanças de conceitos e de valores nas mulheres, proporcionando-lhes informações que esperamos tenham sido apreendidas como instrumentos de formação, estimuladores e originadores do confronto constante com os seus saberes adquiridos, e consequentemente, promotores da (auto)reflexão crítica conducente ao desenvolvimento pessoal e social (cf. Schmidt, 1973). Partindo das suas experiências de vida, que quando representadas e analisadas sob vários ângulos permitem novas opções (Ibidem), escolhemos as técnicas de discussão em grupo, o *trabalho em situação* (traduzindo-se na apresentação de um problema que procurámos resolver em conjunto), e o trabalho em equipa, por favorecerem a reflexão, a consciencialização, despertando assim "o ímpeto das mudanças adequadas" (Schmidt, 1973: 25), em concomitância com o respeito pelas características e modo de dar significação ao mundo de cada formanda, propulsionador (esperamos nós) de uma transformação positiva.

O momento do lanche (composto por bolos sortidos e sumos) era preenchido com a troca de ideias e foi propício para que se estreitassem laços de amizade, entre formandas e educadoras, mas sobretudo entre as próprias formandas. Isso suscitou-nos muita alegria e simultaneamente a esperança de que este encontro fosse o primeiro passo dado em direcção a um aperfeiçoamento significativo das relações sociais entre os moradores. No final da sessão convidámos as mulheres a proceder ao resumo das ideias-chave que tínhamos partilhado. Esta actividade, juntamente com a apreciação oral que lhes sugerimos elaborar, auxiliaram-nos na avaliação da sessão de formação, que juntámos a uma grelha de observação preenchida no decorrer da mesma. A apreciação oral também nos permitiu conhecer as suas propostas para umas próximas sessões de formação que, atendendo aos temas mais referidos, versariam sobre as temáticas seguintes: higiene, educação sexual, planeamento familiar e nutricionismo.

No final desta caminhada pudemos fazer um balanço positivo das várias sessões de formação que primaram pela adesão voluntária, prazenteira e afável das mulheres. Com elas conseguimos criar uma atmosfera descontraída e alegre, à qual não foram alheias a não-directividade das metodologias activas adoptadas, o tipo de linguagem utilizado, acessível e de acordo com o nível de literacia das pessoas alvo, bem como a *dialogicidade* incessantemente promovida. Foi assim possível transformar os tempos livres destas mulheres em momentos de lazer que, além de se converterem numa procura activa do desenvolvimento pessoal, também fomentaram o incremento (qualitativo) das relações sociais entre elas e, por consequência, entre os moradores do bairro.

O seminário "A imagem pública da mulher"

A organização e elaboração de um seminário "sobre mulheres", em parceria com outras três colegas também em estágio, nasceu das nossas muitas conversas, em que trocámos experiências nos diferentes contextos de estágio. A reflexão conjunta sobre ideias, dúvidas, receios, novas formas de agir e de perspectivar os universos onde trabalhávamos foram uma constante, e sem dúvida, ajudaram-nos a todas a superar as dificuldades e os momentos de desalento que, por vezes, surgiam. O facto de trabalharmos todas com uma população onde as mulheres tinham uma representação significativa "despoletou" em nós o desejo de reunirmos um conjunto de individualidades credenciadas que viessem partilhar publicamente os seus estudos e as suas experiências (científicas e/ou do quotidiano) sobre determinadas problemáticas. As que propusemos foram: a imagem pública da mulher na educação, no trabalho e nos quotidianos. Após uma longa e laboriosa investida *co-concretizada* por todas nós, com o apoio incondicional do nosso orientador de estágio, tornámos exequível um momento de reflexão. Aí se debateram assuntos diversos, designadamente as questões de género, onde se focou o facto de comummente não se diferenciarem os conceitos sexo e género. Foi ainda tema a discriminação a que a mulher está e é sujeita nos vários campos sociais em que se move. Este seminário permitiu-nos, assim, reflectir criticamente sobre os (alegados) papéis da mulher na nossa sociedade, nomeadamente, o de reprodutora – que a relega à esfera privada e doméstica, onde lhe é "exigido" que seja esposa e mãe; o de produtora – enquanto membro activo na produção económica; e o de dirigente da comunidade – no sentido desta participar nos assuntos locais (Zúñiga, 1995: 55). Infelizmente, o que nos foi (e é) possível verificar é que nem sempre (ou melhor, raramente) são dadas à mulher as possibilidades e as condições para desempenharem de uma forma efectiva este triplo papel, sendo ela "obrigada" a optar pelo cumprimento de um(ns) em detrimento do(s) restante(s). Estas limitações também foram observadas junto da maioria das mulheres do Bairro da Habitat, onde a sua condição de subordinação é evidente e aceite de uma forma "inconsciente". Este momento de *meditação* contribuiu para melhor compreendermos as vivências das mulheres alvo do nosso projecto "Bairro Habitat" e, principalmente, a forma como elas as percepcionam e, simultaneamente, forneceu-nos elementos que nos auxiliaram na apreciação crítica das estratégias delineadas no início da nossa intervenção socioeducativa cujo fim, entre outros, visou promover a autonomização da população feminina.

A "Démarche" da avaliação do projecto "Bairro Habitat"

Visto que o nosso projecto pressupôs "uma construção participada da mudança", a avaliação desempenhou por isso a "função de regular o dispositivo de intervenção que se adapta e reformula, de acordo com as necessidades dos parceiros e a evolução do processo" (Silva, 1996: 217). Decidimos desta forma pôr em prática uma avaliação interna ou auto-avaliação, ou seja, onde os intervenientes fizessem a sua própria avaliação, incluindo-se neste processo não só os responsáveis pela execução, mas também "os gestores, os decisores e os destinatários" (Capucha, *et al.*, 1996: 18). De facto, a nossa intenção foi sempre a de proporcionar, através do diálogo e da negociação com todos os intervenientes, a possibilidade de decidir sobre as melhores formas de agir (cf. Guerra, 2000). Acometemos fomentar uma avaliação participativa (e participada) onde predominassem as metodologias qualitativas e se valorizasse principalmente a análise do processo de intervenção – avaliação processual – embora a análise dos objectivos concretizados também não tivesse sido descurada (Ibidem).

Seguindo esta lógica, e recorrendo a metodologias de avaliação de cariz participativo (observação directa, conversas informais, questionário semidirectivo, diário de actividades, etc.), partimos de um estudo da realidade sobre a qual pretendíamos intervir – avaliação diagnóstica ou *ex-ante* (Aguillar e Ander-Egg, 1992: 27-28, cit. por Monteiro, A., 1996: 142) – por acreditarmos que a nossa intervenção só teria efeitos positivos "com base no conhecimento da realidade, sob pena de não ser adequado[a] ou realista" (Guerra, 2000: 129). O decurso da intervenção socioeducativa que nos propusemos desenvolver foi acompanhado de uma avaliação formativa ou *on-going,* "com fins de acompanhamento" (Idem: 196), dando relevo à função reformuladora ou de adequação que lhe subjaz, no sentido de permitir introduzir mais valias no processo quando estas fossem pertinentes, privilegiando para tal as informações recolhidas junto do grupo--alvo da intervenção. Por meio da avaliação de processo, procurámos estabelecer um acompanhamento do "modo de funcionamento tanto no global como em aspectos pontuais", analisando para isso as estratégias postas em prática e o seu modo de consecução (cf. Monteiro, 1996).

Por meio da sua concretização, pudemos averiguar, nomeadamente, a (trans)formação das crianças frequentadoras do ATL, os aspectos sobre os quais devíamos insistir (e.g. aprender a aceitar o outro, respeitar as fraquezas dos menos dotados, etc.), e que eram prioritários para que as sessões decorressem harmoniosamente. Esta avaliação contínua apontou, conjuntamente, medir a eficácia e a eficiência das medidas *co-implementadas,* mas, também, averiguar "de forma sistemática se o projecto está[ava] a ser executado conforme o previsto" (Guerra, 2000: 196). Desta forma, a riqueza das informações produzidas serviram dois propósitos: permitiram aos formandos compreender a mudança/evolução que conseguiram, e às formadoras/responsáveis do projecto de intervenção, obter o *feedback* do investimento empreendido e dos resultados alcançados.

No termo da nossa intervenção, propusemo-nos realizar uma avaliação final ou *ex-post* (Aguillar e Ander-Egg, 1992: 29 cit. por Monteiro, 1996: 142), cujo fim visou deliberar se ela tinha produzido os resultados e os efeitos esperados. Para isso, recorremos a instrumentos estruturados (e.g. entrevistas semi-directivas, observação directa, etc.), e a abordagens informais (e.g. discussões em grupo com a equipa do projecto, conversas informais com a população-alvo), para verificar os efeitos do projecto no fenómeno social com o qual pretendemos lidar naqueles seis meses (cf. Guerra, 2000). Todavia, estamos cientes de que a "avaliação de impactes sociais" (Guerra, 2000: 197) desta *co-construção* somente será passível de ser ajuízada a médio-longo prazo, através de uma análise das (novas) praxis destes "sujeitos-actores".

O projecto "Bairro Habitat" – análise reflexiva

> *"O projecto é, sobretudo, a resposta ao desejo de mobilizar as energias disponíveis com o objectivo de maximizar as potencialidades endógenas de um sistema de acção garantindo o máximo de bem-estar para o máximo de pessoas"* (Guerra, 2000).

No intuito de promover uma efectiva *inserção* da população do Bairro da Habitat no seu novo espaço social, o que pressupunha que os residentes se transformassem em agentes do seu próprio desenvolvimento, e fazendo jus à afirmação de Isabel Guerra, propusemo-nos desenvolver o projecto "Bairro Habitat". Com ele, pretendemos demonstrar aos moradores que possuem capacidades reais (recursos endógenos) que apenas necessitávamos, em conjunto, de reorganizar, para lhes possibilitar emergir da sua condição de "excluídos" (cf. Afonso, 1999). Partimos da agnição, adquirida ao longo dos quatro anos da licenciatura, de que todo o projecto de intervenção comunitária deve obedecer a um requisito essencial – envolver a democraticidade e a participação activa de todos os actores envolvidos no projecto. Esta directiva constituiu a nossa preocupação permanente. Assim, tentámos estabelecer assíduas interacções com os sujeitos-alvo que promovessem o envolvimento colectivo, a implicação e o comprometimento de todos, para que, através do diálogo e da negociação, eles pudessem participar na superação das suas necessidades (nem sempre consciencializadas) e na concretização dos seus desejos. Foi por meio desta interacção constante que pudemos aferir os seus objectivos e aspirações, as suas pertenças, as suas identidades e subjectividades mas, também, as suas potencialidades e possibilidades pois, como nos propõe António Nóvoa, "torna-se cada vez mais evidente que os projectos de cooperação técnica que se afastam do percurso formal e linear (pré-estabelecido), e que adoptam uma dinâmica flexível e aberta às interacções e aos imprevistos, são os que obtêm maior sucesso" (Nóvoa, *et al*, 1999: 120). Acreditamos, de facto, que os projectos de intervenção comunitária têm que se desenvolver numa perspectiva negocial, como nos foi possível constatar ao longo da implementação do projecto "Bairro Habitat". Por diversas vezes tivemos que alterar o seu curso, nomeadamente, no que dizia respeito à planificação das acções de formação, e ir assim de encontro à vontade e às disponibilidades das formandas. Seria um erro para nós, enquanto educadoras, assumir uma postura de líderes autocráticas, pois ela conduziria a uma menor participação dos "sujeitos-actores" no processo e, certamente, ao fracasso daquilo que pretendíamos levar a efeito.

Cientes de que as pessoas de qualquer comunidade onde existem carências (geralmente de várias ordens, como neste Bairro) se sentem descrentes, fragilizadas, inseguras, tivemos o cuidado de nos distanciarmos de qualquer posição característica dos projectos tecno-burocráticos. Recorrer à imposição como estratégia para impelir as pessoas a tornarem-se receptivas à mudança era algo por nós impensável. Ao invés, decidimos perfilhar da postura de pedagogos que cruzaram o nosso caminho académico e com os quais nos identificamos (e.g. Paulo Freire, Freinet, Dewey, M. C. Bateson), empenhando-nos por desenvolver relações de confiança e de empatia com a população referida pois, estas características parecem--nos ser fundamentais em educação de adultos e na intervenção comuni-tária. Cumulativamente, empreendemos implicar os actores sociais no desenvolvimento deste processo de transformação do real, no seu projecto de desenvolvimento, através da adopção de uma gestão participada (descentralizada) e da sua *auto* e *co-responsabilização*. No intuito de viabilizar estes objectivos, intentámos implementar um modelo de intervenção de "desenvolvimento autónomo" (V. Pérez Díaz, 1972 cit. por Gunturiz, M. D., s/d :146), ou, na significação de E. J. Miller (1976, cit. por Gunturiz, M. D., s/d :146), "de baixo para cima", no qual coubesse à população--alvo a definição das propostas para o seu desenvolvimento (Gunturiz, M. D., s/d). A corroborá-lo está, por exemplo, a livre escolha das temáticas a abordar nas sessões de formação para e com as mulheres do Bairro da Habitat. Esta escolha supôs que, através da nossa intervenção sócio--educativa, elas realizassem uma auto-reflexão crítica acerca da sua situação actual para, então, encetarem um processo de mudança e passassem, desta forma, da heteronomia – que geralmente transcorre da actuação assistencialista de uma entidade exterior, controladora, que induz externamente o processo de desenvolvimento no qual a troca é unidireccional – para uma efectiva autonomia (Ibidem).

Conclusão

Longe de encarar o nosso trabalho com a população do Bairro da Habitat como constituindo uma iniciativa sobejamente "revolvedora" projectámos, à nossa escala limitada no tempo e no espaço, contribuir para o desenvolvimento e uma melhoria das condições de vida destas pessoas. Tentámos promover, em cada uma delas, uma tomada de consciência de si próprio e do meio ambiente no qual elas se inserem e sobre o qual interagem, por forma a fomentar nelas "empowerment". Esta tomada de poder fez-se através do reforço das suas capacidades e saberes de que dispõem (embora não estejam crentes disso), para abordarem em melhores condições os problemas pessoais e de grupo mas também as oportunidades sociais (Rodrigues, 2000), e para que elas possam desempenhar o papel social que lhes cabe enquanto trabalhadores e cidadã/os (cf. Delors, 1996).

Em consonância com o asseverado pelos autores Lesne e Minvielle, concebemos a formação como um *continuum* processual que intenta ao desenvolvimento, pessoal e colectivo, com vista à inserção (verdadeiramente assumida) na sociedade (cf. Lesne e Minvielle, 1990, cit. por Niza, 1997).

Ambicionámos provocar essa inserção por parte do/as habitantes do Bairro Habitat tendo por base a convicção de que "a força da mudança é endógena" (Niza, 1997: 21). Com esta formação "sociocentrada" objectivámos a mobilização dos formandos "como objecto[s] de, como agente[s] e como sujeito[s] da sua própria formação" (Ibidem: 21), num processo interactivo e cooperante que empreendemos proporcionar-lhes, para que, deste modo, ele se tornasse "socialização ou, dito de outro modo, auto-formação cooperada" (Niza, 1997: 22).

A fim de sermos bem sucedidas, operacionalizámos os conhecimentos (essencialmente teóricos) assimilados ao longo da nossa licenciatura, baseando-nos sempre no princípio segundo o qual "é sempre a própria pessoa que se forma e forma-se na medida em que elabora uma compreensão sobre o seu percurso de vida..." (Nóvoa, A. & Finger, M. (org), 1988). Criando um clima de empatia, de confiança e de segurança, tentámos então ser "facilitadoras" do seu desenvolvimento, dinamizando um processo "negocial de cooperação" (Niza, S., 1996). A colaboração da equipa de Selecção e Acompanhamento das Famílias da Habitat foi indubitavelmente preciosa para a implementação desta intervenção socioeducativa. O facto desta última já ter desenvolvido algum trabalho com as famílias, no ano anterior, permitiu que estas estivessem mais permeáveis e mais motivadas para se implicarem em todo o processo. As constantes apreciações que fomos elaborando no decurso do projecto – avaliação formativa –, e que possibilitaram as suas subsequentes alterações permitiram, *a simultaneo*, que estes intervenientes, colocados numa "relação de exterioridade" (Castro-Almeida, *et al*, 1999: 126) face aos actores (demasiado) envolvidos, pudessem contribuir com a sua compreensão mais distanciada das vivências dos que participam continuamente no projecto.

Estamos contudo cientes de que a nossa estratégia de acção, isolada e "pobre", se traduziu num modesto contributo para uma mudança (substancial) das condições de vida destas famílias. Embora nos tenhamos esforçado para que a nossa intervenção fosse adequada à população-alvo e que a envolvesse no processo, apostando particularmente na animação/formação das crianças do Bairro, porque acreditamos que nestas faixas da população a mudança é mais fácil de aceitar, mas também porque se poderia tornar num factor potencialmente gerador de uma transformação nas relações sociais da população e dos seus modos de vida, sabemos que ainda muito ficou por fazer. Medidas mais globais, que passem pelo estabelecimento de parcerias, por parte da Habitat, com entidades várias como o Instituto de Emprego e Formação Profissional, a Direcção Regional de Saúde, a Direcção Geral de Educação de Adultos, entre outras, são imprescindíveis para que se consiga uma autêntica inserção (e não apenas integração) destes moradores na nossa sociedade competitiva, individualista e, porque não, injusta.

Num nível mais abrangente, urge também tomar medidas para combater o número cada vez mais elevado de pessoas que facilmente sucumbem num processo de exclusão social ou que já sofrem as mazelas deste fenómeno. Estas poderiam passar, por exemplo, pela adopção de políticas macro-económicas que incentivem a criação de novos postos de trabalho, por uma melhoria da protecção social devidamente controlada, por um maior apoio às redes de relações sociais que se vão substituindo ao Estado--Providência omisso nos domínios das políticas sociais (Rodrigues, 2000), entre outras, por forma a que se evolua de uma política de assistência para "uma visão activa e cívica da mudança" (Niza, 1996: 126). Só com o empenho de todos, cada qual ao seu nível de actuação, poderemos contribuir para uma melhoria significativa das condições de vida das inúmeras pessoas carenciadas que povoam o nosso país. Essa foi a nossa intenção ao desenvolvermos o projecto "Bairro Habitat", que certamente apenas encetou um longo processo de autonomização e desenvolvimento dos actores sociais do Bairro da Habitat. Fica, no entanto, a satisfação de ter contribuído para uma maior consciencialização, por parte dos moradores, das suas limitações mas também das suas potencialidades e de lhes ter – é essa a nossa intuição – suscitado um maior sentimento de auto-estima e revalorização social. Todavia, o seu seguimento é indispensável, nomeadamente, no que concerne ao ATL, pelas razões acima apresentadas, por forma a desenvolver o sustentáculo que conseguimos construir e, deste modo, continuar a fomentar a participação destas pessoas no desenvolvimento do seu nicho social e, consequentemente, as suas relações sociais. Este é o desafio que aqui deixamos...

Referências bibliográficas

AFONSO, M. J. (1999). *Monografia das intervenções no Complexo Habitacional de Lousado*. IGAPHE/ C. M. de Famalicão/ Centro de Ciências Sociais da Universidade do Minho.
AKSORNKOOL, N. (1995). *Instruire Pour «Autonomiser»: Une Expérience Menée En Asie*. In Medel-Añonuevo, C. (ed.) (1995). *Femmes, éducation et autonomisation: voies menant à l'autonomie*. Hambourg: Etudes de l'IUE 5.
BARBOSA, M. (coord.) (1999). *Olhares sobre a educação, autonomia e cidadania*. Instituto de Educação e Psicologia. Centro de Estudos em Educação e Psicologia. Universidade do Minho.
BRAGA, F. (2000). *Plano de actividades de estágio*. (polic.) Braga: Universidade do Minho.
CAPUCHA, L. Et Al., (1996). *Metodologias De Avaliação: O Estado Da Arte Em Portugal*. Sociologia, Problemas E Práticas, n.º 22.
CASA-NOVA, M. J. (2002). *Etnicidade, género e escolaridade*. Lisboa: Instituto de Inovação Educacional.
CASTRO-ALMEIDA, C., LE BOTERF, G. E NÓVOA, A. (1999). A Avaliação Participativa No Decurso Dos Projectos: Reflexões A Partir De Uma Experiência De Terreno (Programa Jade). In Estrela, A. E Nóvoa, A. (Orgs). *Avaliações Em Educação: Novas Perspectivas,* pp.115-137, Porto: Porto Editora.
CEMBRANOS, F., CEMBRANOS, D., BUSTELO, M. (1995). *La Animación Sociocultural: Una Propuesta Metodológica*. Madrid: Ed. Popular.
DELORS, J. (Coord.) (1996). *Educação: Um Tesouro A Descobrir – Relatório Para A Unesco Da Comissão Internacional Sobre Educação Para O Século Xxi*. Ed. Asa.
DIAS, J. R. (1993). *Filosofia Da Educação. Pressupostos, Funções, Método, Estatuto*. In Revista Portuguesa De Filosofia, n.º 49, pp. 3-28.

DIGHE, A. (1995). *Alphabétisation Et Autonomisation Des Femmes: L'expérience De Nellore*. In Medel-Añonuevo, C. (Ed.). *Femmes, Education Et Autonomisation: Voies Menant A L'autonomie*. Hambourg: Etudes De L'iue 5.
FRANCH, J. & MARTINELL, A. (1994). *Animar un proyecto de educación social: la intervención en el tiempo libre*. Barcelona: Ed. Paidós.
FREIRE, P. (1975). *Pedagogia Do Oprimido*. Porto: Afrontamento (2ª Ed.).
GUERRA, I. C. (2000). *Fundamentos e processos de uma sociologia de acção – o planeamento em Ciências Sociais*. Cascais: Editora Principia.
GUNTURIZ, Mª D. F. C. (S/D). *Bases para un proyecto de intervención socioeducativa a nivel local*.
HORSMAN, J. (1995). *Réflexion sur les femmes et l'alphabétisation: soutien et défi*. In Medel-Añonuevo, C. (Ed.). *Femmes, éducation et autonomisation: voies menant à l'autonomie*. Hambourg: Etudes De L'IUE 5.
MALGLAIVE, G. (1995). *Ensinar Adultos. Trabalho e pedagogia*. Porto: Porto Editora.
MEDEL-AÑONUEVO, C. (Ed.) (1995). *Femmes, éducation et autonomisation: voies menant à l'autonomie*. Hambourg: Etudes De L'IUE 5.
MONTEIRO, a. (1996). *A avaliação nos projectos de intervenção social*. In Capucha, l. et al, *Metodologias de avaliação: o estado da arte em Portugal*, Sociologia, Problemas e Práticas, n.º 22, pp. 137-154.
NÓVOA, A. et al (1999). *Avaliações em educação: novas perspectivas*. Porto: Porto Editora.
NÓVOA, A. & FINGER, M. (org.) (1988). *O método (auto)biográfico e a formação*. Lisboa: Ministério da Saúde.
NIZA, S. (1997). *Formação cooperada: ensaio de auto-avaliação dos efeitos da formação no Projecto Amadora*. Lisboa: Educa.
OLIVEIRA, C. C. (1999a). *A educação como processo auto-organizativo – fundamentos teóricos para uma educação permanente e comunitária*. Lisboa: Instituto Piaget.
PUIG, J. M. & TRILLA, J. (1996). *La pedagogia del ocio*. Barcelona: Alertes Ed.
QUIVY, R & CAMPENHOUDT, L.V. (1992). *Manual de investigação em Ciências Sociais*. Lisboa. Gradiva.
RODRIGUES, E. V., (2000). *O Estado-Providência e os processos de Exclusão Social: considerações teóricas e estatísticas em torno do caso português*. In Sociologia, vol. X., Porto: FLUP.
SILVA, M. I. R L. (1996). *Práticas educativas e construção de saberes: metodologias da investigação-acção*. Lisboa: Instituto de Inovação Educacional. Col. Ciências da Educação.
SCHMIDT, M. J. (1973). *Também os pais vão à escola...* Rio de Janeiro: AGIR Edt.
STROMQUIST, N. P. (1995). Fondements théoriques et pratiques de l'autonomisation. In Medel-Añonuevo, C. (ed.). *Femmes, éducation et autonomisation: voies menant à l'autonomie*. Hambourg: Etudes de l'IUE 5.

VENTOSA, V. (1997). Intervención Socioeducativa. Madrid: Editorial CCS.
ZUÑIGA, M. (1995). *Projet multinational d'éducation et de travail de l'organisation des états américains: une expérience d'éducation populaire pour l'autonomisation des femmes en Colombie.* in Medel-Añonuevo, C. (ed.). *Femmes, éducation et autonomisation: voies menant à l'autonomie.* Hambourg: Etudes de l'IUE 5.

Sites da Internet:
http://www.assoc-habitat.pt (consultado em 2006-10-21)

DE MÃOS DADAS – UM DESAFIO À COOPERAÇÃO

ANA CARVALHO
Licenciatura em Educação – Pré-especialização em Educação
de Adultos e Intervenção Comunitária
– Universidade do Minho

O presente artigo tem por objectivo dar a conhecer a temática, bem como a população alvo inerente a um estágio da Licenciatura em Educação – Ramo Educação de Adultos e Intervenção Comunitária – que decorreu ao nível de um Município e uma escola no ano lectivo 2004/2005.

O Agrupamento de Escolas de Gondifelos constituiu o grupo alvo do presente projecto de intervenção sendo, todavia, trabalhadas com maior incidência a escola EBI de Gondifelos (1.º ciclo) e o Jardim de Infância da Igreja, também em Gondifelos.

O Departamento de Educação e Cultura da Câmara Municipal de Vila Nova de Famalicão, bem como o Agrupamento de Escolas de Gondifelos constituíram as instituições de estágio na qual permanecemos até finais de Março de 2005.

Admitindo como um dos factores prioritários a promoção de uma maior interacção entre a Escola e a Família foi-nos proposto a elaboração de um projecto piloto, ao nível do Município Famalicense, que promovesse uma aproximação efectiva entre os elementos Escola e Família. Com efeito, ambos desempenham um papel fundamental no desenvolvimento da criança, motivo pelo qual devem manter uma relação de complementaridade e parceria.

O presente projecto de estágio teve como cerne de toda a acção a relação Escola/Família e, nesse sentido, foram empreendidas estratégias coadunantes com esse propósito.

Numa fase inicial do nosso trabalho procedemos a uma recolha exaustiva de dados e materiais capazes de sustentarem a intervenção que se pretendia operar. Assim, foram realizados inquéritos e entrevistas sobre o envolvimento das famílias na vida escolar, entre outros. O diagnóstico de situação constituiu, com efeito, uma das partes importantes do processo, a partir do qual foi formulada a finalidade, objectivos e actividades deste projecto singular de intervenção.

Cientes do rigor exigido consideramos, no entanto, ter contribuído para a criação de um projecto audaz, pertinente e exequível no âmbito da temática sobre a qual nos debruçámos: relação Escola-Família, do mesmo modo que trabalhámos no sentido da promoção do desenvolvimento integral de todos quantos nele participaram.

CAP. I – O CONTEXTO DE ESTÁGIO

1.1. *Os elos fortes: pontos de partida*

Relativamente aos pontos fortes do agrupamento são destacados pelo mesmo a baixa representatividade de indisciplina, bem como o facto de a maioria das famílias de onde são oriundos os seus alunos possuírem uma situação económica razoável. A par disso a escola admite como filosofia uma gestão de abertura à comunidade.

1.2. *Os elos débeis: aspectos a fortalecer*

No que concerne aos elos débeis a presente escola apresenta como situação prioritária a questão da permanente mobilidade do corpo docente, o que no seu entender desencadeia problemas em termos da consecução do Projecto Educativo. A par desta situação, a presente escola salienta, ainda, a falta de hábitos de estudo e pouca motivação dos alunos para a aprendizagem.

A questão da **pouca participação dos Encarregados de Educação** constitui, também ela, um dos aspectos que a presente escola gostaria de fortalecer em termos da dinâmica escolar.

Observando com atenção os elos débeis enunciados pela presente escola verificamos que a relação Escola-Família é já vista com alguma preocupação. Com efeito, existe uma participação débil dos encarregados de educação, motivo pelo qual o projecto ("De mãos dadas") ali implementado adquiriu uma importância capital.

CAP. II – EXPOSIÇÃO DO PROJECTO

2. Sinalização do ponto de partida

2.1. *População-alvo do projecto "De mãos dadas" (1.º ciclo)*

2.1.1. *Pessoal Docente*

Relativamente ao pessoal docente estabeleceu-se inicialmente um contacto informal com a estagiária, no qual foi dado a conhecer, apesar de muito vagamente, o objectivo do estágio que ali se realizaria.

As conversas informais realizaram-se individualmente e em grupo com todos os docentes. A partir destas conversas tornou-se possível o estabelecimento de alguns princípios orientadores do projecto "De mãos dadas," os quais adquiriram novo ênfase com a aplicação de um inquérito por questionário aos mesmos actores.

2.1.2. *Pessoal não docente*

O Agrupamento de Escolas de Gondifelos dispõe de um Técnico Especializado em Psicologia.

Fazem ainda parte da presente Escola 28 funcionários. De salientar que relativamente a este conjunto de pessoas constituiu nosso objectivo trabalhar um conjunto de temas no âmbito da comunicação e relacionamento interpessoal por meio de dinâmicas formativas. Nesse sentido, realizámos um inquérito inicial no sentido da auscultação das suas opiniões. O inquérito contemplava questões de ordem biográfica, bem como elementos relativos à possibilidade de ocorrência de dinâmicas formativas.

A par dos presentes inquéritos foram, também, mantidas conversas informais com estes actores e isso permitiu-nos concluir, uma vez mais, a crucialidade das presentes dinâmicas.

2.1.3. Alunos do 1.º ciclo

Ao nível do projecto "De mãos dadas" as crianças, neste caso os alunos, desempenharam um papel fundamental. Com efeito, eles simbolizam o elo de ligação entre a escola e a família e, nesse sentido, era impossível negligenciar o presente factor.

Numa fase inicial constituiu nosso objectivo conhecer de uma forma genérica o conjunto de indivíduos, os seus gostos, preferências e suas limitações. Assim, realizaram-se algumas actividades e foram mantidas, sempre que possível, conversas informais com estes pequenos mas importantes actores. Relativamente às presentes actividades foi-nos possível perceber o modo como as crianças se auto-caracterizavam, bem como a forma como os seus pais se exprimiam acerca delas. Com efeito, trata-se de actividades de diagnóstico, que permitiram o acesso a um conjunto de informações cruciais no âmbito da presente intervenção. A par disso foram também aplicados dois inquéritos com questões de índole diversa.

Em suma, a análise dos presentes inquéritos conjugada com as informações oriundas da relação com as crianças permitiu-nos concluir estar perante um grupo que gostaria de ter os familiares mais presentes na vida escolar. Com efeito, quando questionados sobre a possibilidade de os pais participarem em actividades dentro da escola todos eles referiam que seria óptimo. "Seria muito bom, poder ter a minha família na escola," "Era bom porque eles viam o que aprendíamos e podiam-nos ensinar e ajudar", "Eu gostava muito, pois assim partilhava com eles muitas mais coisas", "Eu gostava porque há algumas coisas que a minha família não sabe e eu podia-lhe dizer".

2.1.4. Família

O primeiro contacto com os pais ocorreu no dia de abertura do ano lectivo de 2004/2005 e, nesse encontro procedeu-se à apresentação da Estagiária, bem como do trabalho que se pretendia realizar. A importância da família para a consecução do presente projecto e o pedido para a colaboração de todos constituíram elementos de destaque.

Posteriormente a este contacto formal foi estabelecida uma relação com os encarregados de educação por meio de actividades que foram iniciadas na escola e para as quais era solicitada a ajuda da família. As actividades realizadas tiveram bastante aderência, motivo pelo qual existiram sentimentos de optimismo relativamente à consecução do presente projecto de intervenção.

Todavia, pareceu-nos oportuno a aplicação de um inquérito por questionário à totalidade das famílias no sentido de proceder à auscultação dos pais. O presente questionário era composto por três partes distintas: questões <u>de carácter biográfico</u> e <u>profissional</u>, questões no âmbito da <u>interacção Escola-Família</u>, e um espaço aberto em que era pedido a elaboração de um comentário sobre as estratégias a adoptar no sentido de potenciar uma maior e melhor relação entre os elementos escola e família.

Considerações...

Professoras, alunos e pais assumiram um papel crucial no âmbito do presente projecto de intervenção, motivo pelo qual foram tecidos esforços no sentido de uma compreensão dos seus desejos, expectativas e dificuldades.

A partir das conversas informais mantidas com o corpo docente do 1.º ciclo e da aplicação do inquérito por questionário, concluímos estar perante um grupo relativamente homogéneo. De uma forma geral, a monodocência assume um papel de destaque/relevo e, nesse sentido, as actividades elaboradas no âmbito do presente estágio não podiam ignorar tal factor. Todavia, a participação da estagiária no contexto da sala de aula para realização das suas actividades foi observada de forma muito valorativa. Com efeito, as docentes manifestaram o seu agrado com as propostas que lhes foram sugeridas.

Relativamente aos alunos e aos pais é-nos lícito concluir que à semelhança da classe docente também eles comungavam do mesmo princípio.

2.2. População do projecto "De mãos dadas" (Jardim)

2.2.1. Educadoras de Infância

O Jardim de Infância da Igreja sedeado em Gondifelos dispõe de duas Educadoras de Infância com as quais foram estabelecidos contactos por forma à recolha de informações capazes de sustentar o desenvolvimento e exequibilidade do presente projecto de intervenção. Nesse sentido, realizaram-se entrevistas semi-estruturadas a partir das quais nos foi possível a apreensão de algumas concepções e aspirações das presentes educadoras.

De acordo com as educadoras o desenvolvimento harmonioso do Agrupamento perpassa por uma interacção efectiva de todas as valências a ele circunscritas.

Relativamente à opinião sobre a família das crianças salientam a relação salutar existente entre estes e as Educadoras. Os pais participam activamente e, nesse sentido, são considerados elementos fundamentais.

O último ponto do guião da entrevista apelava à identificação e formulação de sugestões que considerassem pertinentes no âmbito do projecto que ali se pretende realizar. Admitindo que ao nível das infra--estruturas existentes se denota um total desequilíbro entre as necessidades sentidas e as condições existentes, as Educadoras formularam as suas sugestões no âmbito de uma participação colectiva de todos os actores em prol de um melhoramento e embelezamento do espaço ali existente. Com efeito, relativamente às infra-estruturas do presente Jardim há a salientar a **inexistência de espaços exteriores aprazíveis**, em que as crianças possam brincar com segurança. Com efeito, terraços de cimento profundamente danificados e falta de equipamentos são, apenas, algumas das questões que a este nível não podem ser descoradas.

2.2.2. Auxiliares de Acção Educativa

O Jardim de Infância dispõe de quatro auxiliares de acção educativa.

Num primeiro momento procedeu-se a uma apresentação informal da Estagiária e do objectivo pretendido em termos da realização do estágio, sendo-lhes proposto a participação em momentos formativos.

Considerações...

A existência de conversas informais, a par da realização de entrevistas e aplicação de questionários tornou possível o traçar de um percurso e uma forma de intervenção. Com efeito, ao nível dos auxiliares de acção educativa foram tidas em consideração as respostas fornecidas nos inquéritos por forma a desenvolver dinâmicas formativas pertinentes para aquele conjunto de pessoas.

Relativamente aos outros actores (Educadoras) tecemos esforços no sentido de uma maior interacção entre o Jardim e Escola de Gondifelos, bem como actividades cuja parceria com os pais constitua tarefa capital.

A **avaliação diagnóstica** constitui um dos momentos fundamentais ao nível da implementação de projectos de intervenção comunitária. No âmbito do projecto "De mãos dadas" a avaliação diagnóstica tornou possível a desocultação de um conjunto de problemas, expectativas e interesses dos actores, tidos em consideração no desenhar do presente projecto.

Actores em presença:
Alunos, família, docentes, educadoras, psicóloga, responsáveis da Instituição, auxiliares

Técnicas de recolha da informação:
Entrevista semidirectiva, Observação directa, Inquérito por questionário, Pesquisa bibliográfica, Conversas informais

Identificação de:

Problemas:
- Relação "frágil" entre a escola e a família;
- Pouca motivação por parte de alguns alunos;
- Degradação do espaço exterior do Jardim de Infância da Igreja.

Causas:
- Encarregados de educação dirigem-se à escola apenas (e nem sempre) para a presença nas reuniões escolares
- Edifícios pré-fabricados em ruínas, Redes de protecção em mau estado, Pavimentos com buracos,
- Inexistência de jardim

Oportunidades:
- Desenvolvimento de actividades que promovam a implicação da família na vida da escola
- Desenvolvimento de actividades com cariz prático e lúdico pedagógico
- Inter ajuda entre Agrupamento, Autarquia, Junta de freguesia, Pais e comunidade na resolução do problema

2.3. *Formulação de Finalidade, Objectivos Gerais e Específicos*

O projecto "De mãos dadas" assumiu, então, como grande finalidade:
Promover uma relação de parceria e cooperação entre Escola e Família alicerçada no desenvolvimento integral de todos

Em termos de objectivos gerais esforçamo-nos por:
- Sensibilizar as instituições para a importância da relação Escola-Família;
- Promover uma maior aproximação entre a realidade familiar e a realidade escolar (Escola/Jardim) ;
- Fomentar a interacção entre a Escola e a Família;
- Promover o desenvolvimento integral dos indivíduos;
- Fomentar a interacção entre Escolas e Jardins do Agrupamento;
- Alertar a comunidade educativa para a questão da interacção Escola-Família.

Porque os objectivos gerais devem ser traduzidos em algo materializável e de fácil percepção elaboraram-se, também, objectivos específicos, sendo eles:
- Mobilizar os responsáveis das instituições e famílias para a dinâmica deste projecto;
- Promover o envolvimento parental;
- Desenvolver um canal de comunicação entre a escola e a família;
- Desenvolver competências ao nível das relações interpessoais;
- Despertar o gosto pela expressão plástica;
- Desenvolver comportamentos e atitudes de respeito para com o meio ambiente;

- Dar especial relevo à afectividade na relação;
- Desenvolver o espírito crítico;
- Criar o hábito da leitura;
- Desenvolver canais de comunicação entre as Escolas e os Jardins;
- Realçar a importância da família na vida escolar;
- Valorizar formas de interacção entre escola e família.

2.5. *Considerações Metodológicas*

Inerente à dinâmica de projecto estão, inevitavelmente, questões metodológicas. Com efeito, nem todos os projectos se processam de igual modo e, se uns há em que os actores têm um papel mais activo, noutros eles são tidos como sujeitos passivos. No âmbito do presente projecto importava-nos, porém, saber quais as questões pertinentes para aquela população, o que os inquietava, motivo pelo qual tivemos de escolher de entre a diversidade de metodologias e métodos existentes aquelas que, em nosso entender, melhor se coadunavam com os propósitos que pretendíamos alcançar. Optámos, então, por uma metodologia de investigação-acção participativa. A par disso, houve o recurso a uma panóplia de fontes de informação como sejam: entrevistas semiestruradas; inquéritos por questionário a alunos, docentes, pais e auxiliares; observação e contactos informais com os diversos actores educativos da escola; bem como documentação escrita da escola. A pesquisa documental assumiu, também ela, um lugar de destaque no computo do presente projecto.

CAP. IV PLANO DE ACÇÃO DO PROJECTO "DE MÃOS DADAS"

4.1. *Apresentação e descrição das actividades*

O projecto "De mãos dadas" era composto por um conjunto de actividades de índole variada.

De uma forma sucinta podemos agrupá-las em três grandes categorias: actividades de <u>envolvimento Escola-Família</u>, actividades de <u>formação</u> e actividades relacionadas com o <u>Projecto Nacional Crescer a Brincar</u>.

Relativamente às actividades de envolvimento **escola-família**, podemos dizer que o objectivo consistia na promoção de uma relação de parceria entre realidade escolar e realidade familiar. "Eu sou assim" e "Somos 100% inteligentes," são dois exemplos de actividades realizadas neste âmbito. Promover o debate e partilha de ideias em torno daquilo que nos caracteriza constituiu um dos objectivos destas actividades. Em ambos os casos pretendeu-se promover a relação entre a criança e a família. Trata-se de actividades de diagnóstico, que nos permitiram proceder a uma primeira caracterização do grupo alvo. "Eu sou assim" consistiu numa actividade de iniciação do desenvolvimento integral das crianças. A consciencialização da criança relativamente à sua pessoa, isto é, dos seus defeitos e virtudes, da sua imagem pessoal é, em nosso entender, uma mais valia. Os alunos reflectiram em torno daquilo que os caracterizava e procederam a uma auto-caracterização. Porém, e porque o objectivo central do presente projecto consistia na promoção de uma proximidade entre realidade escolar e realidade familiar, pediu-se aos pais que elaborassem também uma pequena caracterização do seu filho. Assim, num primeiro momento a criança procedeu à sua auto-caracterização e posteriormente coube à família a sua hetero-caracterização. Ao realizar esta actividade facultamos, por um lado, a reflexão da criança em torno da sua vivência e o modo como se observa e, por outro lado, permitir-lhe apreender o modo como os seus familiares o observam e caracterizam. No seguimento da actividade anterior com "Somos 100%inteligentes" pretendeu-se, uma vez mais, conduzir a criança a uma reflexão sobre si. Contudo, nesta actividade foi fornecido o conjunto das sete inteligências existentes, segundo Dr. Howard Gardner, cabendo à criança a elaboração do seu gráfico representativo de inteligência. Cada aluno realizou a sua introspecção e a partir dela concluiu os seus sete tipos de inteligência (Matemático, linguístico, espacial, cinestésico, interpessoal, intrapessoal, musical). O gráfico daí resultante mostrou-nos qual a área que a criança considerou ter mais e menos desenvolvida. A par disto, a família elaborou também o seu gráfico representativo de inteligência para posterior comparação com o da criança. De uma forma sucinta podemos dizer que o objectivo se prendeu em mostrar que todos nós somos 100% inteligentes e que, para cada área, apresentamos um certo tipo de inteligência.

Após uma primeira fase de entrevistas e inquéritos aos presentes actores sucedeu-se, então, um conjunto de actividades que pressupunha uma colaboração efectiva de ambas as partes. Escola e família trabalharam conjuntamente em prol de uma relação harmoniosa alicerçada no desenvolvimento integral de todos. As actividades desenvolvidas tiveram um cariz diverso, podendo salientar-se: "A minha semana," que consistia numa reflexão individual da criança em torno das suas aprendizagens durante aquele período, bem como uma apreciação qualitativa do aluno/a por parte do docente. Esta actividade consistiu num canal de comunicação e feedback privilegiado entre escola e família. O "Álbum de família" traduziu-se num placard explorado semanalmente por cada criança. O aluno era convidado a apresentar a sua família e mostrar um pouco de si próprio aos seus colegas e professores, por meio de objectos, fotografias, recordações. Alguns docentes conheceram os pais das crianças através desta actividade.

Ao longo do projecto ocorreram, também, várias sessões com os familiares com o objectivo de desenvolver um canal de comunicação entre escola e família, ou seja, conhecer esta população e partilhar com eles os princípios do projecto que pretendíamos desenvolver, entre outros. Com efeito, durante todas as fases do projecto: diagnóstico, implementação e avaliação foram realizadas sessões com os familiares, pois só assim cumpríamos os objectivos da nossa intervenção. Os pais foram, então, convidados a exprimir a sua opinião relativamente ao presente projecto, partilhando alguns dos seus anseios.

Estas actividades simbolizam, apenas, uma pequena parte do trabalho desenvolvido em termos de colaboração escola-família. Com efeito, realizámos várias sessões em que os pais eram os protagonistas. A par disso, realizámos, também, um Fórum intitulado "A importância da família no desenvolvimento pessoal, psicológico e social da criança," e editamos um livro de histórias de vida escritas e ilustradas pelos pais, intitulado: "Quando eu era criança – histórias de gente crescida." O presente livro constitui o símbolo vivo da possibilidade de cooperação entre a Escola e Família.

No âmbito do presente estágio realizámos, também, actividades de **formação**, essencialmente, dinâmicas formativas.

O educador de adultos deve ter consciência da importância da formação no contexto do desenvolvimento do ser humano. Nesse sentido, a existência de dinâmicas ou momentos formativos funcionam como espaços de reflexão conjunta em torno de questões preocupantes para aqueles actores. Com efeito, por meio de uma aprendizagem dialógica foi nosso objectivo reflectir em torno de questões cruciais para aquela população e junto com ela tirar as ilações devidas.

No âmbito do projecto "De mãos dadas" realizaram-se actividades de formação, ou melhor dizendo momentos formativos com as famílias e com os funcionários da escola EBI e o Jardim da Igreja, ambos sedeados em Gondifelos.

As presentes sessões foram precedidas de uma avaliação diagnóstica no sentido da detecção das verdadeiras aspirações dos actores. Estas dinâmicas consistiam em espaços de reflexão conjunta em torno de questões preocupantes para aqueles actores. Assim foram trabalhados os seguintes temas:

– **Família e Comunicação: uma relação de parceria**

Promover o debate e partilha de ideias em torno de conceitos no âmbito da família e da comunicação era aquilo que de uma forma sucinta se pretendeu.

A sessão começou, então, pela realização de um brainstorming em torno do conceito "família" (o que simboliza família?), partindo das ideias que nos eram apresentadas. O mesmo fizemos com o conceito de comunicação. A técnica de brainstorming possibilitou-nos apurar noções específicas que aquele conjunto de actores atribuiu a um e outro conceito. Posteriormente foram apresentados os elementos do processo de comunicação bem como os tipos de comunicação existentes.

De salientar que a apresentação de conteúdos era sempre prosseguida de uma actividade de grupo. Com efeito, a interacção é muito importante ao nível deste tipo de sessões. Nesse sentido, no âmbito desta acção foram desenvolvidos dois trabalhos de grupo. Um deles prendeu-se com a discussão/reflexão da frase "Ser pai ou mãe é talvez das tarefas mais importantes que podemos desempenhar!" Para além desse trabalho foi realizado um outro que fazia a ligação entre os conceitos família e comunicação e sua relação de parceria.

– **Relacionamento Interpessoal e Comunicação: competências a adquirir**

A presente actividade foi realizada em dois momentos distintos: um momento com os funcionários da EBI e um outro com os auxiliares do Jardim. Com efeito, constituiu nosso objectivo adequar o presente tema às realidades concretas dos sujeitos em formação. Apesar de o tema ser igual ele foi trabalhado sob perspectivas diferentes.

Relativamente à sessão ocorrida no Jardim, os sujeitos em formação começaram por elaborar o seu gráfico de inteligência com o objectivo de percebermos um pouco melhor o presente grupo. A par disso, importava-nos saber qual a percentagem atribuída à inteligência de relacionamento interpessoal. Num ambiente descontraído construíram os gráficos e posteriormente descreveram num cartão "Eu sou assim..." como é que se auto caracterizavam. A partir destas actividades de motivação iniciámos a nossa formação com uma reflexão em torno do conceito de comunicação e relacionamento interpessoal.

Apresentadas algumas ideias/elementos chave no âmbito destes dois conceitos começámos a estabelecer as inter relações com as suas práticas quotidianas. Com efeito, relativamente à questão dos estilos de comunicação existentes, aproveitámos para fazer a ponte com alguns casos que conheciam do seu dia a dia.

Por último, desenvolvemos também actividades no âmbito do **Projecto Nacional Crescer a Brincar** ao nível do município famalicense.

O Projecto Crescer a Brincar é um programa longitudinal que foi elaborado de forma a acompanhar o desenvolvimento das crianças do 1.º ciclo encontrando-se, no momento de estágio, no terceiro ano de implementação (3.º ano de escolaridade).

No âmbito do presente projecto coube-nos ao nível do estágio a implementação de todas as actividades a ele implícitas. Assim, numa fase inicial foram ministrados inquéritos aos alunos do 3.º ano de escolaridade designados por pré-testes. Posteriormente, foram distribuídos pelas escolas aderentes do Concelho os manuais do "Crescer a Brincar". Após a distribuição esforçámo-nos no sentido de preparar uma intervenção nas escolas capaz de fomentar o debate de conceitos inerente aos presentes manuais. De salientar que no ano em questão era abordada pelos manuais referidos a questão da assertividade, pelo que constituiu o nosso ponto de partida.

Criámos, então, uma peça de teatro, bem como fichas de trabalho. A partir desse momento foram estabelecidos os contactos para a realização das visitas a todas as escolas aderentes. A visita tinha a duração de cerca de quarenta e cinco minutos e intercalávamos a peça de teatro com intervenções às crianças. Criar momentos interactivos de partilha e reflexão em torno de um conjunto de ideias constituiu o objectivo primordial.

No que concerne à avaliação do presente projecto é nosso dever salientar que ela foi realizada por uma entidade externa. Com efeito, a avaliação que pudemos realizar resulta, apenas, do nosso contacto e observação. Mesmo assim, parece-nos possível afirmar que as crianças e docentes estavam, de uma maneira geral, muito motivadas para o projecto de ajustamento psicológico.

CAP. V – AVALIAÇÃO

A avaliação constitui uma etapa crucial ao nível de um qualquer projecto de intervenção. Com efeito, perceber de que forma os intervenientes aderem ou não ao projecto, a par da existência de um feedback entre trabalho desenvolvido e opinião dos sujeitos é de todo crucial. A avaliação é, pois, parte integrante dos projectos, não constituindo por isso uma mera parte final ou um adorno destes. "Todos os projectos contêm necessariamente um plano de avaliação que se estrutura em função do desenho do projecto" (Guerra, 2002: 175).

Avaliar não é, porém, tarefa fácil. Inerente à avaliação podem estar noções de certificação, controlo, verificação ou acompanhamento. O conceito de acompanhamento é aquele que, em nossa opinião, melhor se coaduna com o trabalho realizado.

Para além da avaliação diagnóstica, à qual já fizemos referência a avaliação de **acompanhamento** adquiriu um lugar de destaque no âmbito da implementação das actividades do presente projecto de intervenção. A este nível houve o recurso a um conjunto diversificado de instrumentos.

Actores em presença:
Alunos, família, docentes, educadoras, psicóloga, responsáveis da Instituição, auxiliares

Técnicas de recolha da informação:
Entrevista semidirectiva, Observação, Escalas de verificação, Inquérito por questionário, Pesquisa bibliográfica, Conversas informais

A avaliação **final** adquiriu um lugar de relevo no final do presente projecto de intervenção. Para tal houve o recurso a um conjunto diversificado de instrumentos.

Actores em presença:
Alunos, família, docentes, educadoras, psicóloga, responsáveis da Instituição, auxiliares

Técnicas de recolha da informação:
Entrevista semidirectiva, Observação, Escalas de verificação, Inquérito por questionário, Pesquisa bibliográfica, Conversas informais.

No âmbito da presente avaliação foram auscultados actores muito diversificados. Com efeito, perante o objectivo de avaliar o projecto de intervenção "De mãos dadas" realizámos inquéritos aos alunos e familiares. A par disso, foram também realizadas entrevistas aos responsáveis da instituição, bem como docentes e psicóloga. As entrevistas semidirectivas contemplavam os seguintes itens: opinião sobre projectos de interacção Escola-Família com particular relevância o projecto "De mãos dadas;" Pertinência do projecto no âmbito de uma escola, concretamente em Gondifelos; Opinião sobre o processo inerente à implementação do projecto; Diferenças, caso existam, entre o antes e o agora; Opinião relativamente à inserção da família na vida escolar; Outros.

Relativamente à entrevista realizada com a psicóloga do Agrupamento é de salientar a sua posição no que respeita à interacção Escola--Família. Com efeito, tal como nos refere "educar sem os pais não faz sentido e para melhor conhecermos os alunos precisamos de conhecer os pais.." No que respeita às diferenças existentes entre o antes e o agora foi referido o aumento dos momentos de partilha entre pais e filhos em torno de actividades educativas, o maior conhecimento da dinâmica da escola por parte dos pais bem como o envolvimento das docentes.

Em suma "a escola dos dias de hoje é muito mais que um local de transmissão de saberes, é um espaço propiciador do desenvolvimento integral da criança, motivo pelo qual a família assume um papel fundamental". "Torna-se, pois, necessária a inclusão de novos profissionais nas escolas capazes de fazer a mediação com as famílias e dedicarem especial atenção a questões formativas". O mesmo pensamento foi proferido pelos responsáveis da presente instituição. Com efeito, à escola deve estar ligada uma equipa de técnicos multidisciplinares capazes de fazer face aos múltiplos desafios com que se depara.

Relativamente às entrevistas que foram realizadas com algumas das docentes há a registar o facto de as mesmas terem referido o facto de o presente projecto ter permitido o maior conhecimento e aproximação dos familiares. Os pais são vistos como parceiros muito importantes e isso foi possível pela realização do Projecto "De mãos dadas". A relação escola--família é de todo salutar e, nesse sentido, deveriam existir muitos projectos que contemplassem tal vertente. Escola e família devem, com efeito, caminhar de mãos dadas no sentido de uma maior troca e partilha de saberes e experiências.

Os alunos manifestam, de igual modo, o seu total agrado por projectos desta índole. Como dizem "aprendemos coisas importantes de uma forma divertida"; "o projecto "De mãos dadas" foi muito importante para mim pois tive os meus pais comigo na escola". "Gostava que para o ano existisse um projecto como este pois assim a escola seria mais divertida". Para além dos inquéritos realizámos também um jogo "Em busca de um tesouro" no qual as crianças eram questionadas sobre alguns dos temas trabalhados no âmbito do presente projecto. De uma forma lúdica pudemos constatar o que realmente tinham aprendido. O presente jogo contemplava um conjunto de etapas e em cada uma delas as crianças eram questionadas sobre um determinado tema e realizavam um pequeno jogo. De uma forma lúdica, e não esquecendo a importância da animação sócio-educativa foi-nos possível concluir a pertinência do presente projecto para estas crianças.

A par disso elaborou-se um cartaz intitulado "Vamos todos reflectir," no qual as crianças foram convidadas a exprimir livremente o que o projecto "De mãos dadas" simbolizou para elas. Com efeito, em torno de um enorme papel de cenário (2m por 2m) pintaram e escreveram o que mais as marcou. São expressões de crianças que dizem o que sentem: "O projecto De mãos dadas é muito bonito e divertido".

Relativamente aos familiares foi ministrado um inquérito com questões alusivas ao modo de condução do presente projecto, bem como à sua opinião sobre o trabalho desenvolvido. Os familiares referem o facto de o presente projecto ter permitido uma maior comunicação com a escola. Os pais vêm agora à escola com maior frequência e a todo o momento é-lhes pedida colaboração. Os momentos formativos são lembrados pelos pais como espaços muito importantes de partilha de experiências. O vir à escola não é apenas para buscar/trazer o filho ou assistir a reuniões trimestrais de avaliação. "É bom podermos partilhar com os nossos filhos momentos escolares". "Sinto que o meu filho gosta que eu venha à escola e eu também gosto".

A partir do exposto facilmente se depreende a importância que o presente projecto teve para os destinatários, todavia, temos consciência que existiram coisas que talvez pudessem ter sido realizadas com uma outra dimensão. Com efeito, a sensação de que há ainda muito para fazer tende a acompanhar-nos. Temos consciência que existiram algumas lacunas, afinal, este foi o primeiro trabalho com uma envergadura diferente dos anteriores trabalhos académicos. Todavia, sempre nos esforçámos por realizar um trabalho pertinente junto com a comunidade e isso parece-nos ter sido alcançado. É com enorme prazer que olhamos para os seus rostos e vemos a alegria com que folheiam o livro "Quando eu era criança – histórias de gente crescida". No fundo é todo um trabalho de equipa que conferiu aquela comunidade uma grande satisfação e sentido de pertença.

Considerações Finais

Sob o lema "De mãos dadas" construímos um projecto de intervenção que conduziu a um conjunto de práticas participadas entre os elementos escola e família. Com efeito, ao autonomizar e responsabilizar a família no processo educativo dos seus educandos bem como ao sensibilizar a classe docente para a importância da cooperação entre estes e a família, o presente projecto contemplou em si as bases para uma relação de maior parceria e cooperação entre estes dois elementos.

A partir do presente projecto tornou-se possível verificar algumas das potencialidades oriundas de uma cooperação, não raras vezes negligenciada, entre a realidade familiar e escolar.

Escola e Família devem, pois, esforçar-se no sentido de uma cooperação efectiva. Com efeito, só assim será possível caminhar rumo ao desenvolvimento integral das crianças.

Observando com atenção o caminho percorrido sentimos que marcamos (uns mais, outros menos) todo aquele conjunto de actores e isso é de todo louvável. Promover a reflexão em torno do que consideramos ser uma mais valia, isto é, relação Escola-Família foi aquilo que de forma harmoniosa nos propusemos e pensamos ver conseguida. Alguns pais vêm agora à escola e sentem-se bem. Na escola encontraram um espaço de diálogo, troca e partilha de opiniões. Ali debatem vivamente um conjunto de problemas do seu interesse e isso muito nos enriquece em termos pessoais e profissionais. Com efeito, o esforço por construir material audaz foi uma constante, e constituiu a nossa meta pessoal.

Em suma, a construção do projecto de intervenção sociopedagógico "De mãos dadas" tem implícito e pretende relatar todo esse processo complexo e ambíguo que está por detrás das relações entre a escola e a família, propondo um, entre tantos outros caminhos possíveis!!!

Bibliografia

AMIGUINHO, A.(1992). *Viver a formação. Construir a mudança*. Lisboa: Educa.
BARBIER, J. M. (1985). *Avaliação em formação*. Porto: Porto Editora.
BARBIER, J. M. (1993). *Elaboração de projectos de acção e planificação*. Porto: Porto Editora.
CANÁRIO, R. (1995). *Gestão da escola: Como elaborar o plano de formação?* Lisboa: Instituto de Inovação Educacional.
CANÁRIO, R. (org.) (1997). *Formação e situações de trabalho*. Porto: Porto Editora.
CANÁRIO, R. et al (1997). *A parceria professores/pais na construção de uma escola do 1.º ciclo*. Lisboa: Ministério da Educação – Departamento de Avaliação, Prospectiva e Planeamento.
CANÁRIO, R. (1999). *Educação de adultos: um campo e uma problemática*. Lisboa: Educa.
DIAS, J. R. (1983). *Curso de iniciação à educação de adultos*. Braga: Universidade do Minho.
DIOGO, J. M. L. (1998). *Parceria Escola-Família. A caminho de uma educação participada*. Porto: Porto Editora.
FERRÃO, L. e RODRIGUES, M. (2000). *Formação Pedagógica de Formadores*. Lisboa: Lidel.
FERRY, G. (1991). *El trayecto de la formación. Los ensenãntes entre la teoria y la prática*. Barcelona: Ed. Paidós S.A.
FLORES, M. A. (2000). Currículo, formação e desenvolvimento profissional, in J. A. Pacheco(org) *Políticas de integração curricular*. Porto: Porto Editora.
FONSECA, M. F. A (2001). *Relação família-escola – seus contornos e impacto no desempenho escolar em momentos de transição* Braga: Universidade do Minho (Tese de Mestrado dactilografada).
FORMOSINHO, J. et al. (s/d). *Comunidades educativas: novos desafios à educação básica*. Braga: Livraria Minho.
GUERRA, I.C. (2002). *Fundamentos e Processos de uma Sociologia de Acção – o planeamento em ciências sociais*. Cascais: Principia.
HONORÉ, S. (1980). *Os pais e a escola. Uma colaboração necessária e difícil*. Lisboa: Moraes Editores.
LENHARD, R. (1973). *Sociologia Educacional*. São Paulo: Livraria Pioneira.

LESNE, M. (1994). *Trabalho pedagógico e formação de adultos*. Lisboa: Fundação Calouste Gulbenkian.
LIMA, J. A. (2002). *Pais e professores. Um desafio à cooperação*. Porto: Asa Editores.
MALGLAIVE, G. (1995). *Ensinar adultos*. Porto: Porto Editora.
MARQUES, R. (1997). *Professores, famílias e projecto educativo*. Porto: Edições Asa.
MARQUES, R. (1999). *Modelos Pedagógicos Actuais*. Braga: Plátano.
MONTADON, C. e PERRENOUD, P. (2004). *Entre pais e professores, um diálogo impossível*. Oeiras: Celta.
MONTENEGRO, M. (1997). *Educação de Infância e Intervenção Comunitária*. Setúbal: Instituto das Comunidades Educativas.
MOREIRA, P. (2005). *Ser professor: competências básicas...3*. Porto: Porto Editora
NORBECK, J. (1981). *Formas e Métodos de educação de adultos*. Braga: Universidade do Minho.
NÓVOA, A. (1988). "O método (Auto) Biográfico na encruzilhada dos caminhos (e descaminhos) da formação de adultos". In *Revista Portuguesa de Educação*. N.º 1 (2).
OLIVEIRA, M. (1993). *Escola e Pais – Que relação?* Braga: Universidade do Minho – CEFOPE.
OLIVEIRA, C. et al. (1999*). Educação de adultos e intervenção comunitária*. Braga: Instituto de Educação e Psicologia.
PACHECO, J. e MORGADO, J. C. (2002). *Construção e avaliação do projecto curricular de escola*. Porto: Porto Editora.
PINTO, A. (1998). *A dinâmica do relacionamento interpessoal. Roteiro de animação pedagógica*. Instituto de emprego e formação profissional.
RIEF, S. e HEIMBURGE, J. (2000). *Como ensinar todos os alunos na sala de aula inclusiva*. Porto: Porto Editora.
RODRIGUES, A e ESTEVES, M. (1993). *Análise de necessidades na formação de professores*. Porto: Porto Editora.
SANTIAGO, R. (1993). *Representações sociais da escola nos alunos, pais e professores no espaço rural* Aveiro: Universidade de Aveiro (Tese de Doutoramento dactilografada).
SARMENTO, T. e MARQUES, J. (2002). *A escola e os pais*. Braga: Centro de estudos da Criança – U.M.
STRAUVEN, C. (1994). Construir uma Formação: Definição de Objectivos e Exercícios de Aplicação. Edições Asa. Colecção: Práticas Pedagógicas.
SILVA, C. G. (1999). *Escolhas escolares, Heranças Sociais*. Oeiras: Celta Editora
ZABALZA, M. (1992). *Planificação e desenvolvimento curricular na escola*. Porto: Edições Asa.

EDUCAR NA PREVENÇÃO

MARIA MANUELA CORREIA FERNANDES
Licenciada em Educação – Pré-especialização
em Educação de Adultos e Intervenção Comunitária
– Universidade do Minho

O estágio desenvolvido no Plano Municipal da Prevenção Primária das Toxicodependências de Barcelos, que deu origem a este artigo pretendeu ser uma mais valia no desenvolvimento de estratégias de prevenção primária das toxicodependências, nomeadamente, no treino de competências assertivas, de alternativas positivas ao consumo e promoção de estilos de vida saudáveis, na melhoria da qualidade dos espaços relacionais, na minimização dos factores de risco ligados aos comportamentos desajustados e ao uso/abuso de substâncias lícitas e ilícitas, bem como na difusão de informação adequada sobre estas temáticas, de forma a evitar o consumo de drogas.

Se antigamente, as estratégias preventivas se baseavam em modelos predominantemente de cariz informativo, hoje reconhece-se que isso não é suficiente: *Dito de outro modo, não é possível prevenir o uso/abuso de drogas, recorrendo a abordagens lineares e reducionistas como as que se baseiam unicamente no pressuposto de que as informações acerca das drogas constituem um obstáculo suficientemente poderoso para que o jovem se abstenha de consumir drogas* (Negreiros, 1999: 36). É fundamental o complemento com acções intencionalizadas que promovam a formação integral e resiliente (capaz de dotar as crianças e adolescentes da capacidade de procurar o bem-estar em experiências reais e naturais, contextualizadas em redes de relações gratificantes, sem necessidade de procura do risco), e que contribuam para dimensões tão importantes como, por exemplo, a auto-estima, a capacidade de resolução de problemas, de tomada de decisão, de competências de comunicação assertiva e de resistência a pressões negativas e de adiamento do prazer.

Tudo isto, numa lógica de educação para a saúde, porque o direito à **Educação** é um direito de todo o ser humano. Só através dela as pessoas serão capazes de desenvolver as suas potencialidades, participar na sociedade e adquirir conhecimentos para melhor entender a saúde em geral e a sua em particular.

A escola foi o contexto escolhido para a intervenção tentando, sempre que possível, chegar à família e ao meio onde se inserem as crianças, na medida em que a Educação para Saúde na escola *tem por finalidade promover a aquisição de conhecimentos, desenvolver atitudes e hábitos saudáveis no aluno de forma a que favoreçam o seu crescimento, desenvolvimento, bem-estar e ajudem à prevenção de doenças evitáveis na sua idade. (Sanmarti, 1988; Pardal, 1990). Para além disso, deve tentar responsabilizá-los pela sua própria saúde e prepará-los para que ao sair da escola e incorporar-se na comunidade, adoptem um regime, um estilo de vida o mais saudável possível* (Precioso, 2000: 13).

Mais concretamente, este projecto surgiu para dar resposta às necessidades sentidas pela comunidade escolar e pelas técnicas envolvidas no Plano Municipal de Prevenção Primária de Barcelos (**professores** dos Conselhos Executivos das Escolas às quais se destina este projecto, **psicóloga** e um elemento da **Comissão de Protecção de Crianças e Jovens**). Tais necessidades conduziram à implementação de um Projecto de Prevenção das Toxicodependências, em contexto sala de aula, com as turmas dos 7.º anos das Escolas Secundárias de Barcelos – uma vez que este é um ano de transição e de entrada nestas escolas, e o ano que antecede ao Grupo de Mediadores. Outra prioridade detectada prendeu-se com a criação de um Grupo de Mediadores, numa das Escolas Secundárias, com alunos do 8.º ano de escolaridade, por forma a dar continuidade ao trabalho anteriormente desenvolvido com esses mesmos alunos – que frequentaram o 7.º ano onde foi implementado um Programa de Prevenção, no ano transacto. Para finalizar, assinalou-se ainda como prioritária a dinamização de um Programa de Prevenção do Consumo de Álcool com Crianças do 4.º ano do 1.º Ciclo, no Agrupamento de Escolas de Manhente, visto que, segundo informações da Comissão de Protecção de Crianças e Jovens, esta é uma zona com elevado número de situações relacionadas com o consumo abusivo de álcool e onde urge uma intervenção.

Todas estas prioridades foram confirmadas junto dos alunos através de um **inquérito por questionário** (o mesmo que foi depois aplicado junto dos alunos no início e final de cada um dos programas – medida pré e pós-teste) a uma amostra do grupo-alvo, quer dos 4.º anos quer dos 7.º anos – a partir do qual se detectaram mistificações e informações pouco correctas acerca de algumas substâncias –, bem como através das **inscrições** dos alunos do 8.º anos, demonstrando o seu interesse de participar em iniciativas de prevenção.

Face à problemática acima descrita, desenvolveu-se um conjunto de actividades capazes de fornecer alguma informação acerca de algumas substâncias e, acima de tudo, treinar comportamentos assertivos: assertividade enquanto competência privilegiada. Isto, porque se as crianças e jovens conhecerem a realidade e algumas das possíveis formas de reagir a situações de pressão para a experimentação de drogas mais facilmente poderão dizer "NÃO", tomar decisões conscientes e críticas.

Caracterização da instituição

A Câmara Municipal de Barcelos, está subdividida em vários departamentos, de entre os quais a Divisão da Acção Social, a partir da qual se está a desenvolver o **Plano Municipal de Prevenção Primária das Toxicodependências**, entre muitos outros programas de apoio social.

Este Plano está desmembrado em dois projectos: **"Construir o Presente, Promover o Futuro"** e **"Cooperar para Mudar"** implementados, respectivamente, pelas duas entidades promotoras – Associação de Pais da Escola Alcaides Faria e Grupo de Acção Social Cristã (GASC) – estando a primeira entidade a desenvolver um trabalho em contexto escolar (prevenção primária), enquanto que a segunda entidade desenvolve um trabalho mais direccionado para famílias de risco ou filhos toxicodependentes, ex-toxicodependentes ou em reabilitação (prevenção primária e secundária).

No que respeita ao projecto **"Construir o Presente, Promover o Futuro"**, onde se encontra inserido o presente projecto de estágio, pode dizer-se que a sua operacionalização é relativamente recente, sendo este o segundo ano do seu desenvolvimento, e surgiu da necessidade de uma intervenção a nível da prevenção das toxicodependências no Concelho. Para o efeito, este projecto estabelece parcerias com diversas entidades, tais como: a Polícia de Segurança Pública Barcelos (PSP), a Guarda Nacional Republicana (GNR), entre outras.

Caracterização dos destinatários do projecto

O projecto **"Educar na Prevenção"** teve destinatários diversificados, variando de acordo com o tipo de Acção a dinamizar. Assim, o Programa de Prevenção "Construir o Presente, Promover o Futuro" foi dinamizado com alunos dos 7.° anos – cinco turmas da Escola Secundária de Barcelinhos e cinco turmas da Escola Secundária Alcaides de Faria (total de 270 alunos). A intervenção com esta população-alvo prendeu-se com o facto dos mesmos serem mais vulneráveis a comportamentos de *comparação social* (ocorre quando o adolescente se avalia – comportamentos, atitudes, capacidades, ... – tendo com referência os seus colegas) e de *conformidade* (refere-se à adopção de comportamentos e atitudes que os colegas adoptam), duas características bem presentes no desenvolvimento psicológico do adolescente. Para além disso, pretendeu-se desenvolver acções de prevenção primária capazes de diminuir os factores de risco e aumentar os factores protectores.

No que concerne ao Grupo de Mediadores, este abrangeu inicialmente um grupo de 20 alunos (comparecendo apenas 12 às sessões) dos 8.° anos de escolaridade, da Escola Secundária de Barcelinhos, visto ser uma escola que abrange uma grande franja populacional das freguesias periféricas da cidade onde existe a necessidade de intervir nesta área, bem como pelo facto da ideia base do Plano de Prevenção de Barcelos ser a criação de um Grupo de Mediadores por cada Escola Secundária. No ano transacto, a escola-alvo deste grupo foi a Escola Secundária Alcaides de Faria.

Relativamente ao Programa de Prevenção do Consumo de Álcool "Aprender com o MUFFI", este abarcou 145 crianças (sete turmas) do 4.° ano de escolaridade das Escolas do 1.° Ciclo do Agrupamento de Escolas de Manhente e os seus respectivos pais, uma vez que para uma intervenção ser eficaz, sempre que possível, terão que ser trabalhadas todas as partes envolvidas, ou seja, neste caso específico, pais e crianças.

Finalidade e objectivos do projecto

O princípio norteador de todo o processo de intervenção do projecto **"Educar na Prevenção"**, ou seja, a sua principal **finalidade** é: Potenciar o desenvolvimento integral das crianças e jovens.

Objectivos gerais
– Apelar à participação e envolvimento de todos na prevenção do fenómeno das toxicodependências;
– Desenvolver atitudes e comportamentos para uma tomada de decisão consciente;
– Fomentar a participação e autonomia dos jovens na área da prevenção primária das toxicodependências;
– Promover competências que permitam aumentar a resiliência no consumo do álcool;
– Fomentar o desenvolvimento de competências que permitam uma maior intencionalização na forma como os pais se relacionam com os educandos, no sentido de prevenir situações de risco ou comportamentos desviantes propícios ao consumo do álcool.

Descrição, fundamentação e avaliação das actividades

As actividades foram uma parte integrante do projecto, pois foi através destas que se alcançaram os objectivos propostos. Importa salientar que a planificação das actividades foi flexível, permitindo reajustes de acordo com a especificidade dos destinatários, suas necessidades, interesses e ritmos.

Seguidamente, apresentam-se, de forma mais detalhada, algumas das actividades implementadas e com maior impacto na comunidade educativa, fazendo uma breve descrição e avaliação de cada uma delas.

É importante referir que apesar dos Programas de Prevenção se apresentarem como uma actividade (actividade 2 e 3), a descrição dos mesmos abrange, respectivamente, as dez e oito sessões realizadas em cada um deles.

ACTIVIDADE 1: SENSIBILIZAÇÃO E APRESENTAÇÃO DO PROJECTO "CONSTRUIR O PRESENTE, PROMOVER O FUTURO"

Após a análise diagnóstico, onde foram detectadas as principais prioridades de intervenção, partiu-se para a divulgação do projecto e das actividades a ele subjacentes, nas Escolas Secundárias do Concelho e no Agrupamento de Escolas de Manhente, assim como para a definição das turmas e horários em que os mesmos se desenvolveriam.

Paralelamente a esta actividade, foram contactados o Capitão da Guarda Nacional Republicana de Barcelinhos (GNR), o Comissário da Polícia de Segurança Pública de Barcelos (PSP) e o Dr. Arturo Soto (Médico do Centro de Saúde local), a fim de avaliar a sua disponibilidade em colaborar numa das sessões do Programa de Prevenção com os 7.° anos.

Realizadas as apresentações dos programas, e confirmadas as turmas que aderiram ao projecto, deu-se início à implementação dos respectivos programas, num horário previamente definido por cada Escola para cada turma.

Avaliação/resultados: Esta actividade foi avaliada através de *conversas informais* e da *observação* (tendo como indicadores: o grau de receptividade e de interesse demonstrado pelos professores e o grau de adesão aos programas) – permitindo auscultar a opinião de todos acerca da importância, adequabilidade dos programas às turmas, bem como a sua disponibilidade em aderir aos mesmos. Concluiu-se que os professores estavam bastante receptivos, visto que todas as escolas e turmas – 4.° e 7.° anos – aderiram aos programas, considerando-o de extrema importância.

ACTIVIDADE 2: PROGRAMA DE PREVENÇÃO "CONSTRUIR O PRESENTE, PROMOVER O FUTURO", COM OS 7.° ANOS

Esta actividade surgiu como uma mais valia para apoiar os pais e professores no desenvolvimento de estratégias integradas do domínio da prevenção primária, bem como trabalhar competências de resiliência ao consumo de substâncias.

Em seguida, apresenta-se um quadro ilustrativo das dez sessões dinamizadas em todas as turmas, especificando o tema da sessão e os materiais trabalhados.

Quadro n.º 1: Síntese das sessões realizadas no âmbito
do Programa de Prevenção "Construir o Presente, Promover o Futuro"

SESSÃO	TEMA	MATERIAL
1	Apresentação da equipa técnica e início do programa	- Cartão de visita - Regras de grupo - Ficha de identificação do aluno
2	Avaliação dos conhecimentos dos alunos face às toxicodependências	- Questionário (medida pré-teste) - "Mitos" e factos - Cartões verdes, vermelhos e amarelos - Motivos que levam as pessoas a consumir
3 4	Apresentação de alguma informação sobre as toxicodependências	- Diapositivos em PowerPoint - Computador portátil e data show
5	Tabagismo	- Computador portátil e data show
6	O papel da GNR e da PSP na prevenção das toxicodependências	
7	Treino da assertividade	- Estilos de comunicação - Assertividade significa... - Direitos pessoais
8	Assertividade: Técnicas de inversão de pares	- Casos - Técnicas de inversão da pressão de pares
9	Auto-estima	- Estrada das conquistas - Fotografia do interior pessoal - Questionário (medida pós-teste)
10	Conclusão do programa	- Filme "Tchim, o Benjamim e a Droga" - Televisão e vídeo

Este programa foi dividido em três grandes grupos: sessões de (in)-formação (prevenção das toxicodependências, tabagismo e o papel da PSP ou GNR na prevenção); sessões de treino de competências e sessões de reflexão de alternativas positivas ao consumo.

Assim, no primeiro grupo (sessões 2 a 6) constam as <u>sessões de carácter mais informativo</u>, mas que apelaram fortemente à participação dos alunos na discussão dos tópicos apresentados, que se referem, por um lado, à avaliação dos conhecimentos dos alunos face à problemática em estudo e, por outro, à apresentação e análise de alguma informação fornecida, quer pela equipa técnica, quer por um médico do Centro de Saúde local (Tabagismo) e por um Agente da PSP/GNR.

Importa realçar que a transmissão de "muita informação" sobre este tema não foi o objectivo principal deste programa, enquanto estratégia de prevenção privilegiada, foi apenas uma componente integrante e necessária para uma melhor compreensão de todos os temas e situações que foram trabalhados nas sessões. Este aspecto justifica o facto deste programa não fazer uma abordagem muito alargada das substâncias – sua composição e efeitos.

O segundo grupo diz respeito ao <u>treino de algumas competências</u> (sessões 7 e 9), nomeadamente, a *assertividade* e a *auto-estima*. No que concerne à assertividade, apresentaram-se algumas situações de persuasão em que as pessoas desejariam dizer "não", mas que acabavam por dizer "sim", na medida em que alguém exerce sobre outrem uma pressão para realizar um determinado comportamento. Abordaram-se, de igual modo, os *Três Estilos de Comunicação* (agressivo, passivo e assertivo), dando particular destaque às vantagens que decorrem de um comportamento assertivo – genericamente caracterizado pela: expressão aberta e directa de preferências (necessidades, desejos) e opiniões (crenças e pensamentos); a expressão de direitos individuais; a capacidade de dizer "Não" e a capacidade de exprimir sentimentos positivos e negativos.

Por fim, o último grupo refere-se à <u>reflexão de alternativas positivas ao consumo</u> (sessão 8). Neste grupo recorreu-se à demonstração de situações de persuasão relacionadas com a experimentação de drogas, em que é evidente um comportamento mais passivo; bem como o *role-play*, com o intuito dos alunos apresentarem e praticarem algumas estratégias para lidar com situações de pressão e que implicassem um estilo de comunicação assertivo e respostas possíveis para situações de pressão.

Como forma de finalizar o programa, pretendeu-se reforçar a ideia de que uma saudável ocupação dos tempos livres e a procura de um tempo de lazer agradável e diversificado é um importante contributo para o bem-estar físico e psicológico, salientando que as relações de amizade e companheirismo, que emergem da interacção humana, estão quase sempre presentes nos momentos de lazer. Tendo isto em conta, considerou-se que uma forma dos alunos entenderem que o lazer, enquadrado num estilo de vida saudável, representa em larga escala uma das alternativas positivas ao consumo de substâncias, foi visualizado um filme – *"Tchim, o Benjamim e a Droga"*.

Todas as sessões surgiram com o intuito de formar os jovens (através de dinâmicas de grupo, diálogo e reflexão) e fazer com que eles se desenvolvessem crítica e conscientemente, bem como que adquirissem comportamentos assertivos importantes passíveis de serem utilizados no seu dia-a-dia e que podem ser úteis em situações de pressão para a experimentação de drogas.

Avaliação/resultados: Com a aplicação deste programa, detectaram-se grandes dificuldades por parte dos jovens no que concerne a competências assertivas, em reconhecerem em si dimensões positivas quando interpelados a exporem qualidades suas e em tomar decisões de forma responsável e autónoma (*observação directa e participada*), assim como muitos mitos acerca das toxicodependências (*lista de afirmações Mitos ou Factos*) que foram esclarecidos com a formação.

Da análise do *questionário*, conclui-se que a vertente informacional foi bastante elucidativa e esclarecedora, o que se denotou com a evolução nas percentagens quando confrontados os valores do pré-teste com os do pós-teste. Apesar de se terem notado diferenças significativas, constatou-se que as mudanças de comportamentos exigem tempo e intervenções mais pontuais, com vista a obterem resultados mais favoráveis, assim como para verificar se os mesmos se mantêm modificados. Esta situação leva à conclusão que a implementação do programa teve efeitos positivos, o que veio reforçar a observação efectuada bem como as *conversas informais*, com os alunos e professores, que redigiram um parecer favorável acerca do programa, dizendo que este estava *"revestido de uma importância primordial para um maior conhecimento dos alunos do tema em questão, dotando-os desta forma de recursos pessoais extremamente importantes numa etapa da vida particularmente difícil como é a adolescência"* (professora do 7.º ano).

ACTIVIDADE 3: PROGRAMA DE PREVENÇÃO DO CONSUMO DE ÁLCOOL – "APRENDER COM O MUFFI", COM OS 4.º ANOS

Esta actividade surgiu devido ao facto de o álcool ser a droga mais consumida em Portugal e, mais concretamente, um problema sério com que os serviços de Acção Social de Barcelos se debatem constantemente, visto que existem indícios de consumos já instalados em crianças.

Em seguida, apresenta-se um quadro ilustrativo das sessões dinamizadas, com as turmas do 4.º ano de escolaridade do Agrupamento de escolas de Manhente, bem como dos materiais utilizados.

Quadro n.º 2: Síntese das sessões realizadas no âmbito
do Programa de Prevenção do Consumo de Álcool – "Aprender com o Muffi"

SESSÃO	TEMA	MATERIAL
1	Apresentação da equipa técnica e início do programa.	- Regras de grupo e Contrato comportamental - Imagem ampliada do "Muffi"
2	Avaliação dos conhecimentos dos alunos face às toxicodependências Apresentação da história	- Questionário (medida pré-teste) - Manual do programa
3	Informação sobre as consequências bio-psico--sociais do álcool	- Cubo - Manual do programa
4	Análise dos conhecimentos obtidos na sessão anterior	- Manual do programa
5	*Os sentimentos e o álcool*	- Lista dos sentimentos e manual do programa
6	Treino da assertividade	- Casos e Estilos de comunicação - Manual do programa

7	Promoção de um estilo de vida saudável	- Manual do programa - Bilhete de Identidade do Clube dos Saudáveis - Questionário (medida pós-teste)
8	**Elaboração de uma mensagem de "Luta contra o consumo abusivo de drogas" Conclusão do programa**	- Cartolinas, folhas brancas, lápis e marcadores - Filme "Mónica, uma história sobre o álcool" - Televisão e vídeo

Esta actividade consistiu na dinamização de um programa de prevenção do consumo de álcool em crianças do 1.º Ciclo, tendo por base a narração de uma história lúdica apresentada através de estratégias criativas e lúdicas (para despertar a atenção). Basicamente, pretendeu-se que estas fossem fonte de aprendizagem de competências concretas na prevenção desta problemática e, de igual modo, úteis no desenvolvimento integral das crianças, reduzindo a probabilidade das mesmas se envolverem precocemente no consumo de álcool. Mais concretamente, o conteúdo narrado era alusivo à vivência desta problemática no seio familiar, ou seja, a personagem central era filho de um pai alcoólico, que ao longo das sessões foi relatando o seu problema (fazendo alusão às diferentes dimensões da problemática) e, ao mesmo tempo, convidava o grupo a apresentar possíveis estratégias que se poderiam adoptar para resolver o problema e o prevenir.

Paralelamente à narração da história, utilizaram-se *fichas de trabalho* complementares com o intuito de aumentar nas crianças os conhecimentos sobre os factores (antecedentes e consequências) bio-psico-sociais do consumo de álcool (na saúde, na família, no trabalho, na escola e com os amigos). Pretendia-se modificar atitudes e comportamentos relacionados com o consumo desta substância e promover competências que permitam aumentar a resiliência, valorizando sempre a promoção de estilos de vida saudáveis e a importância da alimentação e do exercício físico na promoção do bem-estar.

Na última sessão, elaborou-se uma *mensagem de "Luta contra o consumo abusivo de álcool"* (cartazes ou desenhos) e dinamizou-se um momento mais lúdico, embora também ele educativo e pedagógico, através da apresentação do filme *"Mónica, uma história sobre o álcool"* que, de forma sintética mas clara e adequada, resume o trabalho desenvolvido ao longo das oito sessões. Finalizou-se o programa com a *fotografia do grupo*.

Avaliação/ resultados: Para avaliar esta actividade recorreu-se a *fichas de trabalho* e *grelha de observação* (indicadores: conhecimento da temática, capacidade de trabalho em equipa, motivação, participação, interesse, iniciativa e criatividade, com uma escala de 1-5), assim como à *observação directa e participativa*. Através destes indicadores denotou-se um elevado interesse e empenho demonstrado pelo programa, bem como entusiasmo e interiorização na aprendizagem dos conteúdos abordados, nomeadamente, nas sessões mais dinâmicas – elaboração do cartaz, dos desenhos e dinamização dos casos. O programa em si e a forma como o mesmo foi dinamizado pela estagiária e acolhido pelos alunos também foi avaliado, por estes e pelos professores, através de um parecer escrito no final do programa. Todos consideraram que os alunos estavam motivados e interessados em aprender, sendo este um tema de extrema importância e actualidade, e que as sessões *"foram abordadas de forma clara, concisa e motivadora, de maneira que os alunos adquiriram informações e conhecimentos suficientes para serem capazes de, futuramente, transmitir a mensagem a terceiros"* (professora do 4.º ano).

ACTIVIDADE 4: ACÇÕES DE INFORMAÇÃO/ SENSIBILIZAÇÃO PARA PAIS – "A PROBLEMÁTICA DO CONSUMO DE ÁLCOOL"

Acreditando que cada vez mais a família é o primeiro espaço de aprendizagens, onde estão presentes os importantes modelos de referência e, tendo em conta a necessidade da união dos mais diversos esforços para a operacionalização eficaz de qualquer projecto preventivo, foram dinamizadas duas Acções de Informação/Sensibilização para os Pais/Encarregados de Educação das crianças com quem foi implementado o programa de Prevenção do Consumo de Álcool – "Aprender com o MUFFI" –, estando as mesmas alargadas aos Professores e Comunidade em geral.

Estas acções incidiram na Problemática do Consumo de Álcool, circunscrevendo-se a temas como: o álcool, a gravidez e a infância; o álcool e a nutrição; efeitos psicossociais e neurológicos do álcool; o álcool e a

condução; apresentação de um caso real da Associação de Alcoólicos Anónimos de Viana do Castelo.
A estratégia central foi a interacção verbal, com incentivo à partilha aberta de ideias.

Avaliação/resultados: A actividade avaliou-se pelo *número de pais que efectivamente compareceram* às sessões (dez) e com uma *ficha de avaliação* preenchida pelos Pais/Encarregados de Educação no final de cada uma das acções, assim como através da *observação directa*.

Pode dizer-se que os objectivos foram atingidos, uma vez que houve diálogo, nomeadamente, partilha de informação e experiências, verificando-se assim que houve uma consciencialização para a problemática, uma vez que se mostraram receptivos em receber mais informação e empenhados em prevenir.

ACTIVIDADE 5: MANUAL DE PREVENÇÃO DO CONSUMO ABUSIVO DE ÁLCOOL PARA PAIS E MANUAL DE PREVENÇÃO PRIMÁRIA DAS TOXICODEPENDÊNCIAS PARA PROFESSORES

Esta actividade consistiu na criação de dois guias informativos, um para pais e outro para professores. O primeiro é alusivo à temática do consumo abusivo de álcool, contendo informações como: mitos e crenças acerca do álcool; o álcool como causa de doença; factores de risco e factores protectores; consequências bio-psico-sociais do álcool; efeitos do álcool na nutrição, na gravidez, na infância e na condução; e como podem os pais ajudar na prevenção do consumo de álcool pelas crianças.

O segundo é alusivo à temática da prevenção da toxicodependência, onde constam informações gerais acerca das drogas, bem como estratégias de prevenção em contexto sala de aula e em contexto mais global de escola.

Avaliação/resultados: Esta actividade teve uma supervisão por parte do orientador e acompanhante de estágio, tendo a mesma, incidido no tipo de informação seleccionada e na forma como o Manual estava redigido (se a linguagem estava clara, específica, concisa e acessível a todos). A avaliação dada foi positiva e favorável.

ACTIVIDADE 6: GRUPO DE MEDIADORES

Com esta actividade pretendeu-se apostar num trabalho de parceria com jovens, no que diz respeito à realização de trabalhos na área da prevenção, visto que se reconhece a importância e influência que o grupo de pares exerce no desenvolvimento do jovem.

Segue-se um quadro elucidativo dos trabalhos realizados com o Grupo de Mediadores, bem como dos materiais necessários para cada um deles.

Quadro n.º 3: Síntese das sessões realizadas no âmbito do Grupo de Mediadores

MESES	TEMA	MATERIAL
NOVEMBRO E DEZEMBRO	Apresentação do grupo de trabalho	- Cartão de visita - Regras de grupo - Ficha de identificação do aluno - Carta de apresentação aos pais - Pedido de autorização aos pais
JANEIRO	Apresentação de alguma informação sobre as toxicodependências	- Diapositivos em PowerPoint - Data show - Computador portátil
JANEIRO	Divulgação de panfletos e material informativo	- Manual de Prevenção Primária das Toxicodependência para Pais - Panfletos – Grupo de Mediadores, Ecstasy, Haxixe, Tabaco, Drogas e os seus efeitos, número SOS Drogas - Livro "Os Jovens e a Droga"
JANEIRO	Elaboração de postais para a Páscoa	- Folhas brancas, marcadores, lápis de cor e cartolinas
FEVEREIRO	Continuação da elaboração de postais para a Páscoa e criação de um cartaz do Grupo de Mediadores	- Manual de Prevenção Primária das Toxicodependência para Pais - Panfletos – Grupo de Mediadores, Ecstasy, Haxixe, Tabaco, Drogas e os seus efeitos

	Semana Aberta na Escola	- Número SOS Drogas - Livro "Os Jovens e a Droga" - Pulseiras, canetas e horários
	Criação de cartazes com base em colagens	- Revistas diversas - Cartolinas, cola, tesoura, giz, marcadores
	Elaboração de um questionário	- Folhas brancas - Canetas e lápis
MARÇO	**Encontro entre os dois grupos de Mediadores**	- Filme "Tchim, o Benjamim e a Droga" - Televisão e vídeo - Jogo "Na Flor da Idade"
	Análise dos questionários	- Questionários preenchidos e tabelas de análise
	Elaboração do roteiro de um filme "Destinos Interligados"	- Folhas brancas e caneta
	Filmagens	- Câmara de filmar, cassete, roupas, papel cenário,...
ABRIL	**Apresentação do filme**	- Cadeiras, mesas, ...
	Encerramento das actividades	- Entrega de diplomas

Esta actividade consistiu na criação de um grupo de trabalho, constituído por alunos e pela estagiária que, ao longo do estágio, trabalharam em diversas campanhas de prevenção – através do desenvolvimento de um conjunto de actividades educativas na própria escola, tais como: expressão criativa, exposições, pesquisa, entre outros – visando quer o enriquecimento dos elementos internos ao nível da formação, quer a intervenção na escola, juntos dos seus pares.

Na primeira semana iniciou-se o período de formação com o intuito de dotar os alunos de mais informação no âmbito das toxicodependências, bem como de os preparar para trabalhar em acções que implicassem o uso deste tipo de conhecimentos: divulgação de panfletos e material informativo; elaboração de postais para a Páscoa com mensagens alusivas à prevenção (que depois de prontos foram distribuídos na escola); exposição realizada no decurso da semana aberta desta escola; criação de cartazes com colagens de recortes de revistas alusivos às principais aprendizagens feitas até ao momento; elaboração de um questionário a passar na escola (a uma amostra de indivíduos, de todas as turmas e anos lectivos) para avaliar o grau de informação que estes possuem sobre a problemática do consumo de substâncias e, por fim, criação de um roteiro para um filme "Destinos Interligados".

As últimas actividades com este grupo, passaram pela criação de um roteiro e filmagens do filme "Destinos Interligados" – relativo a uma jovem que se deixa enveredar pelo mundo das drogas, devido à influência do namorado (também ele consumidor), e que acaba por morrer – da sua apresentação na escola e encerramento das actividades com entrega de um diploma a cada Mediador.

Em suma, este grupo teve como função dinamizar actividades na própria escola (através de um clima de diálogo e partilha de experiências, interesses e motivações), no âmbito da prevenção do consumo de drogas e de promoção de estilos de vida saudáveis. Pretendeu-se que este fosse um "grupo de referência" para os demais jovens, mostrando que o seu trabalho era uma mais valia para o seu dia-a-dia e para o daqueles que lhes estão mais próximos.

Avaliação/resultados: A actividade foi avaliada com base numa grelha de observação (indicadores: conhecimentos da temática, capacidade de trabalho em equipa, motivação, participação, interesse, iniciativa e criatividade – escala de 1-5), e na *observação directa*. O número de inscrições, bem como a assiduidade, também constituíram um elemento de avaliação. Apesar de todos os constrangimentos, da oscilação na assiduidade, e das sessões serem dinamizadas num horário extra-escolar (o que não era muito benéfico), esta considera-se uma actividade positiva, uma vez que se conseguiram motivar os elementos que apareciam na definição e dinamização das actividades a desenvolver.

ACTIVIDADE 7: PROJECTO DESTINADO AOS CIDADÃOS *SÉNIOR* DO CONCELHO DE BARCELOS

Esta actividade consistiu na elaboração de um projecto com algumas medidas de intervenção na promoção do bem-estar, destinado à população sénior do Concelho de Barcelos, solicitado pela Vereadora do Pelouro da Acção Social. Trata-se do desenho da criação de um *Gabinete de Apoio ao Cidadão Sénior do Concelho*, do *Cartão Sénior* e de uma *Rede de Voluntariado*, bem como a delineação de duas actividades a implementar.

Mais concretamente, foram contactadas todas as Instituições que estavam a dar apoio a esta população, a fim de averiguar o número de Idosos apoiados e em que valências se encontravam – Lar, Centro de Dia, Apoio Domiciliário, Família de Acolhimento. Com isto, pretendia-se aferir o número de Idosos institucionalizados, de forma a comparar estes dados com os resultados dos Censos 2001, sendo esta uma forma de definir as intervenções mais urgentes. Contudo, foram contactados alguns técnicos de saúde, que diariamente trabalham com esta população; a Segurança Social de Barcelos; o Turismo; o Fórum Jovem, e as técnicas da divisão da Acção Social com o intuito de recolher dados passíveis de ajudar a delinear uma intervenção o mais próxima possível da realidade. Recolhidas estas informações, e visto grande parte da população idosa do Concelho não estar institucionalizada nem a receber assistência de qualquer IPSS, definiram-se como medidas basilares propor: criação de um Cartão Municipal Sénior (elaborando uma proposta de regulamento para o mesmo) que permitiria ao Idoso aceder a diversos serviços, (tais como: estabelecimentos comerciais, farmácias, ...), obtendo um desconto; criação de um Gabinete de Apoio ao Cidadão Sénior do Concelho (onde famílias e idosos/as pudessem retirar dúvidas), procedendo-se à elaboração de uma proposta de actividades a realizar com a população sénior do Concelho. Basicamente, este Gabinete abrangeu seis blocos/áreas, nomeadamente: social, cultural, desportivo, formativo, lúdico/recreativo e turístico/lazer. Definiu-se, ainda, que seria importante a criação de uma Rede de Voluntariado, capaz de prestar alguns serviços (a definir) à população sénior e de articular com os serviços as necessidades da mesma. Nestas medidas de intervenção, apostou-se mais nas áreas de saúde e de lazer, por considerar serem áreas prioritárias na melhoria da qualidade de vida desta faixa etária.

Avaliação/resultados: Esta actividade foi avaliada pela Vereadora da Acção, incidindo nas propostas de intervenção apresentadas. A avaliação foi positiva e favorável.

ACTIVIDADE 8: FORMAÇÃO "EM BUSCA DO TESOURO DAS FAMÍLIAS"

Esta actividade relaciona-se com a realização de uma formação, centrada num programa sobre a redução dos factores de risco familiares e a promoção dos factores protectores relacionados com o uso e abuso de substâncias e outras problemáticas. Os pontos abordados passaram pela justificação do porquê de jogar este jogo para chegar ao tesouro – a felicidade da família.

Esta formação surgiu a nível do contexto de trabalho com o objectivo de conhecer as dinâmicas deste programa, para uma possível posterior implementação do mesmo. A formadora foi a própria autora do programa que apresentou um horizonte alargado de actuação aquando de uma intervenção com famílias, quer ao nível da linguagem, da própria maneira como os temas são apresentados, posturas, quer na forma como se deve estruturar o local de trabalho.

Avaliação/ resultados: Esta actividade foi avaliada pela Formadora que, através de uma dinâmica interactiva, recolheu a opinião dos formandos sobre a mesma. A avaliação foi positiva e favorável, certificando-os aptos para a implementação do referido programa.

ACTIVIDADE 9: FÓRUM "EDUCAÇÃO AO LONGO DA VIDA"

Esta actividade teve como finalidade criar um momento de debate e partilha de experiências a nível teórico e prático. Pretendeu-se promover momentos de consciencialização em torno do conceito de Educação ao Longo da Vida e partilhar práticas de intervenção comunitária em contextos educativos.

Para a sua operacionalização, e após definido o tema e as áreas que se gostariam de apresentar, efectuaram-se os contactos com as Instituições e pessoas que gostaríamos de ter presentes, a fim de verificar a sua disponibilidade em colaborar com o seu testemunho neste Fórum. Paralelamente, procedeu-se à criação do Panfleto informativo e dos Cartazes de divulgação desta iniciativa, bem como à solicitação de vários patrocínios a diferentes entidades e empresas, e realização de todos os preparativos necessários (organização de capas, programas, fichas de avaliação; certificados; divulgação, ...

Efectuados todos os preparativos, o Fórum realizou-se no dia 13 de Abril, no Auditório B2, no CPII, da Universidade do Minho no Campus de Gualtar, de acordo com o programa definido.

Avaliação/resultados: Esta actividade foi avaliada através da observação directa e de uma Ficha de Avaliação (indicadores: organização, temas abordados, grau de clareza dos oradores, utilidade do Fórum, divulgação, expectativas, e sugestões pertinentes a ter em conta nas próximas iniciativas). Através destes instrumentos pode-se aferir que os objectivos propostos foram alcançados.

Reflexões conclusivas

O presente estágio foi desenvolvido na Câmara Municipal de Barcelos (a quem se agradece a possibilidade desta experiência), no âmbito do Plano Municipal de Prevenção Primária das Toxicodependências, nomeadamente, no Projecto "Construir o Presente, Promover o Futuro". Esta Instituição e este contexto foram escolhidos tendo em conta a problemática (prevenção primária do consumo de drogas) e o público com quem trabalha – crianças e jovens em contexto escolar.

Quanto à apreciação geral do projecto considera-se que esta foi uma experiência positiva e um desafio, pois o tema da prevenção primária das toxicodependências requereu muita dedicação e empenho.

Apesar de todas as dificuldades enfrentadas, desde a dificuldade inicial em contactar com as escolas a fim de agendar reuniões para apresentação do presente projecto e de motivar e manter os alunos mediadores no grupo, até à compreensão de alguns conceitos mais específicos e essenciais sobre esta temática, podemos dizer que valeu a pena. Houve etapas de trabalho muito gratificantes, nomeadamente, a dinamização das sessões de treino de competências (pois foram sessões que conseguiram motivar e mobilizar mais alunos para estas situações concretas, e apelavam à reflexão, criatividade e discussão) e a criação do Grupo de Mediadores (pelo tipo de relações de trabalho e amizade que se estabeleceram). A implementação das actividades permitiu um enriquecimento mútuo entre professores, alunos e equipa técnica, bem como criar boas relações de trabalho em equipa e de amizade. Salienta-se, ainda, a confiança que a Vereadora depositou nas estagiárias em ordem à criação de uma proposta de um projecto destinado à população sénior do Concelho (que teve um feedback positivo), bem como todo o acompanhamento tido, quer por parte da instituição Formadora (Universidade do Minho) quer pela Instituição Acolhedora (Câmara Municipal de Barcelos, nomeadamente, Plano Municipal de Prevenção Primária de Barcelos).

Aquando desta reflexão da globalidade do estágio, podemos dizer que, sem dúvida, ele constituiu uma mais valia para o perfil profissional e pessoal da estagiária, salientando que esta aproximação ao contexto de trabalho foi muito importante para a compreensão e implementação de muitas das aprendizagens efectuadas ao longo da Licenciatura em Educação.

Para além de ter sido uma mais valia para a estagiária, considera-se que este foi um projecto de extrema importância **para os destinatários** visto que, através de diversas actividades puderam adquirir saberes e experiências importantes para que possam tomar decisões mais seguras e responsáveis, (visto que já possuem conhecimentos para decidir criticamente e definir o que se pretende), bem como treinar comportamentos e estratégias de dizer "não" face a situações de pressão. Quanto melhor se conhecer uma realidade e se aprende a lidar com ela, mais facilmente se tomarão decisões conscientes.

Finalmente, podemos dizer que foi importante o espírito de colaboração que se gerou com toda a equipa com quem se trabalhou, permitindo que aprendessem uns com os outros, de forma a dar o seu melhor contributo na dinamização de estratégias de prevenção.

Todavia, no contacto que, ao longo do desenvolvimento do estágio, se foi estabelecendo com a comunidade educativa, foi possível perceber que existe muito a fazer no que respeita à prevenção primária das toxicodependências e que, apesar de se reconhecer a importância deste trabalho, é necessário investir mais na intervenção familiar. É importante reunir todos os esforços e actuar em todas as frentes para que a prevenção comece a apresentar resultados mais visíveis e se possa construir um mundo mais humano e sadio.

Sabendo que este tipo de intervenção, se não for continuada, não resolve o problema, esperamos ter contribuído para o minimizar. Não se podem mudar comportamentos de um momento para o outro, este é um processo que exige tempo e dedicação. O importante é não desistir ...

Bibliografia

AAVV. (1995). *Horizontes da bebida e do beber*. Porto: Projecto dependências e acção Comunitário – Responder no presente abrindo horizontes Para o futuro".

AGREDA, José Javier Soldevilha (1999). "II – Passado, Presente e Futuro da Enfermagem Gerontológica". In AA.VV. *O Idoso – Problemas e Realidades*. Coimbra: Formasou – Formação e Saúde Lda., pp. 21-40.

ANDRADE, Maria Isabel (....). *A Face Oculta das Drogas*. Porto: Porto Editora.

BARBIER, Jean-Marie (1993). *Elaboração de Projectos de Acção e Planificação*. Porto: Porto Editora.

BELL, Judith (1997). *Como Realizar um Projecto de Investigação*. Lisboa: Gradiva.

CASTRO, ALMEIDA, Carlos; LE BOTERF, Guy & NÓVOA, António (1993). "A Avaliação participativa no decurso dos projectos: reflexões a partir de uma experiência no terreno (Programa Jade)". In A. Estrela & A. Nóvoa *Avaliações em Educação: Novas Perspectivas*. Lisboa: Educa, pp. 105-123.

FERREIRA, Paulo Trindade (1999). *Guia do Animador – Animar uma Actividade de Formação*. Lisboa: Multinova.

GUERRA, Isabel Carvalho (2000). *Fundamentos e Processos de uma Sociologia da Acção. O Planeamento em Ciências Sociais*. Cascais: Principia.

MELO, Ana (2004). *O tesouro das famílias*. Viana do Castelo: GAF – Gabinete de Apoio à Família.

MELLO, Maria Lúcia Mercês; (1977). "O Álcool e o Alcoolismo" In *O Alcoolismo*. Coimbra, Lisboa: Almedina, Anexos: pp.1-24.

MELLO, Maria Lúcia Mercês; BARRIAS, José e BREDA, João (2001). *Álcool e problemas ligados ao álcool em Portugal*. Lisboa: Direcção Geral de Saúde.

MOREIRA, Paulo (2001). *Para uma prevenção que Previna*. Coimbra: Quarteto.

NEGREIROS, Jorge (1999). O futuro da prevenção primária das toxicodependências. (*Toxicodependências*), V. 5, n.° 3, pp. 35-40.

NEGREIROS, Jorge (1998). *Prevenção do Consumo do Álcool e Drogas nos Jovens*. Braga: Instituto de Ciências do Comportamento Desviante.

PATRÍCIO, Luís Duarte (1997). *Face à droga como reagir*. Lisboa.

PRECIOSO, José Alberto (2000). *Promoção de estilos de vida saudável: Programa*

«*Aprende a cuidar de ti*». Braga: Associação para a Prevenção e Tratamento do Tabagismo de Braga.
Projecto Vida (1988). *Os jovens e a droga*. Lisboa: Ministério da Educação.
Projecto Vida (1988). *Os professores e a droga*. Lisboa: Ministério da Educação.
Projecto Vida (1989). *Nós e a droga*. Lisboa: Ministério da Educação.
QUIVY, Raynond & CAMPENHOUDT, Luc Van (1997). *Manual de Investigação em Ciências Sociais*. Lisboa: Gradiva.
RODRIGUES, A. e ESTEVES, M. (1993). *Análise de necessidades na formação de professores*. Porto: Porto Editora.
SERVAIS, Ernst (1993). *Antes que seja tarde: manual de prevenção primária*. Braga: Associação Famílias.

DROGA: FALEMOS DELA ANTES QUE ELA LHE FALE

PATRÍCIA ALEXANDRA SOARES DA SILVA
Licenciada em Educação – Pré-especialização em Educação
de Adultos e Intervenção Comunitária
– Universidade do Minho

Contextualização da Instituição e do Projecto de Estágio

Criada em Junho de 2002, a Associação para a Promoção do Desenvolvimento Integrado de Baião (Fórum D'Ouro), é uma entidade sem fins lucrativos que integra nos seus estatutos a formação e qualificação profissional, a promoção sócio-cultural dos jovens, a protecção e integração dos cidadãos idosos, a promoção da inserção sócio-cultural e profissional das pessoas com deficiência e a promoção cultural e turística do concelho de Baião.

A Associação tem como finalidade desenvolver um conjunto de actividades genéricas, de entre as quais surge a acção no âmbito da toxicodependência, sendo neste âmbito que se enquadra o presente projecto.

Este projecto intitulado *"Droga: falemos dela antes que ela lhe fale"*, debruça-se sobre a prevenção primária das toxicodependências, tentando do mesmo modo, averiguar e explicar até que ponto esta realidade afecta o percurso escolar das crianças que com esta se debatem.

Assim sendo, o nosso desempenho na associação Forum D'Ouro centrou-se na realização de um projecto de estágio inserido no Plano Municipal de Prevenção Primária das Toxicodependências. Plano este, promovido pela Câmara Municipal de Baião, ao qual concorreu a Associação Fórum D'Ouro com o Projecto *"Elos de Prevenção"*, sendo este posteriormente aprovado pelo Instituto da Droga e da Toxicodependência (IDT).

O nosso projecto teve como área de intervenção o Agrupamento de Escolas do 1.º Ciclo do Ensino Básico de Vale de Ovil, nomeadamente a Sede n.º 1, com um total de 82 alunos, Vilarelho com 24, Ingilde com 39, Loivos do Monte com 23, Outoreça com 10 e Louredo com 23 alunos.

Assim sendo, este projecto parte de uma amostra constituída por 201 alunos, do 1.º ao 4.º ano do Agrupamento anteriormente referido contando, também, com a participação/colaboração de 19 professores a leccionar nas presentes escolas.

Diagnóstico e Análise da Situação

Partindo da necessidade de implementação de uma cultura de Prevenção Primária das Toxicodependências no Agrupamento de Escolas do 1.º Ciclo do Ensino Básico de Vale de Ovil e da minimização de factores de risco foi pois, nosso objectivo a implementação de um projecto que concilie o tratamento destas problemáticas, de modo a que através de um problema actual e, muitas vezes, vivido por estas crianças nas suas casas (falamos mais concretamente de alcoolismo) elas se identifiquem mais com a escola e com os saberes nela transmitidos.

Dados retirados do Diagnóstico da Câmara Municipal de Baião confirmam que a maior incidência de consultas relativas às desintoxicações estão intimamente ligadas ao álcool, logo a seguir aparece a desintoxicação por toxicodependência. De facto, o que se regista é que num total de 730 processos activos, com Plano de Inserção assinado, foram encaminhados no total das 20 freguesias, 123 beneficiários para consultas/ /tratamento, onde só 16 referem especificamente a área do Alcoolismo e 5 a Toxicodependência por estupefacientes.

Um dado muito relevante que também foi registado, prende-se com o facto do alcoolismo continuar a estar ligado no Concelho de Baião aos fenómenos de pobreza e exclusão social. Outro aspecto interessante, revela-nos que os processos que são encaminhados para a Comissão de Crianças e Jovens de Baião (CPCJ) estão, maioritariamente, ligados à problemática do insucesso e abandono escolar. Ou seja, numa amostra de 45 processos instaurados, 22 processos de promoção e protecção, estão directamente ligados a esta problemática. Logo de seguida encontramos 18 casos de consumo excessivo de álcool por parte dos progenitores, com as consequentes dimensões sociais que acarretam, nomeadamente, negligência, maus tratos físicos, insucesso e abandono escolar e, por vezes, consumo de estupefacientes. Tais constatações vêm mais uma vez corroborar a ideia de que a Prevenção Primária das Toxicodependências no Concelho de Baião deve estar particularmente voltada para os assuntos relacionados com o álcool sem, contudo, deixar de lado, todas as outras substâncias que estão inerentes às toxicodependências.

O nosso objectivo é encontrar possíveis soluções para a minimização deste problema, isto porque a prevenção das drogas é dever de todos pois, se a realidade das drogas denigre a sociedade na qual vivemos, a prevenção cabe a cada um de nós.

Verificamos que não existe:

- Uma cultura de Prevenção Primária das Toxicodependências, incluindo as drogas legais;
- Programas de prevenção concebidos de forma a incrementar os factores de protecção e anular ou reduzir os factores de risco;
- Reforço do compromisso pessoal contra o uso de droga e aumentar a competência social (competências de comunicação, relação com os pares, auto-eficácia e assertividade, entre outros);
- Programas de prevenção de longo prazo, durante a idade escolar, de forma a reforçar os objectivos de prevenção originais (existência, por exemplo, de sessões para os programas de prevenção implementados no 1.º ciclo, que apoiem os alunos nas fases de transição de uns níveis para os outros);
- Acções em determinadas subpopulações em risco (grupo de crianças com problemas de conduta ou com dificuldades de aprendizagem) e que têm na família graves problemas de alcoolismo.

Denotamos também que:
- Não está acautelado, às crianças do meio rural, o acesso e sucesso à escolaridade obrigatória;
- Os programas não têm relação com a realidade concreta;
- Não há soluções para as necessidades singulares (consagradas na Constituição Portuguesa e na L.B.S.E).

Sendo esta a realidade real com que nos confrontamos, não só como autores da concepção e execução de um projecto de intervenção, em cooperação com a comunidade educativa mas, ainda, como cidadãos responsáveis pelo aperfeiçoamento de uma sociedade liberta de substâncias tóxicas e promotora de igualdade de oportunidades a nível educativo, consideramos importante trabalhar no sentido da construção de uma escola mais inclusiva e democrática.

É através da minimização do isolamento que a escola ultrapassa gradualmente a sua acção e colabora, simultaneamente, na realização de variadíssimos projectos e valorização da sua identidade cultural e da comunidade que a abrange. Deste modo, uma das formas de combater este isolamento prende-se com *"[...] o agrupamento em rede de várias escolas para partilhar experiências, competências e recursos [...]"* (Evans e Huckman, 1995: 122). Este é porém o nosso objectivo, pois se houver efectivamente uma articulação entre diferentes escolas de comunidades distintas, e se os professores criarem equipas de trabalho multidiscipli-nares, estão criadas as possibilidades para que a acção educativa seja recuperada, tal como o património cultural e social dessas mesmas comunidades. Assim sendo, ampliam o universo social e pedagógico, tal como o conhecimento e as experiências, o que desencadeará um ambiente cada vez mais propício para uma aprendizagem eficaz das crianças e, consequentemente, a diminuição do insucesso/exclusão escolar.

Trabalhar a problemática da toxicodependência torna-se nos dias que correm algo imprescindível, como também, se torna crucial o tratamento destas questões cada vez mais cedo pois, consideramos que um trabalho de sensibilização e prevenção "colherá mais frutos" se for um trabalho desenvolvido desde tenra idade. Este argumento é também defendido por Gregor Burkhart que *"conclui que as medidas de prevenção de toxicodependência a nível mundial começam demasiado tarde: estas devem iniciar-se quando as crianças são ainda muito jovens"* (Burkhart, 2000: 33).

Partindo da realidade das escolas onde vamos intervir, das crianças que connosco interagem e da comunidade envolvente em que desenvolvemos esta análise interpretativa, estabelecemos os seguintes objectivos gerais e específicos:

Objectivos Gerais	Objectivos Específicos
1. Fomentar a formação da estagiária no quadro dos problemas de intervenção sócio-educativa, especificamente no âmbito das toxicodependências e factores de risco.	1.1. Aprofundar o diagnóstico da toxicodependência em Baião. 1.2. Fazer um levantamento dos factores de risco a nível escolar.
2. Descrever a situação na lógica do projecto.	2.1. Construção de instrumentos de investigação e de análise.
3. Desenvolver novas experiências educativas nas escolas.	3.1. Mostrar a importância das relações currículo/toxicodependência e currículo/factores de risco.
4. Sensibilizar professores e alunos para a pertinência da prevenção primária das toxicodependências.	4.1. Realizar actividades que promovam um conhecimento mais fundamentado da problemática das toxicodependências.

Plano de actividades

As actividades posteriormente referidas têm, no decurso do nosso projecto, uma importância bastante visível, uma vez que surgem para concretizar a finalidade deste projecto.

Assim sendo, começámos por fazer um conjunto de quatro sessões (de uma hora cada) onde utilizamos abordagens informativas; afectivas (clarificação dos valores); comportamentais (vulnerabilidade face à pressão social e treino da assertividade) e promotoras de saúde e do desenvolvimento (educação para a saúde) sendo estas transversais a todas as escolas. Findas estas sessões, começaram as actividades individuais de escola, ou seja, cada escola passava, a partir deste momento a desenvolver actividades diferentes, actividades estas, que foram posteriormente apresentadas numa exposição final.

Este projecto, visou a valorização das experiências e do ritmo característico da criança, daí pretendermos sempre dar respostas às suas necessidades, observações, silêncios, alegrias e tristezas.

Descrição das actividades realizadas

Actividade *"Ouve e aprende"*

Esta actividade pretendeu elucidar as crianças sobre práticas de vida saudáveis, contudo, iniciámos esta sessão com um conjunto de regras, de modo a responsabilizar as crianças intervenientes. Após as apresentações/recomendações iniciais, começámos por dar a conhecer o testemunho de um desenho animado, chamado Becas. Este desenho animado relata uma fase da sua vida menos boa, fase esta, que teve que se debater com o problema do pai (toxicodependente). De salientar, ainda, que esta história foi por nós criada, com o intuito de adaptar uma história real, ou parcialmente real, às crianças desta faixa etária.

Findo o testemunho do Becas, e esclarecidas eventuais dúvidas, eis que fizemos com os alunos do 1.º e 2.º ano um jogo didáctico, jogo este que focou hábitos de vida saudáveis. Deste modo, dividimos as crianças em grupos mais ou menos de quatro elementos. O presente jogo continha 40 casas, no entanto, ao longo do percurso existiam casas com ilustrações, o grupo que calhou numa dessas casas teve que responder a uma questão, se a resposta foi acertada, estes andavam tantas casas quantas as que constavam nas regras, se pelo contrário responderam erradamente, tiveram que recuar consoante o que estava estipulado.

No que toca ao 3.º e 4.º ano, e dado que estes já sabem ler e escrever, pedimos que estes fizessem uma ficha pedagógica não com o intuito de avaliar quantitativamente, dado que esta foi explorada e preenchida em conjunto, mas simplesmente com a pretensão de aferir até que ponto perceberam a seriedade da questão. No final jogámos um jogo em que todos tiveram participação activa.

Avaliação: A avaliação desta sessão deu-se aquando da implementação da actividade, mas também no seu final, daí que os métodos de avaliação utilizados tenham sido as escalas de verificação e a observação directa e participante, os quais nos levaram a tirar variadas conclusões. Deste modo, podemos dizer que apesar desta actividade ter sido desenvolvida em todas as escolas inseridas no projecto, e por abarcar crianças de níveis tão diferentes, podemos concluir que a motivação para esta sessão foi muita, pois registámos que o grau de atenção, participação e empenho foi elevado, o que evidencia que a metodologia adoptada foi boa, pois conseguiu de forma lúdica e ajustada à população-alvo captar a sua atenção. Atendendo ao objectivo principal de elucidar as crianças acerca da problemática das toxicodependências, consideramos que este foi alcançado, pois com a criação da personagem principal (Becas), verificamos que as crianças criaram empatia com este, daí surgir grande motivação para o tema central (toxicodependência).

Actividade *"Cria o real"*
A actividade *"Cria o real"* foi subdividida em duas partes, correspondendo cada uma das partes a dois anos diferentes. Assim, ao 1.º e 2.º ano coube a realização de desenhos relativos à sessão anterior, onde estes teriam que expressar através do desenho aquilo que o Becas lhes contou na semana anterior. Pretendemos assim detectar até que ponto estas crianças, compreenderam a gravidade da situação relatada.

No que diz respeito ao 3.º e 4.º ano, e dado que estes já sabem escrever, coube-lhes a responsabilidade de divididos em grupos imaginarem uma história, ou contarem uma que conheçam, como forma de darem a sua perspectiva à problemática abordada. Finda esta tarefa, tiveram também que desenhar a história por eles criada.

Avaliação: Tal como a actividade anterior, esta também foi avaliada aquando da sua execução e no seu final. Assim sendo, e como mais uma vez esta sessão era extensível a todas as escolas, podemos relatar que todas elas executaram um bom trabalho. Claro que o ritmo de trabalho das crianças não é todo igual, daí que enquanto alguns grupos do 3.º e 4.º ano acabavam a tarefa no tempo estabelecido (1 hora) tivemos que dar a outros mais meia hora para que a actividade fosse terminada. Contudo, podemos concluir que o grau de participação e empenho foram notórios, pois todos eles se dedicaram à presente sessão mostrando, mais uma vez, que a estratégia utilizada funcionou.

Actividade *"Dá a cara"*
Dado que a sessão anterior teve como intuito a criação de histórias e desenhos no âmbito das toxicodependências, achamos que uma sessão de debate dos trabalhos realizados seria uma mais valia, daí o surgimento desta sessão. Esta actividade foi bastante produtiva, na medida em que certas ideias erróneas foram dissipadas, sendo um óptimo momento de reflexão e troca de informação por parte de todos os intervenientes.

Avaliação: Pensamos que o objectivo capital desta sessão foi conseguido, uma vez que tal como afirmamos na descrição da actividade certas ideias erróneas foram dissipadas, tudo isto conseguido através do debate interno de todos os participantes. Assim sendo, a motivação, participação e empenho mostraram a necessidade do tratamento destas questões dado que estas interessam os intervenientes do projecto.

Actividade *"Ver para prevenir"*
A televisão assume, na vida das crianças uma importância cada vez mais acentuada, por isso, nada melhor que captar a sua atenção através deste meio de informação. Assim sendo, esta actividade conta com a ajuda de uma cassete de vídeo intitulada *"A coleira nova do Faísca"* a qual foca o problema da toxicodependência. De salientar ainda, que este filme é apropriado para a faixa etária com a qual trabalhamos, uma vez que as personagens são desenhos animados, e o filme dura cerca de 10 minutos.

De seguida, contrastamos este filme com um testemunho real. Este testemunho foi lido por algumas crianças do 3.° e 4.° ano indiscriminadamente. No final da sua leitura, passamos à exploração do texto e do filme, de modo a ver se existem semelhanças ou não entre eles.

Avaliação: A avaliação desta sessão, tal como aconteceu com todas as anteriores, deu-se no momento de concretização desta e no final, uma vez que só assim poderíamos vislumbrar a atenção manifestada pelos intervenientes, relativamente ao filme visualizado e à mensagem que este continha. Importante será frisar que, em algumas destas escolas, nomeadamente, Outoreça e Loivos do Monte, houve uma manifestação especial de atenção, uma vez que esta estratégia (visualização de filmes) não é muito utilizada, dado não possuírem televisão e vídeo. Assim sendo, utilizámos os audiovisuais de modo a proporcionar um maior esclarecimento relativamente aos malefícios provocados pelo uso de estupefacientes. Esta estratégia mostrou-se bastante produtiva uma vez que foram proferidos comentários como estes: "deveríamos fazer isto mais vezes aqui na escola" e "já acabou, hoje não vamos ver mais filmes". Relativamente ao debate que girou em torno do filme e do testemunho, este revelou-se bastante proveitoso, uma vez que os intervenientes conseguiram interpretar ambos correctamente e apontar todas as consequências inerentes ao uso de substâncias alucinogénicas. Sublinhamos, portanto, que o objectivo foi plenamente alcançado, a metodologia foi bem utilizada, tal como houve um bom aproveitamento do tempo.

Finda a descrição das actividades colectivas, passamos à descrição das actividades que estão contempladas no projecto individual de escola, actividades estas, que foram apresentadas na exposição final.

Escola de Louredo – Actividade *"O fantoche que ajuda a crescer"*

A actividade desenvolvida na escola de Louredo foi um teatro de fantoches, teatro este que teve como texto de fundo a principal problemática vivida no concelho, que é o consumo abusivo de álcool. Deste modo, criou-se um texto que envolveu a criatividade e o aprofundamento de técnicas teatrais por parte dos alunos da presente escola. Finda a história, passámos à elaboração dos fantoches intervenientes, permitindo que as crianças desenvolvessem uma aprendizagem consciente utilizando a prática dos trabalhos manuais. Seguidamente, e já com os fantoches prontos, passamos à elaboração do cenário que serviu de pano de fundo à representação teatral, tal como às sessões de treino.

Avaliação: A avaliação realizada na escola de Louredo, foi uma avaliação que se desenrolou ao longo e no final das 22 sessões aqui desenvolvidas. Esta teve como técnicas de recolha de informação a grelha de observação, daí, podermos aferir que a população-alvo deste projecto mostrou bastante motivação relativamente à realização do teatro de fantoches. Já que este trabalho se desenvolveu numa lógica de grupo, pretendemos verificar até que ponto haveria cooperação, respeito pelos colegas, empenho, participação, atenção e criatividade a nível do trabalho de grupo. De facto estes tópicos foram claramente respeitados e mesmo levados à risca pela população-alvo. Isto aparece claramente evidenciado através do produto final que a nosso ver foi bastante bem conseguido. Contudo, e dado que a peça propriamente dita requer empenho individual aquando da representação, e pelos variados ensaios que tivemos, podemos verificar que estes possuem bastante autonomia, principalmente os alunos do 3.° e 4.° ano, no que diz respeito aos alunos do 1.° e 2.° ano nota-se uma relativa diminuição de autonomia, contudo, esta limitação foi ultrapassada pelos alunos em questão.

Muitas foram as conversas em torno da realização do projecto, as quais evidenciavam grande motivação para a acção, tal como o amplo cumprimento dos objectivos, demonstrando mais uma vez que esta problemática poderá ser trabalhada em todas as faixas etárias, contudo, esta deverá ser adaptada à população-alvo abrangida.

Escola de Ingilde – Actividade *"A linguagem das emoções"*

Como forma de focar os problemas e consequências da toxicodependência, nada melhor que pegar no filme *"Narco Blues"* e explorá-lo a nível da expressão corporal. Pretendemos com isto que as crianças dessem especial atenção à linguagem não verbal, visto que os nossos gestos reflectem o que sentimos, o mesmo não se pode dizer das palavras. Visto o filme e distribuídas as personagens por todas as crianças existentes, estas começaram a construção das máscaras e do cenário que acompanhou a representação. Posteriormente, passámos ao treino da expressão corporal.

Avaliação: A avaliação desta actividade decorreu durante e no final das 22 sessões referentes a este projecto. Com o intuito de verificar até que ponto este projecto foi bem conseguido e cumpriu o objectivo central (prevenção primária das toxicodependências), foi portanto alvo da nossa avaliação a motivação, o respeito pelos colegas, o empenho, a cooperação, a autonomia, a participação, a atenção e a criatividade. De todos estes tópicos que nos propusemos avaliar, podemos dizer que todos eles foram amplamente cumpridos e respeitados pelos intervenientes, daí ter-se alcançado um bom produto final. A expressão corporal serve como meio para contar toda uma história de dependência de alucinogénicos, sendo mais uma amostra como esta temática pode ser ajustada à população abrangida.

Escola: Sede n.º 1– Actividade *"(Cria)tividade como prevenção"*

Dado ser esta a escola com maior número de alunos, estipulamos umas actividades para o 1.º e 2.º ano e outras para o 3.º e 4.º ano. No que diz respeito às actividades do 1.º e 2.º ano, estes construíram um jogo que ensina a adquirir hábitos de vida saudável. Este jogo foi criado com o intuito de desenvolver nas crianças um espírito crítico e conhecedor da problemática abordada. Outra das actividades por eles desenvolvidas foi a feitura de pulseiras preventivas, as quais contêm mensagens ditas pelas próprias crianças mas escritas por nós, dado que poucos são aqueles que sabem escrever correctamente. Para finalizar, estes construíram marcadores de livros, também estes contendo mensagens preventivas e com ilustrações suas.

No que toca ao 3.º e 4.º ano começámos por dividi-los em oito grupos de cinco elementos, sendo que cada grupo continha elementos do 3.º e do 4.º ano, aos quais foi pedido que elaborassem cartazes preventivos, como forma de sensibilizar a comunidade circundante. Terminados os esboços reunimo-nos com as professoras de cada ano e escolhemos 4 cartazes que foram posteriormente construídos por todos.

Avaliação: A avaliação desta actividade deu-se, tal como as anteriores, durante o desenrolar e no final do projecto. Deste modo, estas 21 sessões foram avaliadas tendo em conta as conversas informais e a grelha de observação por nós elaborada, as quais pretendiam vislumbrar se as crianças intervenientes estavam ou não motivadas para as sessões. Relativamente a este tópico, podemos dizer que estas manifestaram uma grandiosa motivação, daí que os trabalhos realizados por estas falem por si. Este factor permitiu que houvesse grande participação e empenho por parte destes, relativamente aos trabalhos realizados. Dado desenvolver uma metodologia activa de trabalhos de grupo, tendo estes que ser desenvolvidos, tal como o próprio nome indica em colaboração constante com outros elementos, verificamos que houve por parte destes um grande respeito pelos colegas, o que desencadeou grande cooperação e atenção relativamente às tarefas desenvolvidas. Mas como todo o trabalho de grupo deverá contemplar as inúmeras opiniões individuais de cada elemento, pudemos do mesmo modo presenciar uma grande autonomia por parte dos intervenientes, a qual culminava em ideias criativas. Referimos, porém, que sentimos alguma diferença entre os alunos do 1.º e 2.º ano dos alunos do 3.º e 4.º ano, contudo, isto não nos causa estranheza, pois enquanto que uns começam agora a familiarizarem-se com o sistema educativo e com determinadas técnicas e problemáticas, outros já estão familiarizados com tudo isto.

Escola de Outoreça – Actividade *"A magia das palavras"*

De facto, esta é uma das escolas que apresenta maiores problemas a nível de aprendizagem, pois são também inúmeros os factores que para isso contribuem. Depois de discutirmos em grupo o que seria bom fazer na escola, chegámos à conclusão que deveríamos fazer uma música, música esta que focou a temática da toxicodependência. Consumado este processo, eis que começámos por lhes apresentar o filme *"Mónica uma história sobre o álcool"*, filme este, que contem inúmeras letras de músicas com carácter preventivo. Decorrido o filme, começámos logo na construção da letra e da música. A animação da música foi feita posteriormente e contou com o envolvimento de todos. Claro que todo este processo foi acompanhado de inúmeras sessões de treino, uma vez que foi extremamente difícil decorar a letra da música, não que esta fosse difícil mas, mesmo assim, demonstraram muitas dificuldades e às vezes ausência de motivação, dado serem crianças extremamente desmotivadas.

Avaliação: Tal como já foi dito ao longo do relatório, esta escola assume-se como um território de intervenção prioritário. Isto faz ainda mais sentido quando somos confrontados com os dados relativos à observação constante e participante das 21 sessões aqui desenvolvidas. De facto, estas crianças são herdeiras de uma cultura rural, pautada pelas condições e por um contexto específico, trazendo consigo saberes e experiências que, frequentemente, chocam com os parâmetros universais do mundo letrado. Isto porque os agregados familiares de onde provêm, na maioria dos casos, além de carências económicas têm, também, carências de ordem social e cultural. Factores como estes reflectem-se na vida destas crianças com contornos extremamente negativos, nomeadamente, a nível da motivação. O que nos leva a afirmar isto, é o facto de estas crianças não se sentirem motivadas nem empenhadas. Contudo, a proveniência de famílias problemáticas não faz destas crianças mal educadas, tal como acontece em Loivos do Monte, daí haver um bom espírito de cooperação e respeito pelos colegas. No que concerne à realização do projecto temos a dizer que a sua concretização deveu-se a muita insistência da nossa parte, mesmo sendo este um projecto escolhido por eles. Como tal, a construção de uma música preventiva, tornou-se um trabalho árduo, uma vez que estes têm uma criatividade muito limitada, como também não possuem autonomia. Relativamente à participação, esta é praticamente inexistente, inicialmente não o faziam pois sentiam-se envergonhados com a nossa presença, contudo, pouco tempo depois já sentiam confiança em nós, mas nem este factor os levou a participar mais assiduamente. Uma estratégia que modificou de alguma forma este comportamento, foram as constantes interrupções no natural decurso das sessões, nas quais falávamos sobre o que estes gostavam, isto sim faziam-no sem qualquer hesitação, só assim com esta estratégia é que conseguimos uma maior dedicação ao trabalho.

Escola de Vilarelho – Actividade *"Estar na moda"*

Com esta actividade pretendemos conciliar o tema do projecto com a moda, de facto ambos são actuais, se bem que enquanto a moda é encarada como sendo algo positivo, a droga tem um cunho pejorativo. Contudo, o desfile não foi convencional, uma vez que foram evidenciados objectos prejudiciais e objectos que beneficiam a nossa vida (exemplo: maços de tabaco, garrafas de bebidas alcoólicas, seringas, pacote de leite, garrafa de água, fruta...). Deste modo, começámos por lhes perguntar quais os objectos que gostariam de representar, finda esta tarefa, eis que começámos a trabalhar na confecção e pintura dos objectos. Concluída esta tarefa, os alunos foram também incumbidos de fazer um trabalho de pesquisa dos seus objectos, para que aquando do desfile fossem lidos textos sobre os benefícios ou malefícios dos objectos que vão sendo representados pelas crianças.

Avaliação: No que concerne à escola de Vilarelho a avaliação foi desenvolvida no decurso e no final das actividades. Saliento porém que nesta escola vigora um clima de grande motivação, participação e criatividade, qualidades estas que são constantemente valorizadas e inculcadas pelo professor António Mota (professor do 3.º e 4.º ano), o qual é escritor infantil e responsável pela produção dos manuais escolares do 1.º Ciclo do Ensino Básico do Agrupamento de Vale de Ovil. Assim sendo, não tivemos qualquer dificuldade em executar o projecto nesta escola, dado que estes cooperam bastante com os colegas, havendo assim um clima de respeito mútuo. De facto, este projecto poderia fugir aos trâmites de todos os outros, dado que cada interveniente tem um objecto que irá representar no desfile final, mas a lógica grupal não foi abandonada, uma vez que desde o momento da concepção do fato que estes iriam envergar, até à sua pintura foi um processo partilhado, o qual demonstrou grande atenção e empenho por parte de todos.

Escola de Loivos do Monte – *"Prevenir em quadradinhos"*

Tal como a escola de Outoreça, Loivos do Monte aparece como sendo a outra escola problemática a nível do insucesso, desmotivação e desinteresse escolar. Assim sendo, e depois de muita negociação, achámos por bem fazer uma banda desenhada. Deste modo, e após a visualização do filme *"Narco Blues"* foi nosso objectivo fazer com que as crianças desta escola dessem voz às personagens deste filme, uma vez que este não é falado. Deste modo, começámos por construir as personagens, só depois é que lhes demos voz, de salientar que este processo de construção do diálogo teve como é óbvio a nossa orientação, mas foram eles que o construíram na sua totalidade. De salientar ainda, que esta banda desenhada foi construída em papel de cenário de grande amplitude.

Avaliação: Para finalizar, eis que começamos por dizer que esta avaliação também foi desenvolvida durante e no final da acção. Antes de mais, devemos ressalvar que estes alunos provêm, na sua grande maioria, de famílias social e culturalmente empobrecidas, o que permite que estes demonstrem grande desmotivação por aquilo que a escola lhes pode oferecer, chegando mesmo ao extremo da má educação. São, portanto, crianças difíceis de controlar. Sublinhamos, também, o facto de muitas destas crianças conviverem diariamente com o vício do álcool em suas casas, levando-os muitas vezes a, também, o consumirem, visto ser hábito enraizado pelos seus familiares. Daí que, tal como Outoreça, esta escola se assuma como território prioritário de intervenção. Tal como se pode prever, motivar crianças à partida desmotivadas foi extremamente difícil, daí adoptarmos a mesma atitude que em Outoreça de conversa livre assim que víamos que estava instaurada a "anarquia" e que o trabalho não estava a ser feito. Denotamos, contudo, que a motivação alcançada em certos casos foi nula, tal como o respeito e cooperação entre colegas, dado serem crianças extremamente mal comportadas. Patenteamos, também, que relativamente à participação, esta é irregular, dependendo muito do estado de espírito. Evidenciam, assim, uma baixa autonomia e criatividade, uma vez que não são capazes de tomar decisões, como por exemplo decidirem de que cor pintar os calções da personagem principal da banda desenhada.

Para concluir a descrição das actividades, não podemos deixar de focar o papel central das crianças envolvidas, uma vez que estas foram os actores principais e estiveram implicadas em todo o processo desde a negociação, passando pela construção e terminando na apresentação do produto final (exposição). Deste modo, e apesar de não desenvolvermos actividades directamente voltadas ao combate dos factores de risco, já que todas elas focam directamente a problemática da toxicodependência, há que acentuar que o nosso intuito é focar os factores de risco de forma implícita e não explícita, visto procurar sempre a negociação, a legitimação social, a constante valorização, o incentivo à prática, tal como a demonstração de amplas expectativas relativamente às suas capacidades. Consideramos, porém, que é através do estudo personalizado que se poderão estudar os factores de risco presentes em cada indivíduo, de modo a que a minimização deste mal seja uma realidade e não seja encarada como um sonho utópico.

Análise Crítica dos Resultados do Projecto de Estágio

A avaliação assume-se como uma das etapas fulcrais em qualquer projecto. Só esta fase permitirá definir e comprovar se a acção decorreu em consonância com os objectivos apontados e se o enquadramento (recursos, temporalidade, equipamentos) esteve articulado com a acção ambicionada. Assim sendo, podemos afirmar que avaliar não é fácil, visto esta constituir-se como algo polissémico, abrangente e mesmo ambíguo, contudo, esta é uma peça fundamental e indispensável no trabalho educativo. Sem avaliação, torna-se difícil aferir da qualidade dos resultados produzidos e da necessidade ou não de mudança.

A existência de diferentes funções de avaliação tem equitativamente diversas modalidades que podem ser adoptadas. Contudo, no âmbito deste projecto, e de acordo com diversos autores (Hadji, 1993; Guerra, 2000 e Barbier, 1985), adoptamos assim a avaliação diagnóstica, formativa e final (ex-post).

No que respeita à avaliação diagnóstica, esta equivale à avaliação que é efectuada inicialmente, isto é, dá-se o levantamento dos recursos existentes, do conjunto de aspirações e motivações dos intervenientes, das suas valorizações e das suas práticas quotidianas. Deste modo, consideramos estar em consonância com esta modalidade, uma vez que desde o início da construção do projecto, constituiu ideia central a auscultação da população-alvo. Relativamente ao trabalho efectuado foram utilizados preferencialmente os procedimentos informais, desde entrevistas, passando pelas conversas informais bem como pela observação, contudo, os procedimentos formais também aqui aparecem representados através dos inquéritos por questionário.

A modalidade de avaliação formativa assume-se, também, como muito importante, e constitui-se como uma fase imprescindível ao processo avaliativo, pois estamos perante uma avaliação mais processual, cujas finalidades são orientar ou reorientar; reajustar atitudes, tempos e espaços; cogitar, observar e avaliar todo o seu processo. Também aqui foram praticados procedimentos formais e informais, através de escalas de verificação; grelhas de observação; observação directa e conversas informais.

A última modalidade por nós contemplada é a final (ex-post), a qual sucede ao processo de intervenção. Esta não ambiciona apurar o grau de consecução dos objectivos, mas principalmente identificar quais os resultados esperados e os inesperados (mas que se obtiveram), quais as consequências benéficas e os efeitos "perversos". Para tal, recorremos ao inquérito por questionário e à produção da exposição final. Perante esta situação, a qual relaciona toda uma panóplia de actividades desenvolvidas, vislumbramos até que ponto as mais variadas actividades permitiram a prevenção primária das toxicodependências e a minimização dos factores de risco presentes no seio escolar, e se os resultados foram ou não os esperados.

De referir, ainda, que no final das actividades promovidas pelo projecto realizamos uma avaliação que teve como objectivo reflectir sobre o dispositivo e as práticas por ele narradas, negligenciando todo e qualquer acto de certificação de conhecimentos.

A enunciação de qualquer projecto terá que ter por base a avaliação do processo e será esse mesmo processo que será avaliado, de modo a averiguar o sucesso ou insucesso do projecto de intervenção. De acordo com esta lógica cabe-nos dizer que consideramos ter cumprido os objectivos por nós criados, isto porque sem sombra de dúvida houve aprendizagem e reflexão da problemática central (toxicodependência), reflexão esta adaptada à faixa etária em questão (6 aos 11 anos). Este resultado revela mais uma vez que um tema tão sério, poderá ser amplamente abordado, sem que com isso haja desinteresse dos intervenientes. Não somos ingénuos ao ponto de pensar que modificamos o mundo com este projecto, mas de uma coisa temos a certeza, é que este possibilitou que muitas crianças questionassem e reflectissem sobre tal, sendo isto algo positivo.

A toxicodependência foi debatida e problematizada, fez-se o desejável e o exequível, a reflexão e a averiguação devem portanto prosseguir. Referimos, porém, que em educação o processo avaliativo é difícil, uma vez que estamos a falar de processos educativos de pessoas, de contextos de intervenção e de saberes transmitidos. No entanto, para haver uma confirmação de resultados alcançados com este projecto de intervenção, poderíamos pensar numa avaliação *a posteriori*, a qual iria permitir vislumbrar, passados alguns anos, os comportamentos da população com a qual intervimos, relativamente ao consumo de substâncias alucinogénicas, podendo esta levar-nos a outros resultados, contudo, e com base na avaliação actual, podemos firmar a avaliação global e final deste projecto entre o "Bom" e o "Muito Bom".

Conclusão

Ao examinarmos, observarmos e compreendermos o contexto concreto que foi objecto deste estágio, tornam-se possíveis algumas reflexões que conduzem à síntese final.

De facto, a toxicodependência é um flagelo social, isto porque ela aniquila o indivíduo e tira-lhe a liberdade, escravizando-o. Contudo, e para que este flagelo seja combatido terão que existir variadas estratégias que tenham como objectivo último a sua minimização. A prevenção primária é fundamental como estratégia poderosíssima de intervenção. A escola e as Comunidades Educativas aparecem como grandes protagonistas dessa prevenção. Será um erro grave as escolas fecharem-se estruturalmente, sem flexibilidade curricular, sem humanidade, sem profissionalismo, sem moral. Consideramos, então, que a escola deverá laborar não para ampliar os factores de risco, mas para assumir um papel fundamental no combate e prevenção das toxicodependências. Será urgente a criação de espaços e dinâmicas, onde a evolução, a igualdade, a valorização, a cooperação, o apreço pela diversidade e a multiculturalidade sejam sustentáculos de uma vida onde a droga não tenha lugar cativo.

Assim, uma intervenção que aponte para a melhoria do sucesso escolar e a alteração de aspectos ecológicos do funcionamento da escola, ampara o aperfeiçoamento integral do aluno e a aquisição de competências de vida, fortalecendo desta forma a resistência.

Consideramos que escolas como Outoreça e Loivos do Monte devam ser privilegiadas neste tipo de projectos, dado ter sido por nós assinalado que estas se assumem como territórios de intervenção prioritários. Deveremos, pois, lutar para que seja desenvolvido um projecto em que escola, família e comunidade se entrecruzem e complementem para, desta maneira, contribuirmos para que as desigualdades sociais se possam ir dissipando e que os projectos de vida destas crianças não incluam factores de exclusão. Se ambicionamos banir o flagelo da droga, devemos, antes de mais, examinar a sociedade que todos os dias edificamos. Se alcançássemos uma alteração, quer ao nível das normas, quer ao nível das circunstâncias de vida das populações, estaríamos a colaborar para que os factores de protecção se ampliassem com maior facilidade.

Queremos também salientar que apesar dos receios e obstáculos vivenciados, os quais foram vencidos gradualmente, consideramos que esta experiência foi extremamente gratificante, tanto a nível pessoal como profissional, um vez que permitiu melhorar a nossa auto-confiança, tal como o nosso autoconceito, os quais se tornarão imprescindíveis aquando de uma intervenção futura.

O projecto *"Droga: falemos dela antes que ela lhe fale"*, apresenta-se como ambicioso e estimulante, na medida em que permite que através de uma atitude reflexiva e atenta, seja cumprido o objectivo de ajudar as crianças a não enveredarem por situações de risco.

Concluindo, a prevenção deve iniciar-se prematuramente, ser a longo prazo e avançar sem interrupções. Esta não pode perdurar relegada a serviços especiais, medidas ou campanhas, mas deve fazer parte da vida diária das escolas, famílias e restantes instituições, no entanto acredito que o futuro é esperança!

Bibliografia

BARBIER, Jean-Marie. (1985). *Avaliação em Formação*. Porto: Ed. Afrontamento.
BENAVENTE, A. (1976). *A Escola na Sociedade de Classes – O Professor Primário e o Insucesso* Escolar. Lisboa: Livros Horizonte.

BENAVENTE, A. (1988). Seara Nova. N.º 18: 23-27.
Bíblia – Livro de Génesis, pp. 9, 20 e 21.
BOURDIEU, P. (1999). *A Miséria do Mundo*. Petrópolis: Editora Vozes.
BRUTO, A. C. (2002). *Exclusões Sociais*. Lisboa: Gradiva.
CANHA, C. (1989). "A Problemática do Alcoolismo em Portugal". *Publicações do II Centenário da Academia das Ciências de Lisboa*. Lisboa, pp.181-215.
CARVALHO, J. N. (1983). *O Consumo de Álcool e outras Drogas na Adolescência: Revisão da Literatura e Estudo Exploratório*. Porto: Universidade do Porto – Faculdade de Psicologia e de Ciências da Educação (Estudo realizado para efeitos de provas de aptidão pedagógica e capacidade científica/ /mimeografada).
DE KETELE, Jean-Marie *et al* (1988). Guia do Formador. Lisboa: Instituto Piaget.
DEUS, A. M. (1998). "A importância da avaliação neuropsicológica na práxis do psicológico clínico num centro de tratamento de alcoólicos". *Hospitalidade*. Lisboa, pp. 38-42.
Diário da República, I Série-A – Decreto Lei n.º 318/2000 de 14 de Dezembro, 7188.
EVANS, A. & HUCKMAN, L. (1995). *Inglaterra e Gales. O Agrupamento em Rede: Uma Solução para as Pequenas Escolas?* In Canário, Rui, org. *Escola Rural na Europa*. Setúbal: I.C.E.
FERNANDES, A. S. (1991). *O insucesso Escolar*. In A Construção Social da Educação Escolar. Porto: Edições Asa.
GAMEIRO, J. (1992). *Voando sobre a Psiquiatria*. Análise Epistemológica da Psiquiatria Contemporânea. Porto: Afrontamento.
GUERRA, I. C. (2000). *Fundamentos e Processos de uma Sociologia de Acção – O Planeamento em Ciências Sociais*. Cascais: Principia.
HADJI, C. (1993). *A Avaliação, Regras do Jogo*. Porto: Porto Editora.
MADUREIRA, J.P. & ALMEIDA, J. F.(1982). *A investigação em Ciências Sociais*. 3ª Edição: Editorial Presença.
MARQUES, M. S. (1997). *Marcos transhistóricos do álcool*. Porto: Edição L. Lepori – Grupo Angeline.
MOREIRA, P. (2004). *Para uma Prevenção que Previna*. Coimbra: Quarteto.
PARDAL, L. & CORREIA E. (1995). *Métodos e Técnicas de Investigação Social*. Porto: Areal Editores.
PARDOS, A. B. (1995). "Prevención del Alcoholismo". *IV Jornadas Galaico Lusas sobre Alcoholismo*. As Pontes (Coruña).
PRECIOSO, J. *et al*. (2000). *Educação para a Saúde*. Braga: Universidade do Minho.
QUIVY, R. & CAMPENHOUDT, L. V. (1999). *Manual de Investigação em Ciências Sociais*. Lisboa: Gradiva.

STRAUSS, L. (1973). *Les Champignes dans la culture*. In Antropologie Structurale II, Paris: Plon.
STUFFLEBEAM, D. (1987). *Evaluación sistematica*. Barcelona: Paidós-MEC.
TORRES, A. C. *et al.* (1993). «Pobres: Modos de Ser e de Parecer». *In Estruturas Sociais e Desenvolvimento* (Vol. II). Actas do II Congresso Português de Sociologia. Lisboa: Fragmentos.

Revistas:

LIEBER, C. S. (1998). "Alcoolismo: Uma Doença que Engloba toda a Medicina." *Medicina & Cirurgia*, Revista de pós-graduação médica. Março/Abril, 16 (314), pp. 43-54.
Toxicodependências (1999). Número 1, Ano 5, pp. 81-86. Edição SPTT.
Toxicodependências (2000). Número 2, pp. 33-45. Edição SPTT.

Internet:
http://www.presidenciarepublica.pt/pt/biblioteca/outros/interioridade/2_12.html, consultado em 17/05/2005

PROJECTO "HUMANIZAR"

MARTA JUDITE LOPES
Licenciada em Educação – Pré-especialização
em Educação de Adultos e Intervenção Comunitária
– Universidade do Minho

O **Projecto "Humanizar"** representou o Projecto de Estágio Curricular da Licenciatura em Educação (Ramo de Especialização em Educação de Adultos e Intervenção Comunitária) do Instituto de Educação e Psicologia da Universidade do Minho. Foi desenvolvido no Serviço de Medicina Interna do Hospital Senhora da Oliveira – Guimarães (HSOG), com os doentes que aí se encontravam internados, procurando contribuir para a humanização do internamento hospitalar através de duas vertentes fundamentais da existência humana, a educação e a saúde.

A concepção, implementação e avaliação deste Projecto foi pensada e conduzida com o intuito de ocupar o tempo de internamento de forma lúdica/educativa/reabilitadora e sensibilizar/informar/formar os doentes para estilos de vida saudáveis, estando fundamentada, portanto, na temática da **Promoção da Saúde** enquanto Processo Educativo, num criar de condições para que o ser humano possa conhecer-se melhor, defender e lutar pela sua saúde e pela daqueles com os quais interage. Consistiu num despoletar da consciência crítica sobre a importância da saúde como condição de bem-estar individual e social uma vez que, por um lado a Saúde é um "estado de completo bem-estar físico, mental e social e não simplesmente ausência de doença ou enfermidade" (OMS, 1978) e, por outro, a Educação representa um processo permanente e comunitário, um *continuum* desde o nascimento até à morte que passa pela educação de crianças, jovens, adultos e idosos, a nível formal, informal e não formal, em todos os contextos, visando a autonomia, o sentido da responsabilidade das pessoas e das comunidades e a constante busca pela perfeição, pela felicidade e pela vida plena, independentemente da idade, raça, sexo e etnia.

Neste processo de promoção da saúde a Terapia Ocupacional foi um espaço fundamental. Em ambiente hospitalar, onde a fragilidade física é enorme, bem como a fragilidade psicológica e emocional, assume-se totalmente pertinente uma intervenção neste âmbito, particularmente pela importância que a Terapia Ocupacional atribui à promoção de actividades que envolvam as componentes lúdica, experimental, cognitiva, interaccional, motora e adaptativa da vivência humana. A Terapia Ocupacional permite um vasto leque de actividades e enfatiza a importância da (re)construção constante de conhecimentos, com o propósito de auxiliar as pessoas a melhorar a sua saúde e a dos outros, através da experimentação, criação, imaginação, descoberta e aperfeiçoamento de competências, relaxamento, descontracção, convívio, exercício, movimento, entre outros.

Por conseguinte, o Projecto "Humanizar" edificou-se no "saber fundamental *mudar é difícil mas é possível*" (Freire, 2003: 79) uma vez que, segundo Paulo Freire (2003), "o êxito dos educadores [...] está centralmente nesta certeza que jamais os deixa de que é possível mudar, de que é preciso mudar" (*Ibidem*). Daí a designação "Humanizar", "tornar humano [e] mais sociável" (Morais, 1990: 216) o ambiente do internamento hospitalar, "pôr ao alcance dos Homens" (*Ibidem*) a sua recuperação física e psicológica quando lutam com uma qualquer doença.

Caracterização da instituição

Situado na Rua dos Cutileiros em Creixomil (Guimarães), numa área de cerca de 87000 m^2 dos quais 45000 m^2 correspondem a área de construção, o **Hospital da Senhora da Oliveira – Guimarães** dispõe de 485 camas e coloca ao dispor dos doentes cerca de 280 médicos e 450 enfermeiros, para além de outros profissionais, distribuídos por mais de vinte especialidades de prestação de cuidados de saúde nas áreas de Internamento, Hospital de Dia (Oncologia), Serviços Domiciliários, Serviço de Urgência, Cirurgia, Consulta Externa e Meios Complementares de Diagnóstico e Terapêutica.

A área de influência deste Hospital compreende as localidades de Guimarães, Taipas, Vizela, Fafe, Cabeceiras de Basto, Celorico de Basto e Felgueiras.

O **Serviço de Medicina Interna** faz parte dos serviços de internamento do Hospital (Piso 9 e metade do Piso 8) e tem capacidade para oitenta e oito camas, distribuídas por três alas, ala de Medicina Mulheres, ala de Medicina Homens e ala de Medicina Piso 8.

Exposição do projecto

Diagnóstico e Análise de Necessidades

O diagnóstico e análise de necessidades representa um "processo de pesquisa-acção participado" (Guerra, 2002: 129) onde se pretende identificar "os problemas mas também os recursos e as potencialidades do meio de intervenção" (*Idem*: 132). Nesse sentido, as necessidades resultaram do confronto entre expectativas, desejos e aspirações e as dificuldades e problemas sentidos num determinado contexto, ou seja, emergiram da "identificação dos níveis de não-correspondência entre o que está (situação presente) e o que 'deveria estar' (a situação desejada)" (*Ibidem*), podendo mobilizar vários métodos de investigação.

Assim, com o intuito de proceder ao diagnóstico e análise de necessidades, dessa forma participada, foram privilegiados como métodos de recolha de dados, conversas informais com todos os intervenientes do internamento hospital, observação directa do dia-a-dia do internamento hospitalar incluindo, rotinas, volume de visitas, tratamentos, etc., e entrevistas não directivas aos doentes internados.

Do tratamento de todos os dados e informações recolhidas emergiu o facto dos doentes entenderem necessária uma intervenção no internamento hospitalar de modo a melhorar o seu dia-a-dia na instituição. Daí se depreender como necessidade humanizar o internamento hospitalar, ou seja, ocupar o tempo de internamento de forma lúdico-educativo-reabilitadora e promover estilos de vida saudáveis. Em geral, constatou-se que, por um lado, os doentes sentiam ser demasiado o tempo que passavam no internamento, sem terem nada com que se distraírem e com que ocuparem o pensamento, para esquecerem as doenças que os assombravam e até os problemas quotidianos que enfrentavam; e por outro, médicos e enfermeiros indicaram que muitos dos problemas de saúde desses doentes decorriam, em grande parte, de hábitos prejudiciais para a saúde, nomeadamente, má alimentação, falta de higiene e sedentarismo, assim como deficit de informação em relação às suas patologias e aos cuidados que estas exigem.

Ao nível da ocupação do tempo de internamento verificou-se a necessidade de transformar esse período em tempo de crescimento, de convívio e de aprendizagem, de distracção e de relaxamento, por oposição à sensação de abandono, solidão, angústia, inutilidade e tristeza que os doentes referiram. Esta ocupação contribuiria também para colmatar uma outra necessidade, a de fazer com que estes doentes exercitassem os seus membros, como forma de reabilitação, dada a predominância de casos de Acidentes Vasculares Cerebrais (AVC) neste serviço e das sequelas ao nível da mobilidade que estes acarretam aquando do esquecimento inconsciente das partes do corpo afectadas e da falta de movimentação das mesmas.

No que se refere à promoção de estilos de vida saudáveis, surgiram como necessárias iniciativas de educação/promoção de saúde no sentido de sensibilizar/informar/formar os doentes e os seus familiares para a importância de adquirirem hábitos saudáveis e para os cuidados que devem ter, segundo as patologias, de forma a prevenir um novo internamento ou novas complicações. Este tipo de incidentes acontece principalmente em casos de AVC's e de diagnóstico de Diabetes. No primeiro, os doentes não compreendiam os cuidados que deviam ter para prevenir um novo AVC. No segundo, as dificuldades são, principalmente, ao nível dos cuidados que devem ter com os pés, por causa do chamado "pé diabético" que pode implicar a amputação do mesmo, e com a alimentação, de forma a prevenir níveis elevados ou reduzidos de açúcar no sangue, que levavam a novo internamento.

Além disso, os doentes demonstravam a necessidade de desabafar/ /conversar sobre as suas vidas, experiências e medos, de acreditar que a sua vida tinha sentido exigindo, também, uma intervenção nesse âmbito.

Público-alvo

Os doentes do Serviço de Medicina Interna têm idade igual ou superior a 15 anos, embora a média etária ronde os 60 anos, provêm, essencialmente, do serviço de urgência e, em média, estão internados 9 dias.

As patologias dominantes nos doentes deste serviço são os Acidentes Vasculares Cerebrais, também conhecidos por "AVC", "derrame", "trombose" ou "embolia", as complicações derivadas da Diabetes e das doenças infecto-contagiosas (por exemplo, HIV e Meningite), as insuficiências hepáticas (por exemplo, Cirrose), as insuficiências respiratórias (por doenças crónicas ou por instalação aguda como, por exemplo, Pneumonia) e outras patologias que exigem um estudo mais detalhado.

Alguns destes doentes, essencialmente os idosos, por vezes transformam-se em "casos sociais", ou seja, são abandonados no serviço após alta hospitalar, ficando internados até à resolução da sua situação que pode representar o regresso a casa ou a institucionalização em lares.

Finalidade
Humanizar o Hospital Senhora da Oliveira – Guimarães ao nível da estadia no internamento dos doentes promovendo a ocupação do tempo de internamento e a sensibilização/informação/formação sobre estilos de vida saudáveis.

Objectivos Gerais e Objectivos Específicos
1. Sensibilizar os doentes internados, os médicos e os enfermeiros para a importância da ocupação proveitosa do tempo de internamento:
   1.1. Promover conversas com os doentes internados, os médicos e os enfermeiros sobre o tempo de internamento;
   1.2. Mobilizar os doentes para participarem nas actividades;
   1.3. Mobilizar apoios de financiamento de actividades.
2. Contribuir para a ocupação (lúdico-educativo-reabilitadora) do tempo de internamento dos doentes internados:
   2.1. Encorajar a participação dos doentes nas actividades;
   2.2. Promover actividades escolhidas de acordo com os interesses dos doentes;
   2.3. Promover actividades que estimulem a criatividade, a concentração, o convívio, a reabilitação física e psicológica e a coordenação motora dos doentes.
3. Promover estilos de vida saudáveis:
   3.1. Desenvolver acções de sensibilização/informação/formação promotoras de estilos de vida saudáveis;
   3.2. Contribuir para uma visão mais positiva da vida e autovalidação por parte dos doentes internados;
   3.3. Contribuir para a sensibilização geral da necessária Humanização dos Hospitais.

Plano de actividades

1) Fase de Sensibilização

Durante esta fase, que esteve presente durante todo o Projecto devido à mobilidade do público-alvo, situação própria de um internamento hospitalar, foram privilegiadas actividades de observação das rotinas do Serviço, actividades de recolha de informações sobre os doentes, actividades de recolha de sugestões para actividades junto de doentes, médicos e enfermeiros e angariação de fundos.

2) Fase de Implementação

Esta fase teve subjacente, necessariamente, uma forte e constante motivação dos doentes com vista à participação nas actividades, uma vez que a duração de um internamento é muito curta do ponto de vista do trabalho em projecto. Deste modo, o doente, ao ser internado, era imediatamente motivado a integrar as actividades que estavam a decorrer e a dar sugestões para novas actividades.

As actividades desta fase foram divididas em dois âmbitos, por um lado a ocupação do tempo livre de internamento e, por outro lado, acções de sensibilização, informação e formação promotoras de estilos de vida saudáveis.

No que se refere à ocupação do tempo livre de internamento foram implementadas actividades de reabilitação motora e psicológica, em jeito de terapia ocupacional. Com estas actividades os doentes exercitaram-se de forma lúdica, desenvolveram a sua criatividade e as suas potencialidades, conviveram, trocaram experiências e vivências, criaram laços de amizade, de companheirismo e de inter-ajuda. Os doentes passaram a sentir que também podiam encontrar uma "família" num ambiente tão adverso e que podiam sair enriquecidos dessa experiência. Com o desenrolar das actividades sentiam-se orgulhosos do que faziam, dos seus desempenhos e das suas aprendizagens. O feedback positivo destas actividades foi sentido por todos os profissionais do Serviço, funcionando como terapia para todos, e não apenas para os doentes, uma vez que facilitou também o relacionamento destes com os doentes, agora mais receptivos a tratamentos.

Em relação às acções de sensibilização/informação/formação promotoras de estilos de vida saudáveis foram implementadas actividades que tendo em vista a simplificação e desconstrução de alguns conceitos científicos, relacionados com as patologias típicas do Serviço, contribuíram para que doentes e familiares entendessem mais facilmente as implicações, complicações e cuidados necessários como forma de precaver novos internamentos e aumentar a qualidade de vida das pessoas.

Obviamente estas duas "faces" do Projecto não são independentes. O sucesso de uma depende da outra, daí a sua implementação simultânea.

Actividades ao nível da ocupação do tempo livre:

Actividade 1: Dinamização das actividades escolhidas pelos doentes

Esta actividade consistiu, de acordo com os pedidos dos doentes, na disponibilização de baralhos de cartas, dominó e damas e na promoção de torneios. Deste modo, além de os doentes poderem jogar sempre que lhes apetecesse, a integração era mais fácil devido ao convívio que proporcionava.

Actividade 2: Construção e dinamização do Atelier de Artes "Nas Asas da Imaginação"

Esta foi a actividade que maior projecção conseguiu. Decorreu na sala de convívio dos doentes e consistiu na construção e dinamização de um atelier onde os doentes tiveram oportunidade de pintar, desenhar, moldar, colar, recortar, etc. Aqui nada foi esquecido, foram recolhidos frascos de medicação vazios, jornais, revistas e latas de leite em pó para, sempre que possível, fazer o reaproveitamento de matérias nos trabalhos a realizar e até certificados de participação foram elaborados para oferecer aos doentes. Os temas do atelier foram variados: pintura de telas ("A Cor da Alegria"); criação das decorações de Natal que enfeitaram o Serviço ("Espírito Natalício", "O Nosso Presépio"); elaboração dos presentes de Natal para os doentes ("É Natal"); elaboração de presentes de Natal para todos os profissionais do Serviço ("Surpresa"); elaboração de presentes para serem oferecidos aos doentes aquando da alta hospitalar ("Recordação"); criação de um mural ("Mural Vida") onde cada doente pintou uma das peças que unidas formaram um mural sobre a vida; transformação de latas de leite em pó ("Lata Personalizada") em latas divertidas e coloridas, prontas a ser reutilizadas para diversos fins; elaboração de flores em papel cuja parte central era formada por um pau-de-canela ("Flor de Canela"); elaboração de presentes para oferecer no Dia do Doente ("Flor de Papel"); criação de máscaras de Carnaval ("Máscara Criativa") que foram oferecidas aos seus familiares mais novos; elaboração dos presentes para o Dia do Pai ("Frasquinhos Coloridos"); transformação de frascos de medicação em frascos perfumados ("Reaproveitar") enchendo-os com flores secas ou sabonete raspado; criação de quadros onde os desenhos foram preenchidos com grãos variados ("Quadro de Grãos"); elaboração de um símbolo que o doente entendesse que o caracterizava ("Mapa da Vida"). Assim os doentes, ao criar ou recriar objectos, desenvolveram a sua criatividade e imaginação, descobriram competências e gostos, distraíram-se, conviveram, divertiram-se, sentiram-se úteis, exercitaram os seus membros e esqueceram por momentos a sua condição de doente. Foi uma actividade muito positiva e que criou um ambiente muito bom no Serviço, tornando-se mais fácil chegar aos doentes e até administrar-lhes os tratamentos necessários. Situação sentida por médicos e enfermeiros do Serviço e também pelos familiares dos doentes.

Actividade 3: Organização de exposições com os trabalhos do Atelier

Foram organizadas exposições com todos os trabalhos que os doentes fizeram no Atelier. As exposições, que tiveram lugar no átrio do refeitório do Hospital, despertaram a curiosidade de toda a comunidade do Hospital pelo Projecto e mereceram muitos elogios. Além disso, os doentes sentiram-se orgulhosos por verem as suas "obras de arte" apreciadas por todos, principalmente, pelos seus familiares.

Actividade 4: Decoração do Piso 9 com os trabalhos do Atelier

Esta actividade vem na sequência do Atelier e das exposições pois, após o término destas, os trabalhos dos doentes passaram a decorar o Piso. Além das decorações de Natal que foram totalmente criadas pelos doentes, foram espalhadas as telas pelas paredes do Serviço, foi constituído o mural numa parede na sala de convívio dos doentes, foram usadas algumas latas personalizadas para servirem de jarras onde se colocaram as flores de canela que passaram a decorar os balcões que servem de apoio aos médicos. Estas decorações personalizaram e alegraram o Serviço.

Actividade 5: Comemoração de Dias Especiais

Esta actividade vem também no seguimento do Atelier pois foi aí que se elaboraram os presentes e as recordações alusivas a várias datas festivas que houve oportunidade de comemorar durante a implementação do Projecto. De salientar o Natal, o Dia do Doente, o Carnaval, o Dia da Mulher e o Dia do Pai. Foi uma actividade que representou mais uma quebra no ambiente típico do internamento hospitalar e que muito agradou aos doentes.

Actividade 6: Criação do Painel "Impressões"
Na sala de convívio dos doentes foi colocado um painel em branco onde os doentes puderam escrever pensamentos, mensagens, desabafos. O resultado foi um painel repleto de mensagens de força para os companheiros do momento e mensagens de agradecimento para os profissionais do Serviço.

Actividade 7: Criação e dinamização do espaço "Conviver é Aprender"
Esta actividade consistiu na organização de jogos educativos e momentos de reflexão. Entre outros jogos, jogou-se ao "Jogo dos Sentimentos" onde, através de um jogo de cartas com naipes de sentimentos, os doentes, jogando da forma tradicional, tinham a certa altura, que descrever o sentimento que tinham em mãos e explorá-lo referindo quando o sentiram e imaginando uma situação em que o voltariam a sentir. Este foi um momento importante de convívio e de reflexão sobre si mesmos.

Actividades ao nível da sensibilização/informação/formação promotoras de estilos de vida saudáveis:

Actividade 1: Elaborar/reeditar panfletos informativos sobre as várias patologias e cuidados que integram o serviço de Medicina Interna
Esta actividade consistiu na análise do material informativo que servia de apoio aos profissionais do Serviço no sentido de informar os doentes e/ou familiares sobre os cuidados a ter com determinadas patologias. Dessa análise emergiu a necessidade de se actualizarem essas informações, de se proceder à desconstrução dos conceitos científicos aí contidos e de se melhorar o design desses materiais. Nesse sentido, efectuou-se uma pesquisa exaustiva relativa a informações actualizadas sobre essas patologias características do Serviço. Foi seleccionada a informação que iria

constar nos novos materiais sendo "traduzida" para uma linguagem mais acessível ao cidadão comum e organizada de uma forma mais apelativa. Deste processo resultaram dois Guias do Doente ("Acidentes Vasculares Cerebrais: Guia do Doente" e "Diabetes: Guia do Doente") e cinco desdobráveis sobre Cuidados ao Doente ("Cuidados de Higiene Gerais", "Cuidados ao Doente com Algália", "Cuidados ao Doente com Dispositivo Urinário", "Cuidados ao Doente com Sonda", "Como Evitar Escaras" e "Doentes com Problemas Respiratórios").

Actividade 2: Reuniões com doente(s) e/ou familiares para sensibilizar/informar/formar acerca da doença que os afecta
Por indicação médica, foram realizadas reuniões com o doente e/ou familiares no sentido de disponibilizar todas as informações necessárias e importantes para uma rápida recuperação ou como forma de prevenção ou de reincidência de complicações. Esta foi mais uma forma de simplificar conceitos científicos imperceptíveis ao cidadão comum, de lhes explicar a causa dessa patologia, de os colocar perante as complicações que poderiam ocorrer devido a negligências, de lhes mostrar a importância da sua vontade para recuperarem. Nesta actividade o doente expôs as suas dúvidas e medos, de uma forma tão informal e directa que possibilitou o rompimento com determinadas concepções erradas sobre certas doenças. Foi uma actividade muito positiva tanto para o doente, que se passou a sentir mais capaz de lutar pela sua saúde, como para médicos e enfermeiros por se ter revelado um apoio ao trabalho por eles desenvolvido.

Actividade 3: Exploração e análise das Histórias de Vida dos doentes
Esta actividade consistiu em oferecer ao doente um apoio emocional, essencial para a sua recuperação. Através de conversas informais o doente era estimulado a falar sobre as suas experiências e vivências, sobre cada momento que o marcou como o tempo de escola, o casamento, o nascimento dos filhos, situações de perda de entes queridos, etc. Alguns doentes precisavam apenas de sentir que alguém os ouvia, que era importante o que diziam, outros estavam tão debilitados emocionalmente, devido ao sofrimento que estavam a viver que, chorando, só lembravam aspectos negativos da sua vida, implicando que durante essa conversa fossem enfatizados os mais ínfimos pormenores positivos evocados pelos doentes para que percebessem que também viveram momentos felizes. Esta actividade

revelou-se fulcral para os doentes mais deprimidos que, dia após dia, foram recuperando a estabilidade emocional e mesmo o humor.

Actividade 4: Criação e dinamização do Painel "Saúde para Todos"
Esta actividade consistiu na elaboração de cartazes com informações sobre algumas doenças, com conselhos simples para viver de forma saudável, mensagens directas e simples apoiadas em cartoons divertidos, que foram colocados num painel existente na sala de convívio dos doentes animando o ambiente de forma educativa. Privilegiaram-se temas como SIDA, fumo do tabaco, drogas, álcool, hábitos saudáveis, cuidados a ter com o coração, com a alimentação è com a saúde em geral. O impacto deste painel foi muito positivo pois cativou a atenção dos doentes e o interesse sobre essas temáticas, levando-os a discutir os temas entre si e a esclarecer dúvidas com os profissionais.

Actividade 5: Criação e dinamização do "Painel do Doente"
Esta actividade consistiu em organizar um outro painel que existia na sala de convívio dos doentes onde eram afixadas informações relevantes sobre o internamento hospitalar e renovar a imagem de alguns cartazes aí contidos, como é o caso de um que traduzia os Direitos e Deveres do Doente. Foi ainda introduzido um novo cartaz com um poema denominado "Saber Envelhecer".

Actividade 6: Divulgação do Projecto
A divulgação do Projecto "Humanizar" foi uma actividade que, apesar de estar prevista, foi despoletada por entidades exteriores ao próprio Projecto. Devido à projecção que esta iniciativa estava a conseguir, partiu da Direcção do Hospital a ideia de o dar a conhecer ao exterior. Assim foram cedidas entrevistas, quer pela estagiária, quer pelos doentes, que foram publicadas na "Revista do Hospital" (Edição de Fevereiro), no Jornal "Diário do Minho" (15 de Fevereiro de 2006), no Jornal "Notícias de Guimarães" (24 de Fevereiro de 2006) e no "Portal da Saúde" em www.portaldasaude.pt (16 de Fevereiro de 2006). Mais do que a projecção do Projecto, esta actividade proporcionou a divulgação de uma iniciativa que se foi mostrando essencial para o bem-estar dos doentes e para a prestação de um serviço com mais qualidade no internamento hospitalar.

Actividade 7: Organização do Seminário "Educação e Saúde: caminhos cruzados"

Esta actividade representou a oportunidade de serem discutidas as temáticas da Educação e da Saúde e a sua ligação. Nesse sentido foram convidados profissionais de várias áreas, médicos, enfermeiros, professores e educadores, para reflectirem um pouco sobre o assunto. Este Seminário representou um momento importante de reflexão sobre o tema, contando com uma grande audiência constituída por estudantes e profissionais da educação e da saúde (educadores, professores, enfermeiros, terapeutas, etc.) e que teve nota positiva por parte de todos quantos participaram ou assistiram.

Conclusões

A realização de um projecto deste tipo representava para mim um sonho.

Quando decidi enfrentar esse meu sonho, fazendo os (im)possíveis para o tornar realidade, fi-lo com a esperança de a sua consecução representar uma mais valia para o público com o qual interagiria.

Investindo nessa esperança, "necessidade ontológica" (Freire, 1992: 10), ciente de que a minha esperança, por si só, não teria o poder de mudar a realidade, mas ciente também de que "sem ela a luta fraqueja e tributeia" (*Ibidem*), coloquei os 'pés ao caminho' e, ancorando a minha esperança na prática, dei o que de melhor tenho, única e simplesmente, para lhes proporcionar o que de melhor se poderia fazer num internamento hospitalar, a par dos cuidados médicos e de enfermagem, prestados com grande profissionalismo e competência, falo do restabelecimento da esperança, fundamentado num processo de educação permanente e comunitário e de promoção da saúde.

Após tudo o que vivemos juntos (eu e os doentes) não tenho dúvidas de que a intervenção que me propus realizar foi indubitavelmente pertinente e que despoletou o interesse daqueles que participaram, que cooperaram e da própria Administração do HSOG.

Ao longo dos seis meses de estágio, várias vezes me emocionei com as palavras de agradecimento por parte dos doentes. Várias vezes visualizei nos seus rostos, por vezes velhos e cansados, a razão de ser do meu trabalho e do meu total empenho. Várias vezes deixei na penumbra os sentimentos que os prognósticos médicos me causavam para transmitir confiança e esperança aos doentes para o seu processo de recuperação, por acreditar que a vontade e a esperança podem contrariar as "leis da medicina". Várias vezes controlei as lágrimas para que os doentes vissem em mim o exemplo de força que necessitavam, quando estava destroçada, tudo por um sorriso. Várias vezes tive a honra de perceber que o meu trabalho excedeu as minhas expectativas e as dos profissionais de saúde, que tinham algumas dúvidas quanto à disponibilidade dos doentes. Deste modo, várias vezes me senti realizada profissionalmente, vi reconhecido o meu empenho e dedicação com um feedback extraordinariamente positivo.

O Projecto "Humanizar" demarcou-se num contexto de difícil trato, uma vez que lidando com pessoas muito vulneráreis, debilitadas física e psicologicamente, conseguiu mudanças consideráveis de comportamento, auxiliou a descoberta de capacidades e de gostos, promoveu o convívio entre pessoas de distintas origens sociais, proporcionou uma melhor integração na instituição, promoveu o contacto com novas aprendizagens e experiências e fez com que os doentes voltassem a sorrir. Todas as actividades foram consideradas positivas e bem conseguidas quer pelos doentes, quer por médicos e enfermeiros.

Por conseguinte, espero que esta iniciativa, por sinal singular e inovadora, possa abrir caminho a novas práticas no contexto hospitalar porque demonstrou a existência de um fosso no cuidado ao doente internado, evidenciou a forma como poderia ser preenchido (através da educação e promoção de saúde, tendo como aliada a terapia ocupacional) e do profissional indicado para lhe dar essa resposta, o Técnico Superior de Educação.

Referências bibliográficas

ANDER-EGG, E. (1990). *Repensando la Investigación-Acción-Participativa. Comentarios, críticas y sugerencias*. México: Editorial El Ateneo, S.A.
ANTUNES, M. C. P. (2001). *Teoria e Prática Pedagógica*. Lisboa: Instituto Piaget.
BARBIER, J. M. (1993). *Elaboração de Projectos de Acção e Planificação*. Colecção Ciências da Educação. Porto: Porto Editora.
BOUTINET, J. P. (1996). *Antropologia de Projecto*. Lisboa: Instituto Piaget.

BRANDES, D. & PHILLIPS, H. (1977). *Manual de Jogos Educativos. 140 Jogos para professores e animadores de grupos.* Colecção Psicologia e Pedagogia. Lisboa: Morais Editores.

FREIRE, P. (1992). *Pedagogia da Esperança. Um reencontro com a Pedagogia do Oprimido.* São Paulo: Editora Paz e Terra.

FREIRE, P. (2003). *Pedagogia da Autonomia.* São Paulo: Editora Paz e Terra.

GONÇALVES, G. (2003). *Sentimentos – Jogo dos Afectos.* Aveiro: Gostar Editora, Lda.

GOYETTE, G. & LESSARD, M. H. (1988). *La Investigación-Acción: Funciones, Fundamentos e Instrumentación.* Barcelona: Editorial Fontes.

GUERRA, I. C. (2002). *Fundamentos e Processos de Uma Sociologia da Acção. O Planeamento em Ciências Sociais.* Cascais: Editora Principia.

HOOGHE, C. (2005). *Actividades Brincadeira Criação.* Maia: Edições Nova Gaia.

HOPKINGS, H. L. & SMITH, H. D. (1998). *Terapia Ocupacional* (8ª edição). Madrid: Editorial Médica Panamericana.

MORAIS SILVA, A. (1990). *Novo Dicionário Compacto da Língua Portuguesa* (Volume III). Mem Martins: Editorial Confluência.

NAVARRO, M. F. (2000). *Educar para a Saúde ou para a Vida? Conceitos e fundamentos para novas práticas.* Braga: Departamento de Metodologias da Educação, Universidade do Minho.

OLIVEIRA, C. C. (2004). *Auto-Organização, Educação e Saúde.* Coimbra: Ariadne.

OMS (1978). *Declaração de Alma-Ata: Recomendações.* Adoptada na Conferência Internacional sobre Cuidados Primários de Saúde, Alma-Ata, URSS, 6 a 12 de Setembro de 1978.

OMS (1986). *Carta de Ottawa para a promoção da saúde.* Adoptada na Primeira Conferência Internacional sobre Promoção da Saúde, Ottawa, 21 de Novembro de 1986.

PADUA, E. M. M. & MAGALHÃES, L. V. (orgs.) (2003). *Terapia Ocupacional. Teoria e Prática* (2ª edição). São Paulo: Papirus Editora.

QUIVY, R. & CAMPENHOUDT, L. V. (1992). *Manual de Investigação em Ciências Sociais.* Lisboa: Gradiva.

RODRIGUES, M. et al (2005). *Educação para a Saúde. Formação pedagógica de educadores de saúde.* Coimbra: Formasau – Formação e Saúde, Lda.

EU COM OS OUTROS: RELACIONAMENTO E DINÂMICAS INTERPESSOAIS ENTRE GRUPOS E GERAÇÕES

MARIA DE LURDES FERNANDES
Licenciada em Educação – Pré-especialização
Educação de Adultos e Intervenção Comunitária
– Universidade do Minho

Neste artigo pretende-se apresentar uma reflexão acerca de uma experiência de estágio na área da Educação de Adultos e Intervenção Comunitária, realizada no âmbito da Licenciatura em Educação da Universidade do Minho. Neste estágio foi desenvolvido um projecto de cariz intergeracional intitulado *"Eu com os Outros: Relacionamento e dinâmicas interpessoais entre grupos e gerações"*. Este título procura expressar a ideia de uma dinâmica de valorização e promoção das relações interpessoais entre os participantes do projecto (um grupo de idosos e crianças), com vista à promoção do seu desenvolvimento pessoal e social. O desafio a que tentaremos responder, com o artigo que aqui apresentamos, é o de permitir que o leitor, através desta experiência particular, possa conhecer e reflectir connosco acerca de uma das áreas de actuação dos profissionais da educação (ou, mais concretamente, da educação de adultos e intervenção comunitária): os projectos de cariz intergeracional.

Neste sentido, na primeira parte do artigo faremos uma abordagem ao projecto que foi desenvolvido, na qual, após uma breve caracterização do contexto de estágio e do público-alvo, procuraremos explicitar as áreas de intervenção do projecto e os princípios a ele subjacentes. Ainda na primeira parte faremos, sempre que se mostrar oportuno, referência a algumas das actividades do projecto para permitir ao leitor compreender o modo como se concretizaram no terreno os objectivos traçados para o mesmo. Optamos por não fazer referência a todas as actividades por considerarmos que isso não seria verdadeiramente essencial para a compreensão da problemática em causa. Na segunda e última parte do artigo, intitulada *Comunidades Educativas Intergeracionais,* desenvolveremos uma reflexão acerca da importância dos processos educativos que envolvem população de distintos grupos etários. Esta reflexão, embora tendo sido proporcionada a partir deste projecto em particular, pode tornar-se transversal a todos os projectos que pretendam desenvolver acções educativas (mais ou menos sistemáticas) envolvendo várias faixas etárias num processo de aprendizagem em comum.

I. O PROJECTO

O contexto

Este estágio curricular foi realizado na Junta de Freguesia de São Victor, mais concretamente no serviço de Apoio Sócio-Educativo do Jardim-de-Infância de Santa Tecla. No entanto, como desde cedo se desenhou a possibilidade e interesse em desenvolver um projecto de cariz intergeracional, para além desta valência de jardim-de-infância, o estágio envolveu ainda o Centro de Dia da Associação Juvenil *A Bogalha*. O envolvimento deste centro de dia em particular foi proporcionado devido à existência de um protocolo entre a Junta de Freguesia de São Victor e a Associação Juvenil *A Bogalha*, a partir do qual esta associação assegura o serviço de almoço (nas suas instalações) às crianças do Apoio Sócio--Educativo dos jardins-de-infância da freguesia de São Victor e respectivo transporte.

O Apoio Sócio-Educativo do Jardim-de-infância de Santa Tecla tinha, na altura em que o projecto foi implementado, um total de 20 crianças inscritas (onze do sexo feminino e nove do sexo masculino), com idades compreendidas entre os 3 e os 6 anos. O Apoio Sócio-Educativo funciona das 12h às 14h (serviço de almoço) e das 16h às 18h30 (prolongamento de horário). No que se refere ao Centro de Dia da Associação Juvenil *A Bogalha*, este acolhia na altura seis idosos (dois do sexo mas-culino e quatro do sexo feminino) com idades compreendidas entre os 75 e os 91 anos. A actividade desta valência desenvolve-se todos os dias úteis das 9h às 17h.

A concepção deste projecto foi, naturalmente, baseada num estudo de diagnóstico, através do qual se procurou perceber quais as necessidades e oportunidades (recursos) do contexto de intervenção. É sobre as conclusões desse estudo que nos debruçaremos de seguida para que se torne possível perceber as particularidades do modo de desenvolvimento deste projecto. Assim, no que se refere às crianças do Apoio Sócio-Educativo, deparamo-nos com um grupo de crianças bastante irrequietas, decorrendo daqui alguns problemas ao nível das regras de comportamento, nomeadamente, desobediência aos responsáveis e criação de dificuldades na realização das actividades. Em termos de grupo, eram crianças que criavam alguns conflitos entre si, conflitos estes que envolviam, por vezes, manifestações de agressividade física. Estes dados devem, no entanto, ser contextualizados tendo em conta alguns dados relativos ao contexto sócio-económico e familiar das crianças. Assim, deve ter-se em consideração o facto de se tratar de um grupo de crianças provenientes, na sua maioria, de meios sócio-económicos desfavorecidos (sendo o desemprego dos progenitores um dos principais problemas), e com outras situações de vulnerabilidade social e familiar. Tendo em conta estas conclusões, donde ressaltam fragilidades ao nível do relacionamento entre o grupo de crianças e ao nível das regras de comportamento, considerou-se que seria importante desenvolver com elas um trabalho direccionado para a promoção de atitudes de respeito, solidariedade, cooperação, entreajuda e partilha. Para tal, procurou-se, entre outras coisas, potenciar o desenvolvimento de dinâmicas de grupo (trabalho em equipa) e promover o relacionamento interpessoal com os idosos, por forma a permitir uma possível aprendizagem de novas formas de relacionamento.

Relativamente aos idosos, na fase de avaliação inicial foi possível perceber que o relacionamento interpessoal entre os elementos do grupo apresentava também algumas fragilidades, pois havia idosos que se afastavam demasiado do grupo. Foi também possível perceber a existência de uma imagem negativa da velhice por parte de alguns idosos (associada a uma certa inutilidade e/ou dependência). Deste modo, pareceu-nos importante desenvolver um trabalho centrado sobretudo ao nível da promoção do relacionamento interpessoal entre o grupo de idosos e da valorização dos saberes que eles possuem em resultado da sua longa e singular experiência de vida. Através da valorização destes saberes pretendia-se devolver uma imagem mais positiva à velhice, nomeadamente pelo reconhecimento da importância educativa destes saberes para as gerações mais novas (as crianças do Apoio Sócio-Educativo).

A intervenção

As conclusões retiradas a partir do estudo de diagnóstico tornaram possível perceber a necessidade de criar uma maior coesão entre os elementos de cada um dos grupos envolvidos no projecto e ainda a existência de poucos espaços para reunir as duas gerações (o final da hora de almoço foi um dos poucos momentos em que se tornou possível a realização do intercâmbio). Assim sendo, considerou-se importante pensar e desenvolver actividades distintas e específicas para os idosos e para as crianças, actividades estas que foram sempre articuladas com as actividades de intercâmbio intergeracional.

No seguimento desta perspectiva, os objectivos do nosso projecto foram, de um modo geral, definidos no sentido de serem promovidas dinâmicas de relacionamento interpessoal entre os elementos de cada um dos grupos que constituíram o seu público-alvo (construção de uma identidade grupal). No âmbito destas dinâmicas de relacionamento interpessoal, foram também criados espaços de encontro e partilha entre os idosos e as crianças, espaços estes que visaram reforçar os objectivos traçados para cada um dos grupos. Passam então a referir-se os objectivos (gerais) considerados como sendo estruturantes deste projecto:

– Potenciar o desenvolvimento de uma identidade grupal;
– Fomentar atitudes de cooperação, amizade e partilha;
– Potenciar o (re)conhecimento e a valorização dos aspectos positivos da velhice;
– Promover encontros intergeracionais entre as crianças e os idosos.

Para uma melhor compreensão, pelo menos assim o esperamos, das estratégias de intervenção deste projecto e do modo como elas foram concretizadas no terreno, organizaremos agora a nossa reflexão segundo aqueles que definimos como sendo os três eixos de intervenção do projecto. Esta organização segundo eixos de intervenção pretende, ainda, dar a conhecer ao leitor alguns dos princípios e fundamentos teóricos do projecto. Deve, no entanto, salvaguardar-se que estes três eixos se encontram profundamente inter-relacionados – esta estruturação deve-se apenas a motivos de organização do texto e de leitura do projecto. Os eixos de intervenção definidos são os seguintes:

1. Promoção do relacionamento interpessoal;

2. Valorização do saber dos idosos;
3. Valorização/desenvolvimento da dimensão afectiva do saber.

1. Este foi, antes de mais, um projecto voltado para a promoção do relacionamento interpessoal, quer ao nível do grupo de crianças e idosos, quer ao nível do intercâmbio entre os dois grupos. Em todas as actividades realizadas, para além de outros objectivos que se procurassem promover, houve sempre a preocupação de colocar os elementos do grupo em interacção/diálogo e a trabalhar em conjunto. Deste modo, quando se fala em promover o relacionamento interpessoal isso quer dizer que se procurou promover uma interacção cooperativa (não competitiva) baseada num processo comunicacional dialógico. Este tipo de interacção implica o favorecimento de uma relação pedagógica horizontal onde os papéis de educador e educando se confundem (todos ensinam e aprendem) e a autoridade desaparece. Para conseguir tal empreendimento organizamos a nossa intervenção com base na metodologia da animação sociocultural. Esta metodologia assumiu uma grande importância estratégica para este projecto na medida em que nela: os processos educativos se desenvolvem a partir da valorização da cultura de pertença das comunidades e favorecem a participação das mesmas; são os educandos e o seu contexto que constituem a base dos processos educativos; os animadores (educadores) assumem o papel de organizadores e facilitadores, favorecendo uma relação pedagógica horizontal; as finalidades destes processos educativos são a promoção da mudança social e do desenvolvimento. A animação sociocultural constitui, deste modo, uma parte fundamental do processo educativo na medida em que corresponde a

> uma educação global, visando desenvolver todos os aspectos da personalidade humana, não apenas durante o período escolar, mas também durante todas as etapas da vida. [...] É a forma que toma a educação na hora actual, uma educação que se quer, antes de tudo, auto-educação, actividade formadora correspondendo a uma livre escolha, e que se quer de igual modo plenamente integrada na vida daquele que toma a iniciativa de a conquistar e assumir (Toraille, 1973: 34).

2. O segundo eixo de intervenção do nosso projecto é o da valorização do saber (experiencial) dos idosos – através da valorização destes saberes pretendia-se contribuir para a construção de uma imagem mais positiva da velhice. Foram várias as actividades desenvolvidas neste sentido, umas envolvendo apenas os idosos e outras envolvendo os idosos e as crianças.

Com os idosos foi, por exemplo, realizada uma actividade de recolha e compilação de elementos da sabedoria popular, através da qual vários saberes que os idosos possuíam (provérbios, adivinhas, cantigas, orações, etc.) foram registados e compilados num livro e num DVD (apenas as cantigas recolhidas em registo vídeo). Outra das actividades com bastante relevância neste domínio foi a realização de sessões de (auto)formação a partir da história de vida dos idosos. Aquilo que se propôs com estas sessões foi a criação de um espaço onde os participantes pudessem reflectir acerca do seu percurso de vida. Tendo sido desenvolvido em grupo, este espaço implicou, para além de uma reflexão individual, um processo de partilha de experiências de vida com os restantes elementos do grupo. Com esta actividade pretendeu-se criar condições para que os idosos pudessem valorizar a velhice e a sua condição de pessoas idosas, através do reconhecimento da sabedoria e experiência de vida que tal condição permite. De facto, pela vasta experiência de vida que tem, o idoso guarda em si muita sabedoria, que se revela através da sua história de vida. É esta sabedoria que deve ser reconhecida, partilhada e valorizada por cada idoso para que o envelhecimento tenha um significado mais positivo – porque envelhecer não é apenas acumular anos, é acima de tudo construir o saber que só muitos anos de vida permitem que se construa. Aliás, uma das grandes finalidades de todo este trabalho foi a de contribuir para que cada um dos participantes valorizasse mais a sua singularidade (a pessoa em que se tornou) na nova etapa da vida em que se insere. Pretendia-se ainda fomentar o diálogo entre os participantes de modo a que, por essa via, fosse possível criar uma maior coesão entre o grupo. Ao reflectir sobre os vários momentos que definem a sua trajectória de vida e, ao exprimir oralmente essa reflexão, criaram-se ainda as condições para que cada um dos participantes pudesse construir uma nova tomada de consciência da sua história de vida e se tornasse sujeito do seu próprio processo de formação.

Ainda dentro deste eixo de intervenção, as actividades de intercâmbio permitiram um outro nível de valorização dos saberes dos idosos: o reconhecimento da importância prática destes saberes para a educação das crianças. Esta ideia foi, por exemplo, concretizada na realização da actividade *"Uma horta pedagógica"*. Nesta actividade, tal como o próprio nome indica, procedeu-se ao cultivo de uma pequena horta – os idosos transmitiram o seu conhecimento sobre o modo como se cultivam certos alimentos (batatas, feijão-verde, couve-galega e couve-penca) e as crianças puderam experimentar estes ensinamentos, trabalhando com a terra e descobrindo um mundo que para muitas delas era totalmente desconhecido. Assim, através desta e outras actividades, procuraram criar-se espaços onde os idosos pudessem explorar as suas potencialidades educativas, com base nos seus conhecimentos e experiência de vida, em prol daqueles que caminharam consigo neste processo educativo (as crianças). É neste sentido que um dos fundamentos do nosso projecto, ao promover o intercâmbio intergeracional, é o princípio de que cada pessoa idosa é uma espécie de *biblioteca viva* que guarda em si um amplo conjunto de saberes, os quais podem ser (re)aproveitados e potenciados em benefício da comunidade na qual se inserem. Partindo desse pressuposto, o projecto procurou o reconhecimento dos saberes dos idosos e a sua partilha com as gerações mais novas. Deste modo, mobilizar os saberes destes idosos e inseri-los no âmbito de actividades educativas que promovessem o desenvolvimento pessoal e social das crianças (e dos próprios idosos) foi um dos grandes desafios colocados no âmbito deste projecto.

As considerações acima apresentadas assumem tanta mais importância quanto o facto de ser cada vez mais necessária a redefinição do papel social do idoso nas sociedades actuais. De facto, com a universalização do direito à reforma, a velhice, enquanto categoria social, passou a ser identificada com os contornos de uma inactividade remunerada – a designada *terceira idade*. Este termo designa a etapa da vida das pessoas iniciada aos 65 anos, precisamente a altura estipulada administrativamente para a entrada na reforma. Deste modo, a passagem à reforma contribui para estruturar o ciclo de vida humana em três tempos:

> O tempo do «jovem» é definido pela instituição escolar, que lhe imputa o direito e o dever de aprender e desenvolver-se; o tempo do «adulto» passa a definir-se como exercício, no espaço produtivo, das capacidades e competências adquiridas; o tempo do «reformado» é definido pelo tempo livre, pelo lazer enquanto actividade não-profissional (Esteves, 1995: 114).

No entanto, contrariamente ao que acontece com as duas primeiras etapas de vida, a passagem à reforma, marcada pela cessação da actividade profissional, não prevê uma reintegração da pessoa (o idoso) na estrutura social (inactividade). Actualmente, o reformado "no tiene una identidad positiva ni un *ethos* que lo organice, ni un lugar definido dentro de la red social" (Fericgla, 1992: 140). E daqui decorre, então, a necessidade de redefinição de um papel social para o idoso, que lhe confira uma identidade positiva. E isto é tanto mais necessário quando actualmente os idosos constituem uma parte cada vez mais significativa da sociedade (decorrente do processo de envelhecimento demográfico) e uma categoria bastante heterogénea pelo facto de esta representar uma etapa da vida cada vez mais longa e na qual se é saudável e autónomo durante grande parte do tempo. Foi neste sentido que, através de várias actividades do projecto, se procurou conhecer e mobilizar o saber dos idosos envolvidos, orientando-o no interesse do seu processo de formação e do processo de formação das crianças. O nosso projecto, embora através de uma acção meramente pontual devido às limitações temporais da duração do projecto (seis meses), procurou contribuir para a possibilidade de construção de um (entre muitos outros possíveis) papel social para o idoso. Assim, procurou-se conferir aos idosos envolvidos no projecto o papel de educadores, sendo-lhes dada a possibilidade de, através dos conhecimentos e da experiência que acumularam ao longo dos anos, colaborar no processo educativo das crianças e, dessa forma, contribuírem para o seu desenvolvimento integral.

Este eixo da valorização dos saberes dos idosos de que temos vindo a falar remete-nos, ainda, para outro dos fundamentos teóricos deste projecto: o conceito de educação permanente. Assim, e antes de mais, por educação permanente entende-se "o processo global e contínuo de educação na existência de cada indivíduo que implica a continuidade no tempo (todas as fases da vida: infância, juventude, vida adulta, terceira idade) e a abertura no espaço (todos os lugares em que o homem vive, convive, trabalha e se diverte)" (Dias, 1983: 40). Daqui ressaltam duas ideias fundamentais: por um lado, a ideia de que a educação acompanha todo o ciclo de vida do ser humano e, por outro lado, a ideia de que a educação acontece em todos os espaços em que o ser humano se insere. A noção de educação permanente foi mobilizada na medida em que um dos aspectos centrais do nosso projecto é o facto de se considerar que não existe uma idade para a educação – o ser humano é concebido como um ser inacabado, que se encontra inserido num processo de (auto)educação ao longo de toda a vida. Assume-se, assim, uma perspectiva desenvolvimental do ser humano, considerando-o como um ser em constante mudança. Nesse sentido, considera-se que "é possível aprender sempre. Mudam as características da aprendizagem, muda a velocidade de fixação e os momentos em que se atinge o auge, mas o enriquecimento e alteração das capacidades é sempre possível, em condições normais, durante quase toda a vida" (*Idem:* 55). Foi com esta convicção que envolvemos um grupo de idosos no processo educativo desencadeado por este projecto e procuramos valorizar o seu saber e experiência, pondo de lado os preconceitos e estereótipos que atingem esta faixa etária e que fazem crer que, como diz o velho ditado popular, *"burro velho não aprende línguas".*

3. Passamos agora à análise do terceiro e último eixo de intervenção deste projecto – a valorização/desenvolvimento da dimensão afectiva do saber. Tal como já referimos, aquando da caracterização do contexto, uma das grandes fragilidades detectadas pela avaliação de diagnóstico referia-se à falta de coesão entre os elementos dos dois grupos envolvidos no projecto. Tendo em conta esta realidade procurou-se, tal como foi também já referido, apostar na promoção do relacionamento interpessoal (desenvolvendo trabalhos em equipa, favorecendo o convívio/interacção, o diálogo, etc.) ao longo das várias actividades desenvolvidas. No entanto, quando falamos em dimensão afectiva do saber o que está, acima de tudo em causa é uma mudança do comportamento das crianças pois, como vimos, a sua interacção em grupo era muitas vezes pautada por manifestações de agressividade e falta de regras de comportamento. Procurou-se, então, desenvolver um processo educativo que permitisse trabalhar a inter-relação no domínio afectivo. Este trabalho foi feito principalmente através das actividades de intercâmbio com os idosos – pretendia-se que através do relacionamento com os idosos as crianças pudessem desenvolver novos laços afectivos e conhecer novos modos de relacionamento baseados no respeito. Neste sentido, os espaços de encontro e partilha entre os idosos e as crianças tornaram, efectivamente, possível a criação de importantes laços afectivos entre os dois grupos. Na inter-relação com os idosos, as crianças aprenderam novos modos de comportamento e novas formas de interagir, desenvolveram modos de relacionamento baseados no respeito e no carinho e puderam ainda praticar acções de partilha, entreajuda e de solidariedade.

Exemplificamos de seguida descrevendo algumas das actividades de intercâmbio do projecto. Uma das actividades de maior relevo, neste domínio, foi a actividade de confecção e troca de presentes de natal. Nesta actividade cada um dos grupos confeccionou vários presentes que foram depois oferecidos aos elementos do outro grupo na altura do natal. A troca de prendas foi um momento rico em manifestações de carinho por parte de ambos os grupos, visível na forma como se cumprimentaram, trocaram e agradeceram os presentes. Neste dia foi, por exemplo, interessante observar as crianças a ajudarem os idosos com mais dificuldades a abrir os presentes, tarefa que realizaram prontamente e com bastante empenho. Foi igualmente possível notar uma enorme proximidade entre os dois grupos – que cada vez mais pareciam formar um só. Uma outra actividade que, embora podendo parecer um gesto muito simples, contribuiu para desenvolvimento da dimensão afectiva foi a actividade de comemoração conjunta dos aniversários. Nesta actividade, sempre que algum dos elementos dos dois grupos fazia anos, as crianças faziam breves visitas ao centro de dia para cantarem os parabéns ao aniversariante juntamente com os idosos. Esta actividade permitiu uma grande aproximação entre os idosos e as crianças, visível nas imensas manifestações de carinho de ambas as partes. Criaram-se verdadeiros momentos de partilha e de troca em que crianças e idosos desenvolveram outras formas de convívio para além do acto de cantar os parabéns. Com o decorrer do tempo, as crianças passaram a mostrar um grande à-vontade nestes encontros e um enorme respeito pelos idosos.

Na medida em que potenciaram atitudes de cooperação e partilha e permitiram desenvolver laços de amizade, as actividades de intercâmbio intergeracional contribuíram para cimentar os objectivos traçados para as crianças – elas aprenderam a desenvolver novos modos de comportamento, tornando-se num grupo de crianças menos conflituosas e mais colaborantes. Estes espaços permitiram, ainda, agora em relação aos idosos, reforçar a valorização dos seus saberes, na medida em que, como vimos, estes mesmos saberes assumiram uma importância prática ao constituírem a base para a realização de actividades educativas para/com as crianças.

Assim sendo, no processo de intervenção desencadeado por este projecto esteve presente uma concepção de educação global, entendendo-se o processo educativo numa lógica de desenvolvimento (integral) do ser humano. Neste sentido, a educação não se cinge exclusivamente à lógica de desenvolvimento cognitivo em que assenta o modelo escolar, devendo antes promover o desenvolvimento humano em todas as dimensões – cognitiva, cultural, artística, afectiva, social, etc. No entanto sabemos que, apesar dos desenvolvimentos conceptuais da noção de educação (principalmente através dos conceitos de educação de adultos e educação permanente) e das importantes inovações nalgumas áreas educativas (por exemplo, ao nível do desenvolvimento local), a lógica imposta pelo modelo escolar continua a regular praticamente todo o processo educativo. Nessa medida, apesar de, conceptualmente, a educação (permanente) ser pensada com o objectivo de promover "a auto-realização individual no aspecto pessoal, social e profissional; continuamos a assistir a uma prática educativa centrada num modelo educativo de intenção cognitivista que pressupõe que educar é, essencialmente, transmitir, assimilar e memorizar conhecimentos científicos" (Antunes, 1999: 83). Foi por concebermos a educação como um processo global e por reconhecermos que o modelo escolar centra a actividade educativa na promoção do desenvolvimento da dimensão cognitiva do ser humano, que apostamos fortemente na dimensão afectiva – uma das dimensões menos trabalhadas neste modelo. Deste modo, não tivemos em conta apenas o ser que pensa, mas sim o ser que pensa na medida em que sente e ama.

II. COMUNIDADES EDUCATIVAS INTERGERACIONAIS

A segunda e última parte deste artigo pretende ser uma espécie de síntese ou conclusão de todo o trabalho desenvolvido ao longo do estágio de que temos vindo a falar. Aqui, apresentaremos as principais reflexões resultantes desta experiência de estágio, as quais permitiram fundamentar e dar uma razão de ser ao projecto desenvolvido. Foi precisamente a partir da experiência realizada, num vaivém entre a(s) prática(s) do projecto e a busca de uma compreensão teórica para o mesmo, que fomos compreendendo e fundamentando todo o projecto. Neste espaço, procuraremos, então, reflectir sobre a importância pedagógica da criação de grupos//comunidades que integrem pessoas de várias faixas etárias e as envolvam em processos educativos em que todos aprendem com todos – a estas comunidades chamamos *comunidades educativas intergeracionais*. Partindo da análise de um dos conceitos basilares de todo o projecto – o conceito de educação comunitária – procuraremos demonstrar a possibilidade real de criação de *comunidades educativas intergeracionais,* tendo sempre em conta o contributo particular desta experiência de estágio.

A educação, para além de ser um processo global (que pretende promover o desenvolvimento do ser humano em todas as dimensões) e permanente (que se desenvolve ao longo de toda a vida e em todos os espaços da vida humana), é também um processo comunitário, o que significa que o ser humano se educa na inter-relação com o outro. Se, por um lado, educação é sinónimo de (auto)educação, na medida em que resulta sempre num processo de apropriação individual, pela qual cada indivíduo constrói a sua maneira de ser e de estar no mundo, por outro lado, ela assume-se como um processo comunitário, na medida em que este processo de apropriação individual se desenvolve sempre em comunidade, ou seja, "numa permanente interacção e confrontação com os outros (com os grupos, com as comunidades)" (Nóvoa, 1988: 127). Daí que neste projecto tenha sido colocada ênfase no relacionamento interpessoal entre o grupo de crianças e idosos, procurando-se desenvolver um processo comunicacional (dialógico) entre os dois grupos.

Passemos, então, a definir mais pormenorizadamente o conceito de educação comunitária, de modo a que seja possível compreender, mais adiante, o conceito de *comunidades educativas intergeracionais*. Este último conceito, tendo sido criado no âmbito deste projecto, define e sintetiza a sua importância estratégica. Assim, e antes de mais, para o enquadramento teórico da perspectiva que defendemos no âmbito do projecto, adoptamos o conceito de educação comunitária definido por José Ribeiro Dias (1979). Este autor define educação comunitária como sendo um "processo de desenvolvimento ao mesmo tempo educativo e comunitário através do desenvolvimento e participação de todos os membros de uma comunidade na resolução dos seus problemas" (Dias, 1979: 1114). Relativamente aos métodos do processo educativo comunitário, estes

> implicam sobretudo a participação de todos na educação de todos, através de uma interacção essencialmente cooperativa e não competitiva entre classes, **gerações** [negrito nosso] e indivíduos, em que cada um ensina aos outros o que sabe e aprende com eles o que ignora, num processo que não se pode definir como serviço de uns [...] para benefício de outros [...], mas como troca de conhecimentos mutuamente enriquecedora (*Idem:* 1115).

Assim concebida, a comunidade torna-se uma verdadeira comunidade educativa, em que a aprendizagem se gera no seio das relações interpessoais que se vão estabelecendo entre os seus membros, e em que os conteúdos e métodos do processo educativo que nela se desenvolvem nascem das forças educativas de cada comunidade particular. É deste modo que a educação comunitária potencia o crescimento individual dos membros da comunidade, ao mesmo tempo que permite a construção de um projecto de desenvolvimento comunitário participado.

É no sentido do desenvolvimento de uma educação comunitária, que propomos a criação de novas comunidades que envolvam várias gerações no mesmo processo educativo. Assim, às comunidades formadas pelo envolvimento de vários grupos etários num processo educativo que procura tirar partido das diferenças e afinidades entre esses grupos por forma a potenciar o desenvolvimento individual e comunitário, num processo em que todos são educadores e educandos e em que a relação pedagógica é estabelecida na base do diálogo, chamamos *comunidades educativas intergeracionais*. Também McClusky (1990)[1] apresenta um conceito semelhante – o de *comunidade de gerações*. Este conceito parece traduzir, pelo menos em parte, aquilo que queremos dizer quando falamos em *comunidades educativas intergeracionais*.

O relacionamento entre pessoas de diferentes gerações é de reconhecida importância no seio das relações familiares – nas quais se desenvolvem trocas significativas entre todos os membros da família e onde essa troca se dá, quer no sentido descendente, quer no sentido ascendente (por exemplo, os filhos aprendem com os pais, mas os pais também aprendem e crescem na relação com os filhos). Assim sendo, porque não investir na criação de *comunidades educativas intergeracionais*, envolvendo diferentes gerações em projectos educativos que permitam catalisar as diferenças entre os seus membros no sentido do desenvolvimento integral dos indivíduos e comunidades? Tais comunidades podem desenvolver-se em vários espaços: em instituições onde existam valências para diferentes grupos etários; podem fazer uso do desenvolvimento de projectos de intercâmbio entre diferentes instituições que trabalhem com públicos distintos (como foi o caso deste projecto) e podem ainda desenvolver-se no seio de comunidades de base (aldeias, bairros, etc.). Assim, a título de exemplo, uma das vias para a criação destas comunidades educativas é, então, o alargamento dos equipamentos sociais destinados a faixas etárias específicas

---

[1] Este autor é referido em: ANDRADE, Fátima de Jesus (2002). *Uma experiência de solidariedade entre gerações: contributos para a formação pessoal e social dos alunos de uma escola secundária*. Lisboa: Instituto de Inovação Educacional, p. 30. Não foram encontradas quaisquer outras referências ou bibliografia do autor.

(ex. centros de dia, jardins-de-infância, ATL's) e, a partir desses equipamentos de base, criar espaços e momentos de encontro educativo entre as diferentes gerações. Deste modo, nos equipamentos sociais de cada faixa etária continuaria a ser desenvolvido o trabalho especificamente preparado para a faixa etária a que se destina, no entanto, abrir-se-iam espaços e tempos destinados ao desenvolvimento de projectos de intercâmbio intergeracional.

A nossa complexidade individual é "entendida como sendo tanto maior quanto maior for a nossa capacidade ou possibilidade de identificação com outros vocabulários de reflexão moral, ou seja, a identificação e compreensão de outras diversas comunidades" (Antunes, 2001: 214). Deste modo, a educação, por forma a criar condições para o desenvolvimento da complexidade do ser humano, deve promover o encontro entre diferentes grupos de pessoas (pessoas de diferentes etnias, religiões, culturas, idades, etc.) "no sentido de ajudar a alargar tanto quanto possível o nosso sentido de «nós»" (*Idem:* 221). Nesta linha de pensamento, defendemos que as *comunidades educativas intergeracionais* podem potenciar, entre outras coisas, a promoção do respeito pela diferença, o desenvolvimento de atitudes solidárias para com o próximo e a construção de novos vocabulários através do confronto com outras formas de ver o mundo. Especificamente em relação às comunidades que envolvam idosos, estas podem constituir uma base para a eliminação dos estereótipos e das atitudes discriminatórias face a esta faixa etária e para a (re)valorização do saber experiencial.

A criação de espaços educativos intergeracionais poderia ainda, tal como já referimos na primeira parte deste artigo, nos casos em que os idosos fossem envolvidos, contribuir para a redefinição de um papel social para a velhice – estes seriam espaços onde os idosos poderiam explorar as suas potencialidades educativas, com base na sua experiência de vida, contribuindo para o processo de desenvolvimento integral daqueles que caminhassem consigo neste processo educativo. De facto, um dos desafios sociais que o envelhecimento demográfico coloca, é o de que as sociedades devem caminhar no sentido de permitir que os idosos possam permanecer integrados na vida social. No caso das *comunidades educativas intergeracionais*, o papel do idoso seria de cariz social e educativo.

No sentido daquilo que temos vindo a defender, o nosso projecto procurou uma aproximação na criação de espaços educativos intergeracionais (*comunidades educativas intergeracionais*). O processo de intercâmbio entre os dois grupos envolvidos foi desenvolvido de forma gradual, através da criação de pequenos, mas significativos, momentos de partilha. Idosos e crianças educaram-se em conjunto, numa dinâmica de relacionamento interpessoal que envolveu partilha, solidariedade e entreajuda. O papel do educador (estagiária) consistiu apenas em criar as condições para que este processo se pudesse desenvolver.

Em jeito de síntese, podemos dizer que as *comunidades educativas intergeracionais*, devem constituir-se como espaços de partilha e aprendizagem em que os seus membros se educam conjuntamente na base do diálogo. Deste modo, o educador já não é o que apenas educa, mas o que, enquanto educa, é educado em diálogo com o educando que, ao ser educado também educa. Ambos, assim, se tornam sujeitos do processo em que crescem juntos e em que os «argumentos de autoridade» já não valem. Em que, para ser-se, funcionalmente, autoridade, se necessita de estar sendo com as liberdades e não contra elas. Já agora ninguém educa ninguém, como tampouco ninguém se educa a si mesmo: os homens se educam em comunhão, mediatizados pelo mundo (Freire, 1975: 97).

Referências bibliográficas

ANDRADE, Fátima de Jesus (2002). *Uma experiência de solidariedade entre gerações. Contributos para a formação pessoal e social dos alunos de uma escola secundária*. Lisboa: Instituto de Inovação Educacional.

ANTUNES, Maria da Conceição (1999). Educação: uma oportunidade para todos. In: Clara Costa Oliveira, João Carlos Paulo, Maria da Conceição Antunes (Org.). *Educação de Adultos & Intervenção Comunitária*. Braga: Instituto de Educação e Psicologia – Universidade do Minho, pp. 81-87.

ANTUNES, Maria da Conceição Pinto (2001). *Teoria e Prática Pedagógica. Ruptura e Ensaios de Recontextualização da Educação à luz do Projecto Rortyano da Cultura Poetizada*. Lisboa: Instituto Piaget.

DIAS, José Ribeiro (1979). Educação Comunitária. In: João Bigotte Chorão (dir.). *Verbo Enciclopédia Luso Brasileira da Cultura*, vol. 19. Lisboa: Verbo, pp. 1114-1116.

DIAS, José Ribeiro (Coord.) (1983). *Curso de iniciação à educação de adultos*. Braga: Universidade do Minho – Unidade de Educação de Adultos.

ESTEVES, António Joaquim (1995). *Jovens e idosos. Família, escola e trabalho*. Porto: Edições Afrontamento.

FERICGLA, Josep M. (1992). *Envejecer. Una antropologia de la ancianidad*. Barcelona: Editorial Anthropos.
FREIRE, Paulo (1975). *Pedagogia do oprimido*. Porto: Afrontamento.
NÓVOA, António (1988). A formação tem de passar por aqui: as histórias de vida no projecto PROSALUS. In: António Nóvoa & Matthias Finger (Org.). *O método (auto)biográfico e a formação*. Lisboa: Ministério da Saúde – Departamento de Recursos Humanos, pp. 107-130.
TORAILLE, Raymond (1973). *A animação pedagógica*. Lisboa: Sociocultur.

(RE)AGIR À DIFERENÇA
O Programa da Rede Social como catalisador de um trabalho pedagógico de intervenção com e para as pessoas com deficiência em Celorico de Basto

OLÍVIA MENDES
Licenciada em Educação – Pré-especialização em Educação
de Adultos e Intervenççäo Comunitária
– Universidade do Minho

O estágio curricular do 5.° ano da Licenciatura em Educação, da Universidade do Minho, pretende o exercício de actividades profissionais e académicas em instituições e organizações que manifestem interesse em colaborar com a Universidade do Minho, designadamente na área de especialização em Educação de Adultos e Intervenção Comunitária.

Assim, após proposta de protocolo, a Câmara Municipal de Celorico de Basto aceitou e integrou o estágio no Departamento de Planeamento e Serviços Sócio-Culturais, com o intuito de desenvolver um trabalho de investigação e de intervenção no domínio da implementação do Programa da Rede Social no Concelho. Este programa reveste-se de uma política social que se vem orientando para potenciar a eficácia social das medidas de intervenção, a partir da articulação estreita entre prioridades globais e especificidades locais.

A integração na instituição coincidiu com o Ano Europeu da Pessoa com Deficiência e, dada a constatação de uma evidente lacuna na adopção de decisões necessárias à execução de igualdade de oportunidades, tendo em conta a existência de uma grande diversidade de níveis económicos e técnicos, bem como, o facto de que este processo reflecte o contexto cultural em que se desenvolve e o papel fundamental que as pessoas com deficiência desempenham no dito processo, o Programa da Rede Social serviu como catalisador a um trabalho pedagógico de intervenção com e para as pessoas com deficiência em Celorico de Basto.

Com a palavra deficiência abrange-se um grande número de diferentes limitações funcionais que se registam nas populações de todos os países do mundo e em todos os níveis de cada sociedade. A deficiência pode revestir a forma de uma limitação física, intelectual ou sensorial, uma doença que requeira atenção médica ou uma enfermidade mental. Tais limitações, doenças ou enfermidades podem ser de carácter permanente ou transitório. Em 1980, a Organização Mundial de Saúde aprovou uma classificação internacional de incapacidades, deficiências e handicaps, que sugeria uma distinção mais precisa e, ao mesmo tempo, relativista. Essa classificação[1] que distingue claramente entre incapacidade, deficiência e handicap, utilizou-se amplamente em áreas tais como a reabilitação, a Educação, a Estatística, a Política, a legislação, a Demografia, a Sociologia, a Economia e a Antropologia. Handicap é a perda ou limitação de oportunidades de participar na vida da comunidade em condições de igualdade com os demais. A palavra «handicap» descreve a situação da pessoa com deficiência em função do seu meio ambiente. Esta palavra tem por finalidade centrar o interesse nas deficiências de concepção do meio físico e de muitas actividades organizadas da sociedade, por exemplo, informação, comunicação e educação, que se opõem a que as pessoas com deficiência participem em condições de igualdade.

A Rede Social, sendo uma medida política tomada por resolução do Conselho de Ministros (n.º 197/97, de 18 de Novembro), tem como objectivo primeiro potenciar a eficácia das medidas de intervenção social – melhorar a intervenção. Para o efeito, torna-se essencial estreitar a articulação entre o que são as prioridades globais e as prioridades específicas dos locais, ou seja, incentivar a territorialização da intervenção social, através de relações de cooperação e de parceria (entre organismos públicos e iniciativa social privada), rentabilizando e conferindo visibilidade às estruturas de solidariedade já existentes. Este projecto, de âmbito nacional,

---

[1] Para o texto em Inglês, veja-se World Health Organization, *International Classification of Impairments, Disabilities and Handicaps: A manual of Classification relating to the consequences of Disease* (Genebra, 1980).

tem como finalidade a erradicação da pobreza e combate à exclusão social, devendo para isso conceber e avaliar políticas sociais, bem como, permitir a renovação e a inovação de intervenção social através de metodologias de planeamento estratégico.

A Rede Social deve ser entendida como um fórum de articulação e congregação de esforços que, apesar de se basear num processo de adesão livre (por parte de autarquias, entidades públicas e privadas, sem fins lucrativos), deverá também ser uma estrutura activa e procurar a participação/adesão das diferentes entidades a actuar no âmbito social, para a construção de uma rede social ampla, diversificada, multifacetada e congregadora de esforços e energias. Este modelo deve ser subsidiário e flexível, devendo organizar-se a partir de Conselhos Locais de Acção Social (CLAS), e de Comissões Sociais de Freguesia (CSF) ou Comissões Sociais Inter – Freguesias (CSIF), promovendo acções articuladas e integradas com a participação de interlocutores nacionais e locais.

A Rede Social deve promover a integração social dos cidadãos, com especial atenção para os grupos sociais mais desfavorecidos, apelar à sua participação e promover uma acção concertada e coordenada de todas as entidades, procurando a optimização dos seus esforços, saberes e recursos, visando uma cooperação entre actores que extravase os limites de um projecto ou de uma acção pontuais. Se é no espaço local que se sentem com maior acuidade os diversos problemas sociais, é aí que devem ser encontradas as estratégias de intervenção, de uma forma integrada e adequada, englobando todas as entidades, serviços (da administração pública, central e local) e organizações privadas, de uma forma sistemática e em conjunto, evitando os sucessivos encaminhamentos de um serviço para outro, o tratamento parcelar, sem um projecto único e coerente.

Actualmente, e obedecendo à vertiginosa velocidade a que se operam mutações, torna-se imprescindível uma mudança de atitudes e uma aquisição de novos saberes, bem como uma adaptação e ajustamento constantes, adequando a intervenção à realidade, para que seja eficaz. A adequação de metodologias e o estímulo à participação (tentando criar e solidificar compromissos para posterior intervenção) foi um dos grandes eixos metodológicos que orientou o trabalho de cidadania, impondo que se repensem os critérios de participação política (muito para além do voto) e social e sustentando o reforço de uma democracia participativa.

O intuito de intervir no real, tendo como base um conhecimento aprofundado da especificidade dos problemas e necessidades do sistema,[2] com especial atenção para a análise causal, constitui a base das metodologias de Investigação-Acção, e nas quais se enquadra este plano de estágio, integrado no Programa da Rede Social do concelho de Celorico de Basto.

O que existe de novo nestas metodologias não são tanto as técnicas utilizadas, já que muitas delas fazem parte de todo o arsenal tradicional de métodos e técnicas passíveis de serem accionadas em ciências sociais, mas sim a sua postura inovadora relativamente à relação entre conhecimento e acção, tentando conjugar, conciliar e correlacionar teoria e prática, através de uma análise mais sistémica, salientando-se:

– O grupo alvo da intervenção é agora considerado sujeito do conhecimento e não apenas objecto do mesmo;
– A investigação é um processo contínuo e não pontual;
– A questão de partida é uma realidade concreta, uma situação problemática e não um quadro teórico com hipóteses a testar empiricamente;
– O grande objectivo é a resolução das situações, mas sempre com base no conhecimento (pesquisa).

Os processos de planeamento, segundo as novas conceptualizações da investigação e implementação de programas, nomeadamente, as que privilegiam dinâmicas de Investigação-Acção, assumem lógicas de funcionamento cíclicas. Este tipo de perspectiva dinâmica não procura a resolução imediata dos problemas, mas antes, a criação de respostas sustentadas de modo a transformar efectivamente a situação dos sujeitos.

Qualquer estudo implica a definição de um desenho ou projecto, no âmbito do qual se organizam todas as fases de investigação. No caso vertente do nosso projecto de estágio, o desenho teve como função orientar esse estudo para não se correr o risco de dispersão mas, no âmbito da Investigação-Acção este é obrigatoriamente flexível. No desenho conce-

---

[2] "Sistema – uma classe de elementos com um conjunto coordenado de relações que um observador estabelece por contraposição a um cenário. Este cenário constitui um estado-âmbito que deve ser considerado como um dos elementos constitutivos do sistema; outros elementos constitutivos são: um estado inicial, um estado final, um número de etapas de desenvolvimento, e um conjunto de movimentos alternativos em cada etapa do desenvolvimento do sistema." OLIVEIRA, Clara Costa (1999: 364).

bido foi identificada uma área problemática, dentro da qual se sinalizaram os problemas específicos que se pretenderam resolver, com a finalidade de promover activamente a igualdade de direitos e oportunidades para as pessoas com deficiência.

O Programa da Rede Social serviu, assim, como catalisador a um trabalho pedagógico de intervenção com e para as pessoas com deficiência em Celorico de Basto, dada a constatação de uma evidente lacuna na adopção de decisões necessárias à execução de igualdade de oportunidades, tendo em conta a existência de uma grande diversidade de níveis económicos e técnicos, bem como, o facto de que este processo reflecte o contexto cultural em que se desenvolve e o papel fundamental que as pessoas com deficiência desempenham no dito processo.

Na abordagem desta realidade, com o propósito de estudar alguns dos seus aspectos, foi necessário utilizar determinadas técnicas e procedimentos. No âmbito da Investigação-Acção, utilizaram-se vários métodos e técnicas de forma articulada e flexível. A intenção foi obter as várias nuances da realidade social, os aspectos quantitativos e qualitativos; as perspectivas colectivas e individuais. Das técnicas utilizadas destacam-se algumas como: a análise documental, a pesquisa bibliográfica, o inquérito por questionário, observação directa e contactos formais e informais.

O desenho de um plano de actividades inserido no Programa da Rede Social envolveu uma (re)aprendizagem da metodologia em projecto de intervenção social. O planeamento é uma metodologia que surge associada a um certo número de mutações sociais profundas, nomeadamente, as que se associam às formas de organização e gestão do trabalho e que exigem uma reflexão sobre a intervenção e os seus efeitos.

Os processos de planeamento são uma reacção contra a mentalidade simplista de resolução dos problemas à medida que vão aparecendo e apelam a um pensamento mais profundo e sistemático sobre os contextos de intervenção.

A operacionalização do processo de avaliação que se seguiu surgiu como uma problemática complexa, como em qualquer projecto de intervenção, e exigiu um enquadramento teórico, com elaboração de objectivos e construção de indicadores sociais, face a um enquadramento conceptual que serviu como padrão.

Assim, neste desenho foram contemplados alguns momentos essenciais:

1. Fases das actividades e procedimentos desenvolvidos

1.1. Fase de Sensibilização

Objectivo Geral	Objectivos Específicos	Actividades	Duração
OG1 – Sensibilizar, esclarecer e mobilizar os profissionais que participam na planificação e no fornecimento de serviços e programas para a amplitude e imperatividade da resolução de problemas das pessoas com deficiência nas suas múltiplas incidências, presentes e futuras;	**OE1** – Desenvolver um trabalho de diagnóstico qualitativo e quantitativo das pessoas com deficiência em Celorico de Basto; **OE2** – Identificar parcerias, dinâmicas de trabalho comunitário e outros grupos de interesse existentes no concelho;	**A1** – Pesquisa documental e bibliográfica; **A2** – Consulta dos dados do Instituto Nacional de Estatística; **A3** – Análise dos CENSOS 2001; **A4** – Caracterização das suas iniciativas e potencialidades; **A5** – Convidar as pessoas com deficiência, as suas famílias, assim como organizações interessadas e oradores no Colóquio "(RE)AGIR À DIFERENÇA"; **A6** – Contribuição na organização e divulgação do Colóquio "(RE)AGIR À DIFERENÇA"; **A7** – Reunião com CLAS	De Outubro a Dezembro

Nota: As actividades referidas envolveram todas as tarefas burocráticas inerentes à sua concretização.

1.2. Fase de Implementação

Objectivo Geral	Objectivos Específicos	Actividades	Duração
OG2 – Promover a adopção de medidas para fazer com que a comunidade local tenha maior consciência das pessoas com deficiência, os seus direitos, as suas necessidades, as suas prioridades, as suas possibilidades e a sua contribuição;	**OE1** – Criar e proporcionar mecanismos de cooperação entre as CSIF's, no desenvolvimento de actividades e programas relacionados com a pessoa com deficiência; **OE2** – Conhecer a realidade, as condições socioeconómicas, as dificuldades que os cidadãos com deficiência enfrentam no seu quotidiano;	**A1** – Pesquisa documental e bibliográfica; **A2** – Participação na organização de intercâmbios intersectoriais e interinstitucionais; **A3** – Reunião com as CSIF's; **A4** – Contribuir na concepção de respostas integradas; **A5** – Concepção de um inquérito por questionário para efectuar um levantamento das pessoas com deficiência, por freguesia;	De Janeiro a Março

Nota: As actividades referidas envolveram todas as tarefas burocráticas inerentes à sua concretização.

1.3. Fase de Avaliação

Objectivo Geral	Objectivos Específicos	Actividades	Duração
OG2 – Integrar e avaliar as questões relativas à deficiência como actividades normativas e de planificação do Programa da Rede Social em Celorico de Basto;	**OE1** – Formular medidas e fixar prioridades, orientadas para a inclusão social dos cidadãos com deficiência; **OE2** – Propor a inclusão da criação de um Centro de Actividades Ocupacionais (CAO) no Plano de Desenvolvimento Social (PDS) concelhio;	**A1** – Pesquisa documental e bibliográfica; **A2** – Participação na organização de intercâmbios intersectoriais e interinstitucionais; **A3** – Reunião com as CSIF's; **A4** – Contribuir na concepção de respostas integradas; **A5** – Concepção de um inquérito por questionário para efectuar um levantamento das pessoas com deficiência, por freguesia;	Março

Nota: As actividades referidas envolveram todas as tarefas burocráticas inerentes à sua concretização.

2. Grelha analítica para a avaliação do projecto

CRITÉRIOS DE AVALIAÇÃO	QUESTÕES PROBLEMÁTICAS	INDICADORES	MÉTODOS E MEIOS	AGENTES ENVOLVIDOS	TEMPORALIDADE
ADEQUABILIDADE	O projecto adequa-se ao contexto do problema e situação sobre o qual se pretende intervir. Trata-se de um projecto coerente na sua construção interna.	- O domínio da área de Acção Social da Rede Social abrange na alínea a) do ponto 6, actividades relativas a pessoas portadoras de deficiência (Resolução do Conselho de Ministros n.º 197/97) - Pré-Diagnóstico da Rede Social em Celorico de Basto	- Pesquisa documental - Pesquisa bibliográfica - Análise da Resolução do Conselho de Ministros n.º 197/97 - Conversas formais e informais	- Estagiária - Serviço de Acção Social da Câmara Municipal de Celorico de Basto	- Outubro a Março
PERTINÊNCIA	*Pertinência do desenho do projecto face aos objectivos do Serviço/Instituição.*	- Os objectivos, princípios e normas de actuação dos serviços da Câmara Municipal de Celorico de Basto, nomeadamente, a alínea g) do ponto 7, do artigo 14.º, visam promover acções no âmbito de reabilitação e integração de indivíduos portadores de deficiência. - Instituto Nacional de Estatística - Actas das reuniões das CSIF's - Inquérito por questionário	- Pesquisa documental - Análise do Regulamento In-terno da Câmara Municipal de Celorico de Basto - Análise de dados estatísticos - Análise de dados das actas	- Estagiária - Serviço de Acção Social da Câmara Municipal de Celorico de Basto	- Outubro a Março
VIABILIDADE	Condições reais de aplicabilidade	- Adesão à medida de política social Rede Social, em fase de implementação no concelho de Celorico de Basto e recursos disponíveis decorrentes. - Actas das reuniões das CSIF's	- Pesquisa documental Pesquisa bibliográfica - Análise do Protocolo de adesão à Rede Social - Instituto Nacional de Estatística	Estagiária - Serviço de Acção Social da Câmara Municipal de Celorico de Basto - CLA local - CSIF's	- Outubro a Março
EFICIÊNCIA	Os resultados confrontados com os recursos utilizados correspondem ao seu emprego mais	- Relatório final - Actas das reuniões das CSIF's - Adesão, presença e participação no Colóquio	- Observação directa - Folha de presenças - Conversas formais e informais	- Estagiária - Serviço de Acção Social da Câmara Municipal	- Outubro

	económico e satisfatório, paralelamente com a selecção e utilização correcta dos meios face aos resultados. • Objectivos atingidos/Recursos utilizados • Actividades realizadas/Recursos utilizados • Objectivos atingidos/Actividades realizadas • Recursos utilizados/Recursos previstos • Análise de custo-benefício: – Custo total/n.º de indivíduos abrangidos pela acção – Custo total/ /Tipo de acções	"(RE)AGIR À DIFERENÇA"		de Celorico de Basto - CLA local - CSIF'S	
EFICÁCIA	Em que medida os objectivos foram atingidos e as acções previstas foram realizadas. Adequabilidade dos processos face aos objectivos: • se as necessidades (em termos de objectivos no início e fim) foram satisfeitas; • se os meios utilizados foram adequados, pertinentes e suficientes; • se os benefícios (em termos de objectivos no fim) esperados foram realizados: - Acções realizadas/ Acções programadas - Objectivos realizados/Objectivos Planeados - Público-Alvo atingido/Público-	- Relatório final - Actas das reuniões das CSIF´s - Imprensa	Observação directa - Análise documental - Folha de presenças - Conversas formais e informais	- Estagiária - Serviço de Acção Social da Câmara Municipal de Celorico de Basto - CLA local - CSIF'S	- Outubro a Março

	-Alvo previsto Construção de indicadores objectivos para: • Formas de participação no projecto de vários intervenientes; • Satisfação do público-alvo face aos resultados obtidos.				
	Apontam-se vários tipos de equidade: • a equidade **horizontal** atribui um tratamento igual para todos os indivíduos iguais; • a equidade **vertical** que faz referência a um tratamento desigual para todos os indivíduos desiguais (descriminação positiva); • desigualdade **intergeracional**, que se situa entre os dois tipos de desigualdade e pretende assegurar-se que as desigualdades de uma geração não são necessariamente transmitidas à geração futura.	- Implementação do projecto - Relatório final	- Pesquisa e análise documental	- Estagiária - Serviço de Acção Social da Câmara Municipal de Celorico de Basto - CSIF'S	- Outubro a Março
	Procura determinar em que medida se obteve uma melhoria da situação de forma a tornar possível verificar efeitos	- Relatório final - Actas das reuniões das CSIF's - Imprensa - Inclusão do Projecto no Plano de Desenvolvimento Social da Rede Social concelhia	- Observação directa - Análise documental - Conversas formais e informais	- Estagiária - Serviço de Acção Social da Câmara Municipal de Celorico de Basto - CSIF'S	- Outubro a Março

A importância que um programa, como o da Rede Social, pode ter na transformação da forma de pensar e trabalhar as questões do desenvolvimento social passa muito pela interiorização de hábitos de planeamento participado e de envolvimento de todos os agentes.

Um Plano de Desenvolvimento Social (PDS) é um instrumento de definição conjunta e negociada de objectivos prioritários para promoção do Desenvolvimento Social local. Tem em vista não só a produção de efeitos correctivos ao nível da redução da pobreza, do desemprego e da exclusão social, mas também efeitos preventivos gerados através de acções de animação das comunidades e da indução de processos de mudança, com vista à melhoria das condições de vida das populações.

Pode dizer-se que o PDS traça o retrato de uma situação desejável, mas também realista no concelho onde vai ser implementado, incluindo uma programação das etapas e das estratégias a desenvolver para alcançar essa situação.

A inclusão deste projecto no PDS como um instrumento de orientação de resposta às necessidades individuais e colectivas, serve de enquadramento a outras intervenções para a promoção do desenvolvimento social, quer elas sejam elaboradas no âmbito da operacionalização do CLAS (através do Plano de Acção), quer elas sejam propostas fora do âmbito do CLAS, cujo âmbito de actuação tem repercussões no desenvolvimento social concelhio.

Com o PDS passa-se de um nível de conhecimento para um nível de decisão em que são feitas opções, em que se desenham orientações e cenários de transformação da realidade social, partindo dos problemas e prioridades assinaladas no diagnóstico, sendo uma oportunidade para a produção de inovação resultante da possibilidade de "inventar soluções", gerar recursos, mas sobretudo a criação de novas modalidades de resposta.

Esta emergência, na área das pessoas com deficiência, afecta e põe em causa a cidadania enquanto tal. Citando Óscar Árias, Prémio Nobel da Paz em 1987, «a expressão mais bela e enriquecedora da vida humana é a sua diversidade. Uma diversidade nunca pode servir para justificar a desigualdade. A repressão da diversidade empobrece a raça humana. É nosso dever facilitar e reforçar a diversidade a fim de chegar a um mundo mais equitativo para todos. Para que exista a igualdade devemos evitar as normas que definem o que deve ser uma vida humana normal ou a forma normal de alcançar a felicidade. A única qualidade normal que pode existir entre os seres humanos é a própria vida.»

Bibliografia

Associação Portuguesa de Deficientes (2002), *Livro Branco Dos Direitos Humanos Das Pessoas Com Deficiência – Da Utopia À Realidade*. Lisboa: Editorial Caminho, SA.

BARBIER, Jean-Marie (1996), *Elaboração de Projectos de Acção e de Planificação*. Porto: Porto Editora.

CASTRO, *José Luís (2000), Rede Social – Colecção Módulos PROFISS*. Lisboa: IEFP/IGFSS.

GUERRA, Isabel (2000), *Fundamentos e Processos de Uma Sociologia de Acção. O Planeamento em Ciências Sociais*. Cascais: Principia.

Instituto para o Desenvolvimento Social (1999/2000), *Programa Piloto da Rede Social, Documentos de Apoio*. Lisboa: IDS.

OLIVEIRA, Clara Costa (1999), *A Educação Como Processo Auto-Organizativo – Fundamentos Teóricos Para Uma Educação Permanente e Comunitária*. Lisboa: Instituto Piaget.